Felix R. Paturi

Heilbuch
der Schamanen

Für Miriam

Felix R. Paturi

Heilbuch der Schamanen

Mit Trommelrhythmen und Naturweisheiten das Bewusstsein verändern und das Wissen der Schamanen nutzen

G. Reichel Verlag

Inhalt

Spiritualität ist subjektiv 8

Vom Wesen des Schamanismus 12

Ein Begriff mit vielen Facetten 14

Schamanismus und Religion 14

Möglichkeiten der Annäherung 15

Die Grundzüge des Schamanismus 17

Die Entdeckung durch die Wissenschaft 18

Der schamanische Bewusstseinszustand 20

Rhythmus und Trance 22

Rhythmusinstrumente der Schamanen 25

Der Kosmos der Schamanen 28

St. Patrick's Fegefeuer 28

Die Wirklichkeit schamanischer Reisen 32

Unterwegs in bekanntes Land 34

Reisewege der Seele 36

Reise in die untere Welt 38

Die richtigen Vorbereitungen treffen 38

Eingänge in die untere Welt 41

Ursachen für eine fehlgeschlagene Reise 43

Die schamanische Heilwirkung spielt sich vor allem in der Seele des Patienten ab.

Der Ablauf einer gelungenen Reise 48

Die Sprache der Seele 50

Die Wirklichkeit der Schamanen 51

Das Land der Seele 55

Bericht von einer Seelenreise 56

Ein Mensch – zwei Seelen 62

Lebensprinzip und freie Seele 62

Abgrenzung zur Tiefenpsychologie 64

Krafttiere – spirituelle Begleiter 66

Wie man sein Krafttier kennen lernt 68

Krafttiersuche für einen Partner 71

Vom Umgang
mit Krafttieren 73

**Obere Welt und
schamanische Lehrer** 74

Zugänge in die obere Welt 74

Begegnung mit dem Lehrer 76

Fragen und Bitten –
Antworten und Hilfe 78

Fundamente
schamanischen Heilens 80

Wie man Schamane wird 82

Schamanen bei
den Naturvölkern 83

Ausbildung und Lebensweg 84

**Der schamanische
Gesundheitsbegriff** 86

Das Aufgabenfeld
des Schamanen 87

Medizin im Schamanismus 89

Das Verursacherprinzip
bei Beschwerden 91

Krankheitsursache
Krafttierverlust 92

Krankheitsursache
Seelenverlust 94

**Umgang mit
Krankheiten** 98

Schamanen – Vermittler
helfender Kräfte 99

Schamanische
Diagnoseformen 100

Medizinpflanzen –
schamanische Heilhelfer 107

**Schamanische
Behandlungsformen** 110

Defizite und Überschüsse 110

Die Therapiereise 111

Saugschamanismus
und Extraktionen 112

Krankheitsprojektionen 114

Schutzvorkehrungen 115

Seelenrückführungen 116

Das praktische Vorgehen 120

Die Zeit nach der
Seelenrückführung 122

Schamanische
Selbstbehandlung 124

Im Blick der
Naturwissenschaften 126

**Schamanismus
und Wissenschaft** 128

Komplexe
Wirkungsebenen 129

Eine alte Schamanin heilt ein krankes Kind.

Inhalt

Geist und Materie 130
Wie Kommunikation
im Körper stattfindet 134
Jenseits der fünf Sinne 136
Telepathie und
Signale von außen 137
Korrektur des wissen-
schaftlichen Denkens 139
Ist Wirklichkeit messbar? 141
Das Ende der physika-
lischen Kausallogik 142
Schamanismus und Magie 145

Kräfte finden und nutzen 146

Orte der Kraft 148
Naturwissenschaften
und Esoterik 148
Nachweisbare Merkmale
von Kraftorten 150

Kraftorte liegen meist mitten in der Natur – genau da, wo Sie sich wohl fühlen.

Vorsicht vor
Verallgemeinerungen 152
Der Geist des Orts 153
Allgemeine und
individuelle Kraftplätze 154
Eigene Wege bei der
Kraftplatzsuche 156
Die spirituelle Begegnung 158
Der Umgang mit
dem Kraftplatz 161
Die Visionssuche 162
Lebensinhalte in
der Wildnis finden 163
Die Seele singt 166
Schamanische Lieder 166
Wie man sein
Kraftlied bekommt 168
Der Umgang mit Kraftliedern . . 170
Rhythmen der Natur 172
Zyklen in Natur
und Zivilisation 173
Biologische Uhren 174
Wie man seine innere
Uhr stellt 176
Der weibliche Zyklus 179
Umgang mit
zyklischen Energien 180
Ruhe und Dynamik 182
Die zwei Zyklen des Monds 184
Schlüsselpunkte im
Schwingkreis 185
Verborgene Zyklen 187

Sterben und Tod 188
Sterbebegleitung 190

Todesrituale bei
Stammesvölkern 193
Der Umgang mit Sterbenden .. 194
Eigene Nahtodes-
erfahrungen sammeln 196
Erfahrungen weitergeben 197
Wenn die Zeit zur
Vorbereitung fehlt 200
Der schamanische Tod 202
Die zweite Geburt des
Schamanen 203
Zergliederungsreisen 204

Schamanische Kreativität .. 206
Vom Schöpfergeist 208
Leben bedeutet sich
ausdrücken 208
Antikreative Zivilisation 209
Schamanismus ist
schöpferisches Leben 211
Wege zur Kreativität 212
Harmonie schaffen 214

Fetische und Urvertrauen ..216
Kunstwerk oder Magie? 218
Wie man einen
Fetisch herstellt 219
Reise zum Fetisch 220
Die Seele kennt
keine Symbole 222
Die innerliche Sicherheit 224
Awalets Reise 225

Schamanische Ethik 230
Mögliche Gefahren 232
Verantworungsvoller
Kräfteeinsatz 234

Schamanismus ist verantwortungsvolle Arbeit.

Schwarze Magie 234
Rituelle Plagiate 235
Kritiklosigkeit und
Aberglaube 236
Spirituelle Altlasten 237
Übersetzungsfehler
und Teilwahrheiten 238
Grenzen und Verantwortung .. 240

Schamanenalltag 242
Ein Erlebnisbericht 244
Die Arbeit des Schamanen 244
Eine junge Frau 250
Ein Mann 253
Eine Mutter 257
Ein Gezeichneter 263

Nachwort 268
Adressen und Hinweise 268
Über dieses Buch 269
Register 270

Spiritualität ist subjektiv

Es gibt zahlreiche Wege auf einen Berg. Und selbst wenn zwei Menschen denselben Weg auf den Gipfel wählen, so erleben sie ihn doch unterschiedlich: beschwerlich der eine, erholsam und entspannend der andere. Sieht der eine die Mühen des Aufstiegs vor sich, so genießt der andere mehr die Aussicht, oder er nimmt mit allen Sinnen die frische Luft, den Wind, den Duft des Bergwalds in sich auf.

Es ist ein wichtiges Merkmal eines spirituellen Wegs, individuell verschieden zu sein. Deshalb lässt er sich auch nicht objektiv, sondern nur subjektiv beschreiben, weshalb der Leser in vielen Punkten gerne völlig anderer Meinung sein darf. Hier wird einer von zahlreichen gangbaren Wegen zur individuellen Entwicklung vorgestellt. Und dies bedeutet nun einmal, dass zwei Menschen im Allgemeinen nicht dasselbe erleben.

Sich frei für seinen Weg entscheiden

So sollte das vorliegende Buch über schamanisches Heilen weitgehend als rein technische Instruktion verstanden werden. Schließlich kann es beispielsweise nicht Aufgabe eines Fahrlehrers sein, seinen Schülern nach bestandener Führerscheinprüfung nur bestimmte Reiseziele zu empfehlen. Es ist nicht seine Aufgabe, ihnen zu verbieten, ein Kriegsgebiet anzusteuern oder sie im Gegenzug dazu aufzufordern, ihren Wagen sonntags ausschließlich zur Kirche zu lenken. Denn gerade im Fahrtziel liegt die individuelle Entwicklung, die persönliche Entfaltung eines Lernenden.

Wer also von diesem Werk so etwas wie einen Reiseführer erwartet, der ihn an bestimmten Wegmarken vorbei sicher zu seinem spirituellen Ziel führt, wird nicht zufrieden gestellt werden. Doch bedenken Sie: Wer in die Fußstapfen eines anderen tritt – und sei es in die eines Gurus oder Meisters – der wird diesen niemals überholen können. Dieser Weg hat nur scheinbar Vorteile. Zumindest ist er bequemer als der hier beschriebene, denn man bekommt vorgeführt, was man zu erwarten hat. Am Ende einer langen vergeblichen Reise wird einen dann jedoch das Gefühl beschleichen, niemals selbst gelebt zu haben, sondern vielmehr gelebt worden zu sein.

Sehen Sie das Buch als Angebot an, das Sie – wenn Sie wollen – annehmen können. Es weist Ihnen einen Weg zur spirituellen Entwicklung und gibt Ihnen das Rüstzeug an die Hand, diesen Weg zu gehen. Wie Sie dies tun, liegt allein in Ihrer Verantwortung.

Individuelle Lebenserfahrung schafft innere Sicherheit

Lebt man allerdings selbst und entscheidet sich eigenverantwortlich für seinen Weg, dann lernt man mit Hilfe eines Lehrers zwar die Art und Weise einer Fortbewegung, also beispielsweise das Autofahren. Man bestimmt aber seine Reiseziele letztlich allein. Zunächst mag einem das unsicher oder gar gefährlich scheinen, denn offenbar verzichtet man bewusst auf jede Vorgabe und jeden Halt. Wer weiß schon, ob der Weg, den man nach eigenem Gutdünken einschlägt, nicht direkt in die Wüste oder an den Rand eines Abgrunds führt? Doch nur so wächst Lebenserfahrung, nur so entsteht schließlich jene innere Sicherheit, die einem sagt: »Du bist – beinahe – jeder Situation gewachsen.« Erst dann hat die Angst vor dem Ungewissen keinen Platz mehr im Leben.

Schamanismus, ein spiritueller Weg

Der Leser mag sich fragen, was das bisher Gesagte mit Schamanismus zu tun hat. Nun, ich meine, das genau ist Schamanismus. Schamanismus heißt, das sichere Gespür dafür zu entwickeln, wohin ein Weg führt, bevor man ihn einschlägt. So bedeutet Schamanismus beispielsweise bei der Begegnung mit einem anderen Menschen, sofort zu wissen, wohin er in seinem Leben steuert. Vielleicht kann man ihm dann behutsam helfen, rechtzeitig einer Katastrophe auszuweichen oder einer körperlich und seelisch spürbaren Sackgasse zu entkommen. Nichts anderes bedeutet schamanisches Heilen.

Diese Aussagen lassen sich auch auf Zen-Buddhismus, Raja-Yoga oder die so genannte Transzendentale Meditation anwenden. Schamanismus ist nur ein Weg zum Gipfel des Bergs, sicher nicht der einzige und sicher nicht der richtige Weg für jeden. Entscheiden Sie selbst, welcher zu Ihnen passt, und gehen Sie ihn dann konsequent. Verfallen Sie aber nicht in den Fehler zahlreicher spirituell Suchender, die zeitlebens um den Berg herum gehen, um immer neue Wege kennen zu lernen. Diese beschreiten sie alle nur soweit, bis die ersten Hindernisse kommen. Danach gehen sie zurück und suchen einen vermeintlich leichteren Weg. So gelangt man nicht an sein Ziel.

Nicht wenige esoterisch bestimmte Zeitgenossen versuchen sogar das völlig Unmögliche: Sie wollen drei, vier oder mehr Wege gleichzeitig gehen, um auch ja nichts zu versäumen. Es ist müßig, darüber nachzudenken, wohin das führt.

Schamanismus – wie er hier verstanden wird – hat nichts mit einer Abkehr vom Alltag zu tun. Im Gegenteil, es geht darum, ihn in das tägliche Leben zu integrieren. Dazu bedarf es auch einer bestimmten Geisteshaltung.

Der Weg ist nicht das Ziel

Nicht zuletzt will dieses Buch so etwas wie eine Entscheidungshilfe sein: »Ist Schamanismus für mich der richtige Weg? Oder bin ich eher der meditative Typ, der Eremit?« Schamanismus ist zwar ein höchst individueller Weg, mit Sicherheit aber kein einsam in Zurückgezogenheit erlebter. Das macht ihn zuweilen sehr aufregend.

Im Übrigen weist er ebenso wenig ein bestimmtes Ziel wie jeder andere spirituelle Weg. Schamanismus ist ein Werkzeug für den spirituell Suchenden, wie beispielsweise Hammer, Zange oder Säge für den Handwerker. Nicht mehr und nicht weniger. Dieses Werk will den Gebrauch des Werkzeugs vermitteln.

Den eigenen kulturellen Hintergrund mit einbeziehen

Im Grunde genommen ist die Fähigkeit, Schamanismus zu praktizieren universell und damit jedem Menschen eigen. Diese Fähigkeit gilt es zu entdecken und zu entwickeln.

Wer bisher vielleicht glaubte, Schamanismus bedeute die Einweihung in geheimnisvolle spirituelle Rituale von indianischen Heilern, schwarzafrikanischen Medizinmännern oder asiatischen Zauberpriestern, der mag enttäuscht sein. Darum handelt es sich ganz gewiss nicht, auch wenn sich Indianer, Urwaldheiler und sibirische Magier schamanischer Praktiken zu ihren ureigenen Zwecken bedienen. Wir Europäer des 20. Jahrhunderts sind jedoch ein ganz anderer Menschenschlag mit einem anderen kulturellen Hintergrund und anderen Traditionen. Diese lassen sich kaum mit Urwaldritualen oder steinzeitlichem Denken in Einklang bringen. Es wäre daher reichlich naiv, wenn wir unseren schamanischen Weg darin suchten, gewissenhaft indianische Medizinradrituale, Schwitzhüttenzeremonien oder traditionelle Gebräuche australischer Ureinwohner nachzuvollziehen, in der irrigen Auffassung, uns dadurch spirituell entwickeln zu können.

Diese Idee ist im Grund genau so aberwitzig wie die Vorstellung, ein afrikanischer Buschmann würde zur Weihnachtszeit gemäß des überlieferten europäischen Rituals einen Tannenbaum schmücken und vor diesem ein fremdsprachiges Weihnachtslied anstimmen. Was hierzulande Kinderaugen zum Leuchten bringt, Familienbande festigt und als Symbol einer segensreichen Zeit verstanden wird, wäre für den Buschmann nichts als ein fremdartiger, farbenfroher, aber sinnloser Brauch, der für ihn gewiss keine spirituelle Entwicklung einleiten kann.

Sie meinen, dieses Beispiel sei übertrieben? Was macht denn ein Europäer anderes, wenn er ein indianisches Schwitzhüttenritual zum Zweck innerer spiritueller Reinigung abhält? Dabei befürchtet er vielleicht sogar, die ganze Mühe sei umsonst, weil er vergessen hat, ob er dabei 21 oder 22 Ahnen- oder Naturgeister anrufen soll und nicht weiß, ob er sie auch in der korrekten hierarchischen Reihenfolge aufgesagt hat. Inwiefern benimmt sich ein Europäer, der täglich 100-mal ein buddhistisches Mantra hersagt, das ihm ein indischer Guru zur Erlangung seiner spirituellen Entwicklung verkaufte, anders als ein den Weihnachtsbaum umtanzender Buschmann?

Ethnische Wurzeln respektieren

Einen Leitfaden zum minutiösen Nacherleben magischer Eingeborenenkulte wird der Leser daher hier nicht finden. Allerdings bin ich mir durchaus bewusst, dass all diese Ausprägungen schamanischer Rituale heute sowohl gutmeinend wie auch aus kommerziellen Gründen in Büchern und in Seminaren vielerorts unter dem einen Sammelbegriff »Schamanismus« angeboten werden.

Und das ist nicht einmal zu kritisieren, denn wo die Nachfrage besteht, gibt es auch ein entsprechendes Angebot. Und niemand kann bestreiten, dass es auf dieser Welt tatsächlich Schamanen gibt, die Schwitzhüttenrituale abhalten und daraus ihren spirituellen Gewinn ziehen.

Schamanismus im Einklang mit der eigenen Kultur

Ich bin davon überzeugt, dass das pure Nachahmen uns kulturell fremder ritueller Praktiken zu keiner Selbstverwirklichung führen kann. Auch ist kaum zu vermuten, dass wir uns durch das Erleben dieser kultischen Handlungen zu Indianern, Schwarzafrikanern oder Zentralasiaten wandeln. Was also sollten diese Praktiken für einen Zweck haben, wenn nicht jenen, für uns neue, fremdartige Abhängigkeiten zu schaffen, mit denen wir nie gelernt haben umzugehen.

Dass sich Schamanismus auch ohne exotisch anmutende Eingeborenenrituale durchaus Gewinn bringend und bereichernd für jeden von uns im alltäglichen Leben praktizieren lässt, dass er darüber hinaus auch im Einklang mit der modernen Naturwissenschaft steht, dies möchte das vorliegende *Heilbuch der Schamanen* vermitteln.

Felix R. Paturi

> *Dass die Kulte und Rituale fremder Kulturen auf Menschen, die durch westliches Denken geprägt sind, eine große Faszination ausüben können, steht außer Frage. Problematisch wird das Ganze, wenn man meint, es sei damit getan, diese einfach zu übernehmen.*

Vom Wesen des Schamanismus

Bewusst zu leben, beinhaltet auch die Suche nach dem eigenen spirituellen Weg. Die Rückbesinnung auf Religiosität, meditative Techniken und ein ganzheitlich orientiertes Leben haben vor allem ein Ziel: eins mit uns selbst, unserer Seele und der Welt um uns herum zu sein. Ein Weg von vielen zu einem erfüllten, glücklichen Leben ist die schamanische Arbeit, die jeder von uns in seinen Alltag integrieren kann. In ihrem Mittelpunkt stehen Visionserlebnisse, die uns beschützen und uns gesund an Leib und Seele werden lassen. Der Schamanismus, wie er sich uns heute präsentiert, ist entfrachtet von religiösem Ballast und konzentriert sich auf überkulturelle Hauptelemente. Dieses Kapitel zeigt, wie wir uns heute einer uralten Tradition der spirituellen Weiterentwicklung nähern können.

Ein Begriff mit vielen Facetten

Die Frage, was Schamanismus eigentlich ist, lässt sich nicht einfach beantworten. Aber das verhält sich oft so bei Begriffen, die nicht weniger umreißen als ein System der Weltanschauung, Lebensweise und der dazugehörigen Technik.

Eine absolut gültige Antwort auf die Frage nach dem Wesen des Schamanismus gibt es nicht. Vergleichen wir die Begriffsdeutung des Schamanismus einmal mit der Erklärung des Begriffs »Liebe«. Sicher kann ein frisch verliebtes Paar eine gültige Erklärung liefern. Doch ein Mönch kann das ebenso. Nur wird er etwas ganz anderes mit dem Wort »Liebe« verbinden als die beiden Turteltauben, und seine Antwort auf die Frage, was Liebe ist, wird erheblich von der anderer abweichen.

Beim Begriff »Schamanismus« begegnen wir einem sehr ähnlichen Dilemma. Er umfasst eine ganze Reihe von Vorstellungen, die auch vom subjektiven Erleben des Menschen abhängen, der Schamanismus definiert.

Animismus ist ein Begriff, der der vergleichenden Religionslehre entstammt. Er bedeutet den Glauben, dass alle Dinge beseelt sind.

Schamanismus und Religion

Fachleute, die sich beruflich mit Schamanismus beschäftigen, wie vergleichende Religionswissenschaftler oder bei Naturvölkern tätige Missionare, erklären den Begriff gerne mit einer Art mythologisch geprägter animistischer Religion. Hier liegt jedoch ein Trugschluss vor, der meist auf voreingenommener Beobachtung beruht. Gewiss sind viele, wenn nicht die meisten Schamanen bei Stammesvölkern zugleich auch Anhänger einer Naturreligion, und oft intensivieren sie ihr religiöses Erleben durch die Anwendung schamanischer Techniken. Der außenstehende Beobachter verwechselt dabei aber routinemäßig Methodik und Inhalte dieser Übungen. Obwohl es in manchen Kulturkreisen sehr wohl ein Schamanenpriestertum gibt, handelt es sich beim Schamanismus ganz sicher um keine Religion. In einigen Völkern ist die Priesterkaste von jener der Schamanen sogar streng getrennt. Nicht selten konkurrieren beide miteinander.

Selbstverständlich ist bei Naturvölkern Animismus verbreitet. Aber ebenso gibt es beispielsweise in der Südsahara oder auf den Philippinen nicht wenige Schamanen, die sich streng an den Koran halten, also einer monotheistischen Hochreligion anhängen. In anderen Gebieten Afrikas, etwa in Äthiopien oder in Kamerun gibt es schamanisierende überzeugte Christen, die in Jesus Christus sogar den bedeutendsten Schamanen aller Zeiten sehen. Trotzdem ist Schamanismus vom Grundsatz her in keiner Weise an eine bestimmte religiöse Vorstellung gebunden.

Der Begriff »Monotheismus« bezeichnet den Glauben an einen einzigen Gott unter Leugnung aller anderen. Das Judentum, das Christentum und auch der Islam sind monotheistische Religionen.

Möglichkeiten der Annäherung

Bis gegen Mitte des 20. Jahrhunderts neigten die meisten Völkerkundler dazu, den Schamanismus als Oberbegriff für irrationale, mythisch-mystisch verwurzelte Rituale abzutun, die nachgerade charakteristisch für so genannte primitive Kulturen sind. Diese Überheblichkeit beruht auf der mangelnden Fähigkeit des rein mechanistisch denkenden »Vernunftmenschen«, sich bei der Beurteilung einer derart komplexen Materie auf Erfahrungswerte, eine pragmatische Einstellung und seine Intuition zu verlassen.

Von dem deutschen Naturphilosophen und Metaphysiker Georg Wilhelm Friedrich Hegel ist der Satz überliefert: »Wenn die Wirklichkeit nicht mit meinen Theorien übereinstimmt, ist das umso schlimmer für die Wirklichkeit.« Ein Schamane wird diesem Gedanken nicht folgen. Er nimmt die Wirklichkeit so, wie sie sich ihm darstellt, ohne ständig nachzufragen, warum etwas ist, wie es ist.

Wo naturwissenschaftliches Denken versagt

Wem dieser Vergleich zu gewagt erscheint, der denke an die moderne Tiefenpsychologie. Sie arbeitet mit wissenschaftlich so vagen Begriffen wie Traumanalyse, Hypnose, Farb- und Klangtherapie oder Rückführungen in traumatische Geschehen. Ihre Erfolge mit den Mitteln der exakten Naturwissenschaften erklären zu wollen, wäre ein vergebliches Unterfangen. Doch lassen sich diese einwandfrei empirisch belegen und mit hoher Wahrscheinlichkeit auf unterschiedliche Patienten übertragen. Es ist beachtlich, was die Tiefenpsychologie seit ihrer Begründung durch Sigmund Freud erreicht hat. Seither sind nicht viel mehr als zwei bis drei Generationen ins Land gegangen. Dabei ist diese Wissenschaft in dieser Zeit allein durch Erfahrungswissen verbessert worden, noch dazu innerhalb eines einzigen Kulturkreises. Im Vergleich dazu kann die wissenschaftlich ebenfalls kaum zu fassende schamanische Methodik aber auf mindestens 40 Jahrtausende rein spirituelles Erfahrungswissen, und dies in nahezu allen Kulturen der Welt, zurückblicken. Beim Schamanismus handelt es sich, so betrachtet, keineswegs um eine primitive Mythologie oder den ritualisierten Aberglauben von »Wilden«.

Es gibt eine Reihe von Krankheiten, an denen ein Mensch spirituell reifen kann. Sie führen u. a. dazu, den Sinn des Lebens klarer zu erkennen und die Gesundheit höher zu schätzen als ein immer Gesunder das vermag.

Gängige Vorurteile über Schamanen

Zwei Vorurteile gegenüber dem Schamanismus hört man häufig aus dem Mund von Schulmedizinern und Psychologen. Die einen bezeichnen Schamanen rundweg als geistesgestört und setzen deren Arbeit mit den ekstaseähnlichen Anfällen von Epileptikern gleich. Dieser Irrtum rührt daher, dass bei manchen Völkern, bei denen Epilepsie vermehrt auftritt, tatsächlich Epileptiker häufig Schamanen sind. Doch darf man deshalb keine falschen Schlüsse ziehen. Man kann allerdings davon ausgehen, dass die Epilepsie die spirituelle Reifung eines Menschen fördern kann.

Mancherorts bezeichnen sich Schamanen sogar selbst als geheilte Heiler. Es sind Menschen, die durch schwere Leiden gegangen sind, den Weg zur Genesung fanden und im Lauf dieser Zeit erkannten, wie sie auch anderen helfen können.

Wahnvorstellungen oder heilende Kräfte?

Das zweite Vorurteil gründet in der Tatsache, dass Menschen in Trancezuständen, die für den Schamanismus typisch sind, so genannte endogene Opiate erzeugen. Ihr Gehirn stellt währenddessen halluzinogene organische Verbindungen her, deren Wirkung jener von Rauschdrogen ähnelt. Als Folge davon, so argumentieren Schulmediziner, entwickle der Schamane Wahnvorstellungen.

Dies gilt es unbedingt richtig zu stellen. Nachweislich sind Schamanen in Trancezuständen in der Lage, sich selbst oder andere Menschen körperlich und seelisch zu festigen oder unter speziellen Umständen sogar zu heilen. Der abwertende Begriff »Wahnvorstellungen« wird diesen komplexen Prozessen wohl kaum gerecht.

Die Grundzüge des Schamanismus

Wenn Schamanismus aber weder eine Naturreligion noch ein primitiver abergläubischer Kult und schon gar keine psychische Krankheit ist, was ist er dann? Was zeichnet ihn aus?
Der Begriff »Schamanismus« stammt aus Zentralasien, genau gesagt aus der tungusischen Sprache. Er bezeichnet die Tätigkeit des Schamanen. Ethnologen waren es, die den Begriff »Schamanismus« einführten. Heute hat sich der Weltrat der Stammesvölker dieser Namensgebung angeschlossen.

Gezielte Arbeit mit der Seele

Ein Schamane kann sich durch bestimmte Techniken willentlich in einen tranceähnlichen Bewusstseinszustand versetzen und in diesem bewusst handeln. Er arbeitet dabei nicht mehr auf der vordergründigen Ebene des Verstands, sondern unmittelbar auf der seelischen.
Das ist an sich nichts besonderes. Jeder Mensch lebt und handelt zuweilen auf dieser Ebene, beispielsweise wenn er sich in einem Schockzustand befindet, wenn er liebt, sich glücklich fühlt oder ein religiöses Erlebnis hat. Üblicherweise geschieht das von selbst, nicht vorsätzlich, willentlich und gesteuert. Kein Mensch kann beschließen, sich zu erschrecken oder plötzlich Liebe zu empfinden.

Ein Selbstexperiment zur Seelenarbeit

Ein ganz einfaches Experiment soll verdeutlichen, wie bewusste Seelenarbeit jedem von uns möglich ist:
Bitte denken Sie einmal an etwas, das Sie sehr, sehr lieb haben. Das kann ein bestimmter Mensch sein, vielleicht auch eine Landschaft, ein für Sie bedeutsames religiöses Symbol oder der Gegenstand Ihres Hobbys. Ich selbst wählte für dieses Experiment einmal Soldanellen, jene hauchfeinen Alpenglöckchen, die für mich die unbändige Kraft des Lebens verkörpern. Gleichsam über Nacht drängen sie auf dem ersten winzigen schneefreien Fleckchen zwischen Eis und Schnee hervor und trotzen auch strengsten Nachtfrösten.
Wenn Sie eine Wahl getroffen haben, schließen Sie Ihre Augen, entspannen sich einen Augenblick, atmen ruhig aus und danach gleichmäßig weiter und sagen sich leise: »Ich liebe Soldanellen. Ich liebe Soldanellen.«

Dass man heute von indianischem, schwarzafrikanischem, australischem oder europäischem Schamanismus spricht, ist ein Kennzeichen für seine weltweite Verbreitung. Praktisch alle Schamanen auf der Welt setzen im Prinzip gleichartige Techniken ein, selbst wenn sich ihre Rituale oft stark voneinander unterscheiden.

Achten Sie dabei auf Ihren Körper: Wie fühlt sich die Atmung an? Welche Bewegungen vollzieht Ihr Zwerchfell? Wie empfinden Sie Ihre Gesichtszüge?

Nach einigen Minuten wiederholen Sie das Experiment, diesmal aber mit der Formulierung: »Ich hasse Soldanellen! Ich hasse Soldanellen!«

Spüren Sie den Unterschied in Ihren körperlichen Empfindungen? Dies ist die Wirkung Ihrer Seelenarbeit. Ihre Seele wehrt sich gegen die unmögliche Behauptung. Und Ihr Körper zeigt das ganz deutlich an, wenn Sie es denn zulassen.

Die Entdeckung durch die Wissenschaft

Nahezu ein Jahrhundert lang haben Ethnologen das Phänomen des Schamanismus bei Naturvölkern mehr oder weniger argwöhnisch und überheblich betrachtet. Ebenso distanziert fiel ihre Berichterstattung darüber aus.

In der Fachsprache nennt man diese Vorgehensweise eine phänomenologische Beschreibung. Sie umfasst lediglich das äußerlich Wahrnehmbare einer Sache, weshalb sie bisweilen weit an deren wahrem Kern vorbeigehen kann. Man kann sich dies so vorstellen, als beschriebe man von einer ungeöffneten Schatztruhe lediglich die äußere Form. Diese mag rostig, vielleicht auch angefault und modrig aussehen. Ein Anblick, der die Aussage ihres Besitzers über ihren unbezahlbaren Wert höchst fragwürdig erscheinen lässt.

Bis zur Mitte des 20. Jahrhunderts verspürte daher kaum ein Ethnologe den unbändigen Drang, ernsthaft selbst Schamanismus zu praktizieren. Den einen galt er als gotteslästerlicher Aberglaube, den anderen als primitiver, unwissenschaftlicher Nonsens, den man unmöglich ernst nehmen konnte.

Südamerikanische Indianer weisen den Weg

Die Wende trat in den Jahren 1956/57 ein. Der amerikanische Ethnologe Michael Harner begegnete im Zug seiner Feldarbeit im Urwald von Ecuador am Ostfuß der Anden Schamanen der Jívaro-Indianer. Als er vier Jahre später am oberen Amazonas die Conibo-Indianer besuchte und erneut mit schamanischen Praktiken konfrontiert wurde, begann ihn das Thema ernsthaft zu interessieren.

Heute ist der Begriff »Neoschamanismus« in der westlichen Welt gebräuchlich. Darunter ist jedoch keine Ethno-Modewelle zu verstehen, sondern vielmehr eine zeitgemäße Globalisierung schamanischer Techniken aus allen Zeiten und Kulturkreisen.

Ein Selbstexperiment mit Folgen

Harner nahm das Angebot der Conibos an, ihn in die schamanische Praxis einzuführen. Dazu verabreichten sie ihm ein hoch konzentriertes Ayahuasca-Gebräu, den Absud einer Urwaldliane, eine der wirksamsten halluzinogenen Drogen. Der Wissenschaftler geriet daraufhin in eine Tieftrance. Wahrscheinlich hätte er seine Erfahrung als Drogenrausch abgetan, wenn ihm nicht tags darauf ein blinder alter Schamane seine Tranceerlebnisse genau geschildert hätte.

Eine ähnliche Erfahrung machte Harner 1964 bei einem erneuten Besuch der Jívaro-Indianer. Nach dem Genuss eines halluzinogenen Datura-Getränks sah er u. a. kleine, rote, grinsende Dämonenfratzen. Später zeigte ihm ein Missionar prähistorische Tonscherben, die mit fast identischen Figuren verziert waren, wie er sie in seiner Vision erblickt hatte.

Der Gebrauch halluzinogener Drogen ist vor allem bei den Indianern in Süd- und Mittelamerika verbreitetet.

Die Entstehung des »Core Shamanism«

Diese Erlebnisse veranlassten den Ethnologen, sich ausschließlich dem Forschungsgebiet des Schamanismus zu widmen.

Bei den Schamanen der Wintun- und Pomo-Indianer in Kalifornien, den Küsten-Salish in Washington und den Lakota-Sioux in South Dakota lernte er, wie man auch ohne Gebrauch halluzinogener Drogen schamanisch arbeiten kann. Auffällig war und ist, dass sich die Praktiken der Schamanen bei verschiedenen Stammesvölkern in aller Welt zwar äußerlich in vielem voneinander unterscheiden, dass allen aber auch bestimmte Techniken gemein sind. Auch gleichen die Erlebnisräume auf schamanischen »Trancereisen« einander weitgehend.

Die gemeinsamen Elemente fasste Michael Harner als »Core Shamanism«, zu Deutsch »Kernschamanismus«, zusammen.

Die Foundation for Shamanic Studies

Harner leitet heute die bedeutende, international wirkende Foundation for Shamanic Studies, die u. a. von der Rockefeller-Stiftung unterstützt wird. In Zusammenarbeit mit der berühmten Moskauer Lomonossow-Universität brachte sie wichtige Forschungsprojekte mit Stammesschamanen in der Mongolei und in Sibirien in Gang. Harner und zahlreiche seiner Schüler unterrichten den von stammesspezifischen Vorstellungen und Ritualen weitgehend befreiten Schamanismus in vielen Teilen der Welt.

Schamanen gibt es bei allen Stammesvölkern der Welt: bei den Eskimos ebenso wie bei den Indianern, in Schwarzafrika, Ozeanien und Australien, in ganz Asien, Nord- und Südosteuropa sowie bei der japanischen Urbevölkerung, den Ainu.

Der schamanische Bewusstseinszustand

Um uns dem Phänomen des schamanischen Bewusstseinszustands zu nähern, eignet sich ein Beispiel aus der modernen Alltagswelt: die so genannte Autobahnhypnose.

In diesem Zusammenhang berichten die Akten der ADAC-Verkehrspsychologen in einem Fall von einem Autofahrer, der abends auf der kaum befahrenen Autobahn ohne ersichtlichen Grund plötzlich eine Vollbremsung vollführte und damit einen schweren Verkehrsunfall verursachte. Bei der folgenden Gerichtsverhandlung beteuerte er, vor seinem Wagen sei eine Kuh quer über die Fahrbahn gelaufen. Hätte er nicht scharf gebremst, wäre er unvermeidlich mit ihr zusammengestoßen. Sein Gegner bezeichnete das als bizarre Schutzbehauptung. Von einer Kuh sei weit und breit nichts zu sehen gewesen.

Dennoch glaubte der Verkehrsrichter, gestützt auf die Begründung der Experten, den Beteuerungen des Angeklagten. Verkehrspsychologen sind solche Fälle längst nicht mehr neu.

Im Gehirn des Autofahrers können besondere Sinneseindrücke einen tranceartigen Zustand hervorrufen, für den allerdings der Begriff »Hypnose« bei weitem übertrieben ist. Schließlich kann der Fahrer sein Auto noch ganz bewusst lenken.

Ein rätselhaftes Phänomen

Ein ähnlicher Unfall ereignete sich, weil ein Autofahrer bei Einbruch der Dämmerung drei Elefanten die Autobahn überqueren sah, die selbstverständlich nur in seiner Vorstellung existierten. Der Mann am Steuer ging davon aus, die Tiere seien aus einem Wanderzirkus in der Nähe ausgebrochen.

Noch spektakulärer mutet in diesem Zusammenhang die Aussage eines Fahrers an, vor ihm wäre, etwa einen Meter über dem Boden, ein Haus über die Autobahn geschwebt. Gemeinsam war allen Fahrern, dass sie weder übermüdet am Steuer saßen, noch alkoholisiert waren oder unter Drogeneinfluss standen.

Verkehrspsychologen erklären die Autobahnhypnose so: Der Fahrer ist entspannt und in nicht allzu hoher Geschwindigkeit auf fast freier Strecke unterwegs. Um sich die Fahrt im Zwielicht zu erleichtern, nimmt er den unterbrochenen weißen Trennstreifen zwischen rechter und linker Fahrspur »zwischen seine Beine«. Die Scheinwerfer strahlen diesen an, was einen rhythmischen Lichtwechsel zwischen hell und dunkel hervorruft.

Die Arbeit des Gehirns

Im Gehirn des Autofahrers, der einer Autobahnhypnose unterliegt, spielt sich etwas im Grunde Alltägliches ab. Um das zu verstehen, muss man wissen, dass unser Gehirn ständig elektromagnetische Wellen erzeugt, so genannte Hirnströme. Ihre Frequenz und Kurvenform, die man in einem Elektroenzephalogramm (EEG) sichtbar machen kann, bilden die Arbeit des Gehirns ab. So verursacht angestrengtes Rechnen beispielsweise völlig andersartige Kurven als körperliche Arbeit, Tiefschlaf andere als Traumschlaf, Freude andere als Hass, entspannte Ruhe andere als tiefe Meditation. Ein erfahrener Gehirnneurologe kann allein aus dem EEG ziemlich genau darauf schließen, mit was ein Mensch gerade beschäftigt war oder was er fühlte, als die Kurven aufgezeichnet wurden.

Wie eine Trance herbeigeführt wird

Eine ganz bestimmte Kurvenform ist charakteristisch für Trancezustände, wie sie etwa bei einer Zen-Meditation oder auch im schamanischen Bewusstseinszustand auftreten. Sie bildet sich in einem EEG mit einer fast reinen Sinusschwingung in einer Frequenz von etwa drei bis sieben Hertz ab. Und genau diese monotone Schwingung wird dem Gehirn auch durch die oben beschriebenen Lichtreize zugeführt, die eine Autobahnhypnose auslösen können. Unvermittelt und vom Fahrer meist unbemerkt passen sich seine Gehirnströme diesem äußeren Einfluss an. Der Fachmann spricht bei diesem Anpassungsprozess davon, dass das Gehirn »getriggert« wird. Auf diese Weise gerät man in Trance. Dieser Prozess kann allerdings nur einsetzen, wenn man zuvor schon relativ entspannt war, sich das Gehirn bereitwillig von außen führen lässt und keine anderen, wichtigeren Aufgaben zu erfüllen hat.

Denn wer beim Autofahren gerade an die bevorstehende Steuerabrechnung oder den Zahnarzttermin am kommenden Tag denkt, der fährt zwar unkonzentriert und bringt sich unter Umständen dadurch in Gefahr. Kühe, Elefanten oder vorbeischwebende Häuser werden ihm auf seiner Fahrt jedoch sicher nicht begegnen. Um das Risiko einer ungewollten Autobahnhypnose zu vermeiden, gibt es einen sehr wirkungsvollen Ratschlag. Zählen Sie in Gedanken von 1000 rückwärts, und zwar, um Ihr Gehirn zu fordern, in Dreier- oder gar Siebenerschritten, also: 1000 – 993 – 986 – 979 – 972 …

Auch der Hautwiderstand ist eine Größe, die je nach Gemütsverfassung variiert. Mikroelektronische Messungen haben ergeben, dass der Hautwiderstand bei tiefer Entspannung stark ansteigt, bei schamanischer Arbeit aber auch sinken kann.

Rhythmus und Trance

Der Bogen von unserem Beispiel der Autobahnhypnose hin zum Bewusstseinszustand des Schamanismus scheint weit gespannt zu sein. Und doch handelt es sich dabei tatsächlich um ein nahezu deckungsgleiches Phänomen, wenn auch in unkontrollierter und deshalb schädlicher Weise. Das Beispiel verdeutlicht eindrucksvoll die wesentliche Technik, um einen Trancezustand herbeizuführen: die Anwendung eines monotonen Rhythmus von etwa drei bis sieben Hertz. Die Schamanen bedienen sich dazu allerdings nicht optischer, sondern akustischer Reize. Das Hilfsmittel oder »Vehikel« dafür ist die Schamanentrommel.

Ich nenne sie Vehikel, weil viele Schamanen ihre Trommel so oder ähnlich bezeichnen. Die Trommel ist ihr Fahrzeug in andere Realitätsebenen. Harner spricht in diesem Zusammenhang zeitgemäß von einem Zug, Stammesschamanen in den USA oder in Asien nennen ihre Trommel ihr Reitpferd, ihren gesattelten Hirsch, ihr Rentier. Denn der Rhythmus der Trommel ist es, der sie mit sich fortträgt.

Nicht von ungefähr haben bis in die sechziger Jahre Ethnologen die schamanische Trance, die oft von rhythmischen Schritten und stampfenden Tänzen begleitet ist, als Ekstase bezeichnet.

Ein höchst wirksames »Vehikel«

Es gibt zu diesem Thema wissenschaftliche Untersuchungen mit erstaunlichen Ergebnissen: Eine monoton drei- bis siebenmal pro Sekunde – das entspricht dem Rhythmus von drei bis sieben Hertz – geschlagene flache Rahmentrommel kann einen in spiritueller Arbeit völlig unerfahrenen Menschen innerhalb von nur zehn Minuten in eine tiefe Trance versetzen. Einen vergleichbaren Zustand kann beispielsweise ein in Meditation geübter alter Zen-Mönch ohne ein entsprechendes Klanginstrument erst nach mehreren Stunden erreichen. Dies wurde durch Gehirnstrommessungen bewiesen.

Rhythmus, Euphorie und Ekstase in der heutigen Welt

Keineswegs immer sind es Schamanen, die sich zur Erreichung eines Trancezustandes dieses »magischen Rhythmus« bedienten. Man denke nur an den 4/4-Takt von Militärmärschen, die, unterstützt durch den strengen Gleichschritt der marschierenden Soldaten, eine ähnliche suggestive Wirkung auf deren Gehirn haben. Diese gezielte seelische Manipulation hat nur einen Zweck: Das Denkvermögen wird weitgehend ausgeschaltet, und mögliche Angstgefühle werden zum Verschwinden gebracht. Der Soldat gerät in einen euphorischen Zustand, der ihn beflügelt in die Schlacht ziehen lässt. Hier dient der künstlich herbeigeführte Trancezustand dazu, das Ich und die eigenen Bedürfnisse auszumerzen und sie einem übergeordneten Zweck zu weihen. Wie gefährlich der Einsatz derartiger Praktiken sein kann, wird an diesem Beispiel besonders erschreckend deutlich.

Moderne Musikrichtungen

Ein anderes Beispiel aus der Jugendkultur mit ähnlich verheerenden Wirkungen für Leib und Seele der Betroffenen, ist die Herbeiführung von Trance durch die extremen Rhythmen von Beat-, Heavy-Metal- oder Technomusik. Jugendliche, die sich stundenlang diesen monotonen Klängen aussetzen und ihnen dabei auch noch tanzend mit ihrem ganzen Körper folgen, versetzen sich dadurch in rauschhafte ekstatische Zustände. Diese lassen sich nur schwer willentlich beenden, zumal in vielen Fällen der zusätzliche Konsum von Aufputschmitteln und Drogen mit im Spiel ist.

Die heutigen Heranwachsenden haben in diesen Musikrichtungen etwas wiederentdeckt, was den Angehörigen von Naturvölkern niemals verloren ging: die euphorisierende Wirkung des schamanischen 3- bis 7-Hertz-Takts. Nur arbeiten sie damit nicht bewusst, sinnvoll und zielgerichtet – wie es allerdings auch erst nach gezielter Übung möglich ist –, sondern begnügen sich damit »auszuflippen«.

Nutzen und Gefahren schamanischer Rhythmen

Dosiert angewandt, können sich 3- bis 7-Hertz-Rhythmen sehr segensreich auf unser Leben auswirken. Sie sind physiologisch höchst relevent, da sie alle der Herbeiführung eines tranceartigen Zustands dienen. Nur die Anwendung unterscheidet den Klang der Schamanentrommel klar von Militär- und Beatmusik. Die Schamanentrommel gibt im Gegensatz zu den anderen beiden Rhythmusgebern einen neutralen Trancerhythmus vor. Dieser steht weder im Dienst eines gesellschaftlichen Anliegens, noch fördert er den Konsum psychisch krank machender Musik. Die beiden anderen Musikformen setzen mit ihren Rhythmen das Denk- und individuelle Entscheidungsvermögen eines Menschen herab und werden so zu einem äußerst gefährlichen Machtinstrumentarium.

Der extremen Rhythmusmusik der Jugend ist mit großer Skepsis zu begegnen. In der Popularität dieser Musik drückt sich allerdings auch eine Sehnsucht aus, die nur zu gut nachzuvollziehen ist – die Sehnsucht danach, sich wirklich zu spüren.

Mögliche Folgen psychoaktiver Rhythmen

Je häufiger und unkontrollierter man sich höchst psychoaktiven Rhythmen aussetzt, desto folgenreicher sind die seelischen und körperlichen Schäden:
- Die Konzentrationsfähigkeit sinkt auf Zeiträume deutlich unter einer Minute
- Nervöse Ticks setzen ein
- Die emotionale Erlebnisfähigkeit sinkt
- Lustlosigkeit und Antriebsarmut nehmen zu
- Das Verlangen nach ständiger Unterhaltung und gebotenen Attraktionen wächst
- Die natürlichen eigenen Bedürfnisse nach Leistung und Kreativität sinken
- Es kommt zur Abhängigkeit von hektischen Rhythmen und stimulierenden Klängen
- Das vegetative Nervensystem nimmt Schaden
- Angstzustände werden häufiger
- Es kommt zu Kopfschmerzanfällen, Herzrhythmusstörungen, Bluthochdruck, Gehörschäden, Rückenschmerzen und anderen Stresserscheinungen wie Ohrgeräuschen (Tinnitus)

Unter den Jugendlichen ist es sehr populär, sich auf Massenparties mehrere Tage und Nächte pausenlos solcher Musik auszusetzen. Die Folgen können verheerend sein.

Dem Missbrauch ein Ende setzen

Wir haben gesehen, dass mit Hilfe von Militärmusik emotional Kampfbereitschaft hergestellt werden kann. Beat und Techno werden von den kommerziellen Musikmachern dieser Tage allerdings ebenso gezielt eingesetzt, um die Beeinflussbarkeit ihrer Zuhörer noch zu verstärken.

Wir sehen an diesem Beispiel, wie unscharf die Grenze zwischen Schamanismus und moderner schwarzer Magie und Massensuggestion ist. Die Rezeptur für Erfolgsmusiken manipulativer Natur ist meist dieselbe: Man nehme eine möglichst primitive Melodie, die kaum über die große Terz hinausreicht. Man spiele dieses Thema zwei- bis dreimal relativ moderat an, wodurch auch dem schlichtesten Gemüt ein Erfolgserlebnis gestattet ist. Nun wird ihm das Gefühl von Stärke vermittelt, indem das Ganze noch etwas lauter wird. Danach setzen mehr und mehr Instrumente ein, um das einfache Thema klangvoller, aber nicht gehaltvoller zu gestalten. Die Gesangsuntermalung derartiger Melodien besteht in der Regel darin, einen einfachen Text endlos zu wiederholen.

Diese etwas drastisch aber durchaus realistisch beschriebene Zusammenfassung der Schöpfung suggestiver Musikwerke zeigt die perfekte Form einer Psychoattacke. Es wird die Möglichkeit des eigenen Verständnisses jener Melodie vorgetäuscht, durch die Intensivierung der Lautstärke wächst das Selbstgefühl von Größe und Wachstum, alles begleitet von einem eintönigen euphorisierenden Rhythmus. Auf diese Weise schafft die moderne Musikindustrie heute bewusst psychische Abhängigkeiten von bestimmten Hörgewohnheiten und macht nicht zuletzt natürlich auch Milliardenumsätze.

Rhythmusinstrumente der Schamanen

Die schamanische Anwendung von Rhythmen ist weit entfernt von den oben beschriebenen Exzessen. Sicher, auch sie wirken direkt auf unser Nervensystem und unsere Psyche. Doch ist die schamanische Arbeit immer zielgerichtet auf die individuellen Bedürfnisse eines Menschen und nicht massenwirksam. Vergleichen wir sie einmal mit dem Einsatz bestimmter Medikamente, die unter bestimmten Umständen heilsam wirken, bei Missbrauch hingegen gesundheitsschädliche oder gar tödliche Folgen nach sich ziehen. Beispielsweise können einige Digitalistropfen pro Tag ein schweres Herzleiden ausgleichen, obwohl Digitalis an sich giftig ist.

Man muss nicht unbedingt eine Trommel haben, wenn man schamanisch arbeitet. Wenn keine zur Hand ist, tut es auch ein Suppenlöffel, der mit der gewölbten Seite rhythmisch auf ein Holzbrett oder ein Buch geschlagen wird.

Kulturell bedingte Variationen

Die Schamanentrommel ist weltweit verbreitet. Dennoch gibt es in manchen Kulturen Ausnahmen: Manche südasiatische Schamanen verwenden ein Saiteninstrument mit einer einzigen, straff gespannten Saite, die rhythmisch angerissen oder gezupft wird. Mit der Trommel hat dieses Instrument gemein, dass es neben dem typischen 3- bis 7-Hertz-Grundton, der im Diagramm als Sinuskurve sichtbar wird, eine Vielfalt an Oberwellen produziert. Sie sind für die Herbeiführung einer Trance zwar ohne Bedeutung, wirken sich aber erfahrungsgemäß sehr positiv auf die Inhalte der Trancearbeit aus.

Die nordaustralischen Aborigines wiederum benutzen als reines Rhythmusinstrument meist Klanghölzer und ersetzen die dabei weitgehend fehlenden Oberschwingungen durch die variationsreichen Brummtöne eines begleitenden Didgeridoos.

Der Herzschlag der Erde

Viele Stammesschamanen bezeichnen den 3- bis 7-Hertz-Rhythmus der Trommel als Pulsschlag von Mutter Erde. Mit dieser Benennung scheinen sie tatsächlich seinen wahren Charakter getroffen zu haben. Vor rund einem Jahrzehnt haben Geophysiker mit ihren höchst sensiblen Messinstrumenten und -methoden herausgefunden, dass die Erde als Ganzes »atmet«. Sie dehnt sich dabei rhythmisch um einige Zentimeter aus und zieht sich wieder zusammen, wie ein aufgeblasener Luftballon, in den man stoßweise zusätzliche Luft hineinbläst, um sie gleich danach wieder entweichen zu lassen. Dieser »Atemrhythmus« der Erde liegt, so die wissenschaftlichen Ergebnisse, genau im Frequenzbereich der geschlagenen Schamanentrommel und auch der rhythmischen optischen Reize bei der Autobahnhypnose. Hier drängt sich nun eine Frage auf: Sind wir alle unbewusst von diesem Erdrhythmus beeinflusst und deshalb gerade für den schamanischen Trommelrhythmus so empfänglich? Als Antwort lässt sich das folgende Beispiel anführen. Haben Sie einmal eine junge Mutter beobachtet, die ihr Neugeborenes in den Armen wiegt? Ganz instinktiv und ohne es jemals zuvor gelernt zu haben, schaukelt sie das kleine Wesen, und das nicht etwa in langsamen und schwingenden Bewegungen, sondern im rascheren Takt der schamanischen Frequenz.

Im schamanischen Bewusstseinszustand bleibt ein Teil des Bewusstseins an die Realitätsebene des Alltags gebunden.

Trance – ein vieldeutiger Begriff

Bisher habe ich in diesem Buch stets von schamanischer Trance gesprochen, und ich werde das auch weiterhin tun. Denn das Wort ist kurz und gebräuchlich, auch wenn es keineswegs im eigentlichen Sinn uneingeschränkt zutreffend ist.

Unter Trance kann man vielerlei verstehen. Ihr Spektrum reicht beispielsweise von tiefer hypnotischer Trance, über die Trance des Schlafwandlers, bis hin zu narkotischen Zuständen. Von Trance spricht man auch bei einer bewusst durchgeführten Meditation. Und selbst hier ist zu unterscheiden, um was für eine Art von Versenkung es sich handelt.

Auch Medien nehmen bei spiritistischen Sitzungen für sich in Anspruch, in Trance zu fallen, um mit Geistern oder Verstorbenen in Kontakt zu treten. Von der Seherin Pythia, die in der griechischen Antike über das Delphische Orakel waltete, ist überliefert, dass sie sich durch postvulkanische Schwefeldämpfe in Trance versetzen ließ.

Der schamanische Bewusstseinszustand

Die schamanische Trance hat mit alldem nichts zu tun. Am ehesten ist sie noch mit der Trance bei einer Mantrameditation verwandt. Um Verwechslungen zu vermeiden, sollte man daher korrekterweise nicht von schamanischer Trance sondern besser vom schamanischen Bewusstseinszustand sprechen. Der Kürze und Gängigkeit wegen werde ich jedoch den Begriff »Trance« verwenden.

Bei diesem Zustand handelt es sich um nichts Außergewöhnliches oder gar Exotisches. Wir alle haben ihn schon oft – allerdings meist unbewusst – erlebt. Schließlich ist es ein wesentliches Kennzeichen des schamanischen Bewusstseinszustands, dass man hierbei bei vollkommen klarem Verstand ist und zu jeder Zeit selbstbestimmt und gezielt handeln kann. Auch lässt sich diese Art Trance jederzeit willentlich beenden.

Damit rückt die schamanische Trance ihrem Wesen nach sehr nahe an das Alltagsbewusstsein, nur sind die Erlebnisinhalte deutlich andere.

Ein alltägliches Beispiel für schamanische Trance

Wohl jeder routinierte Autofahrer, der Tag für Tag dieselben Strecken abfährt, könnte das Folgende erzählen: »Ich bin soeben eine mir sehr gut bekannte Strecke von meinem Arbeitsplatz bis nach Hause gefahren. Die Fahrt muss wie gewöhnlich etwa eine Stunde lang gedauert haben. Währenddessen war ich allerdings die ganze Zeit mit meinen Gedanken woanders. Dabei habe ich die Strecke und auch die Fahrt gar nicht mehr richtig wahrgenommen, obwohl ich an sich aufmerksam für den Verkehr war. Ich weiß, dass ich an der großen Ampelkreuzung vorbeigefahren sein muss, dann das kurze Waldstück passiert haben muss und danach am Supermarkt vorbeigefahren bin. Aber ich kann mich an diese einzelnen Etappen überhaupt nicht mehr erinnern. Ich habe nicht einmal die Dauer der Fahrt realisiert; mir kam es eher so vor, als seien es nur fünf oder höchstens zehn Minuten gewesen.«

Kennen Sie diesen Zustand? Ja? Dann wissen Sie auch, um was es sich beim so genannten schamanischen Bewusstseinszustand handelt. In den folgenden Kapiteln werden Sie lernen, wie man solche Trancezustände durch schamanische Reisen gezielt herbeiführen kann und wie überraschend einfach und wunderbar es sich in ihnen spirituell arbeiten lässt.

Man kann versuchen, sein Gehirn völlig von allen Gedanken zu entleeren, etwa um Nirwana-Erfahrungen zu machen, oder ganz bewusst über etwas meditieren, beispielsweise über ein Mantra oder einen bestimmten Gegenstand.

Der Kosmos der Schamanen

Erlebnisberichte über das Erreichen schamanischer Bewusstseinszustände liegen uns aus den verschiedensten Kulturen vor. Legenden, Sagen, Märchen und Lieder künden von Menschen, die sich auf spirituelle Reisen begeben haben. Ihre Erfahrungen dabei sind durchaus ähnlich. Berühmt ist die Geschichte des Ritters Owein, der zur Zeit der Regentschaft des englischen Königs Stephan von Blois (1135–1154) lebte. Er macht sich eines Tages auf den Weg, um dem Bischof der irischen Diözese Clogher seine zahlreichen und schweren Sünden zu beichten. Seine Bußübung hatte sich der Ritter bereits im Vorfeld ausgedacht. Auf sein Drängen hin erlaubte ihm der geistliche Herr widerwillig, zur spirituellen Reinigung das Fegefeuer des heiligen Patrick, »St. Patrick's Purgatory«, zu besuchen, welches in seinem Amtsbereich lag.

Die Erlebnisse des irischen Ritters Owein geben bereits erste Hinweise darauf, wie sich das schamanische Weltbild aufbaut.

St. Patrick's Fegefeuer

Dieses Fegefeuer befand sich in einer schmalen Höhle, nur etwa einen Meter breit, drei Meter tief und so niedrig, dass man darin nur knien konnte. Die Höhle war auf einer kleinen Insel von nicht mehr als 8000 Quadratmetern Fläche inmitten eines einsamen Sees im Norden der heutigen Republik Irland gelegen. Lough Derg, wie er genannt wird, liegt in völliger Abgeschiedenheit in einer weiten, grünen Hügellandschaft.

Der Prior des Inselklosters warnte den Ritter vor dem Weg, der ihm bevorstand. Schon viele hätten die Höhle besucht, aber so mancher sei nicht lebendig zurückgekommen. 16 Tage lang bereitete sich Ritter Owein auf das Fegefeuer vor, mit Fasten, Gebeten und Bußritualen. Dann betrat er den Felsspalt.

Genau 24 Stunden, nachdem er die Höhle betreten hatte, verließ er sie wieder, freudig vom Prior und seiner Gemeinde empfangen. Was er dort erlebt hatte, erzählte er später einem Zisterzienser-Bruder aus dem Kloster Saltery im englischen Lincoln. Der Mönch protokollierte den Bericht in lateinischer Sprache.

Der Bericht des Ritters

Zunächst gelangte Owein in verschiedene düstere Gebäude, dann durchstreifte er Täler und weite Ebenen. Dabei begegnete er gefährlichen Dämonen, die ihn zehn verschiedenen Martern unterzogen. Er sah Teufel, die sündenbeladene Seelen mit weißglühenden Nägeln und in Kesseln voll mit brodelndem geschmolzenem Metall quälten.

Schließlich überquerte er sicher einen trügerischen Steg, der zum Eingang der Hölle führte, und gelangte schließlich in ein Paradies voller Schönheit und Freuden. Auf demselben Weg, den er gegangen war, kehrte er später auch wieder zurück, diesmal jedoch ohne weiteren Schwierigkeiten und Gefahren ausgesetzt zu sein.

Es heißt, der Owein-Bericht habe den berühmten italienischen Dichter Dante Alighieri zu seiner »Göttlichen Komödie« inspiriert.

Die Verbreitung des Berichts in Europa

Die Beschreibung der visionären Erlebnisse des englischen Ritters machte in Europa rasch die Runde, und die kleine Insel in dem einsamen irischen See wurde zum berühmten Wallfahrtsort. Gegen Ende des 15. Jahrhunderts war er sogar so bekannt, dass beispielsweise auf einer Weltkarte aus dem Jahr 1492 das »St. Patrick's Purgatory« als einzig erwähnenswerter Ort in ganz Irland verzeichnet war.

Für uns ist der Bericht über das Höhlenerlebnis des Ritters Owein heute so interessant, weil er erstaunliche Gemeinsamkeiten mit den Erlebnissen sibirischer, schwarzafrikanischer oder indianischer Schamanen aufweist.

Als Eingang in die untere Welt kann beispielsweise der Quelltopf eines Geysirs dienen, eine heiße Quelle, die in regelmäßigen Zeitabständen eine Wasserfontäne ausstößt.

Warum der Bericht schamanische Elemente aufweist

Nun mag es den Gegeneinwand geben, dass der Ritter als gläubiger Katholik schon aufgrund seiner religiösen Erziehung mit Höllen- und Himmelsvisionen vertraut war und sein Bericht über das Fegefeuer deshalb nichts mit schamanischem Erleben zu tun habe. Doch umfasste seine Erzählung weit mehr als die bekannten Elemente aus der christlichen Überlieferung. So schritt er, lange bevor er das Höllenszenario erreichte, durch düstere Gebäude und durchstreifte im Anschluss daran noch Täler und weite Ebenen. Dieses ausgedehnte Herumschweifen kann niemand erleben, der – getrieben von strengen Selbstbeschuldigungen und Bußfertigkeit – ausschließlich strafende Höllenvisionen erwartet. Genau diese Art der Wanderungen und des Erlebens ist jedoch typisch für schamanische Reisen.

Auch ein Schamane ist bei der Wahrnehmung und Deutung der Bilder, die ihm im schamanischen Bewusstseinszustand begegnen, nicht frei von der Prägung durch sein kulturelles Umfeld.

Volksmärchen mit schamanischen Wurzeln

Schöne Beispiele finden wir auch in unseren alten Volksmärchen, die ebenfalls schamanische Wurzeln haben. So fällt im Märchen von »Frau Holle« die Heldin der Geschichte, Goldmarie, in einen tiefen Brunnen und gelangt anschließend in ein blühendes Land. Hier bittet sie ein Apfelbaum darum, geschüttelt zu werden und Brote mit menschlicher Stimme rufen, das Mädchen möge sie doch aus dem Backofen befreien. Danach erst trifft sie auf das Haus von Frau Holle und lässt es beim Bettenschütteln auf der Erde schneien. Diese Geschichte könnte in anderer Gestalt genauso gut das Protokoll der Trancereise eines schamanischen Regenmachers sein.

Welche Erfahrungswelten Trancereisen zugrunde liegen

Doch zurück zu Ritter Owein. Gewiss war er als Kind seiner Zeit von der Vorstellungswelt des christlichen Mittelalters in Bezug auf die Begriffs- und Bildwelten von Himmel und Hölle beeinflusst. Aber woher stammen diese Vorstellungen ursprünglich? Welche Erfahrungen stecken darin?

Ein ganz besonderes Beispiel aus der christlichen Überlieferung gibt uns die Kreuzigungserfahrung Jesu Christi. Im Neuen Testament ist sehr präzise aufgezeichnet, was Jesus nach seiner Kreuzigung auf dem Hügel Golgatha widerfuhr: »Gekreuzigt, gestorben und begraben; niedergefahren zur Hölle; am dritten Tage wieder auferstanden von den Toten. Aufgefahren zum Himmel…«

Die Nahtodeserfahrung Jesu Christi

Es ist in diesem Zusammenhang müßig, hier die viel diskutierte Frage aufzuwerfen, ob Christus nach seiner Kreuzigung wirklich tot war oder nicht. Mediziner und Physiologen gehen heute übereinstimmend davon aus, dass er nach den Folterqualen am Kreuz in ein Koma verfiel. Dies bedeutet nichts anderes, als dass Jesus sich zwar in tiefster Bewusstlosigkeit befand, nicht aber tot im eigentlichen Sinn war.

Im 24. Kapitel des Lukas-Evangeliums lässt dessen Autor Christus selbst nach seiner Auferstehung zu seinen versammelten Jüngern sagen: »Seht meine Hände und meine Füße: Ich bin es selbst. Fühlt mich an und seht; denn ein Geist hat nicht Fleisch und Beine, wie ihr seht, dass ich habe.« Danach verlangte er etwas zu essen, wie um sich und den anderen seine wiedererwachte Lebendigkeit zu beweisen.

Die Berichte von Nahtodespatienten ähneln sich

Ganz ähnliche Fälle von Koma und sogar klinischem Tod mit nachfolgender erfolgreicher Wiederbelebung durch künstliche Beatmung, Herzmassage oder Elektroschock kennen wir zu tausenden. Die moderne Medizin ist heute in der Lage, derartig starke Weckreize zu bieten, dass manche Komapatienten aus jener »anderen Welt« wieder zurückgeholt werden. Und – das ist das Erstaunliche – die meisten dieser Nahtodespatienten berichten anschließend, befragt auf ihre Gedanken und Erlebnisse während ihrer Bewusstlosigkeit, von ähnlichen Erfahrungen wie die, die von Ritter Owein oder Jesus Christus überliefert sind. Sie alle gelangten durch eine Art dunkle Röhre oder einen ähnlichen Eingang in eine »untere« oder in eine »obere« Welt, oft sogar in beide nacheinander.

Nahtodeserlebnisse weisen Konstanten auf, die von Raum und Zeit unabhängig sind.

Das Erlebnis des »schamanischen Todes«

Vernunftbetonte, aufgeklärte Menschen mögen bei diesen wundersam anmutenden Berichten ungläubig den Kopf schütteln. Einen Schamanen hingegen werden sie nicht im mindesten aus der Fassung bringen. Schließlich sind ihm diese Erfahrungen bestens vertraut.

Alle Menschen, die in unseren Beispielen genannt wurden, Owein, Christus sowie die Patienten, die aus einem Koma wiedererwachten und gesundeten, haben tatsächlich eine gemeinsame Erfahrung: den an Leib und Seele erlebten »schamanischen Tod«. Den beschriebenen Reisen in die untere und die obere Welt kam dabei »nur« die Bedeutung eines begleitenden, wenngleich höchst lehrreichen Szenarios zu. In den meisten Fällen änderte dieses tiefe Erlebnis das spätere Leben und die Lebensweise dieser Menschen sehr drastisch. Nicht selten handelten sie verantwortungsbewusster sich und anderen gegenüber, vertraten eine höhere Moral und Ethik als in ihrem früheren Leben; und nicht wenige fanden erst durch dieses einschneidende Ereignis zu einer tiefen Religiosität.

Das Entscheidende an dieser Erfahrung war der eigene Tod an sich, den die Betroffenen erlebten, also die als wirklich erlebte Vernichtung des Ich. Auf diesen Aspekt werde ich an anderer Stelle noch genauer eingehen.

Menschen, die den Tod geschaut haben, verlieren die Angst vor dem Sterben. Möglicherweise ist es diese neue Freiheit, die sie anders leben lässt.

Die Wirklichkeit schamanischer Reisen

Spirituelle Reisen ins Jenseits sind jedem Menschen, der sich mit Mystik beschäftigt, vertraut. Dabei ist es ganz gleich, ob es sich dabei um einen Schamanen, Christen oder Andersgläubigen handelt. So ist auch von Mohammed, dem großen Propheten des Islam, zumindest eine spirituelle Reise bekannt, die uns überliefert ist.

Auf einem weißen, geflügelten Roß ritt er eines Nachts von der Kaaba in Mekka aus zunächst nach Jerusalem und von dort weiter durch Hölle und Himmel. Für ihn selbst war diese »Nachtfahrt«, nach der die 17. Sure des Korans benannt ist, wirklich. Und das steht auch in keinem Widerspruch zu den Beteuerungen seine Gattin, er habe die ganze Nacht auf den 17. Rabî'al-awwal im Jahre vor der Auswanderung nach Medina, zu Hause in seinem Bett verbracht.

Die Wiederhol- und Reproduzierbarkeit der Reisen

Es gibt eben in der Mystik wie im Schamanismus, die sich beide ohnehin weitgehend überschneiden, verschiedene Realitätsebenen. In ihrem Wirklichkeitsanspruch sind sie gleichberechtigt. Wie real schamanische Reisen in einer ganz anderen Hinsicht sind, belegt auch ihre Wiederhol- und Reproduzierbarkeit. Zu allen Zeiten und in allen Kulturkreisen erlebten und erleben Schamanen auf ihren Reisen grundsätzlich Gleichartiges, wie in den obigen Beispielen beschrieben.

Es gibt tatsächlich eine ganz Reihe von Bereichen, die früher oder später jeder schamanisch arbeitende Mensch kennen lernt: die untere Welt, die obere Welt, das große Nichts, die Höhle der verlorenen Kinder, das Grenzgewässer zum Reich der toten Seelen (das in zahlreichen Mythologien eine dominierende Rolle spielt), eine weite, ruhige grüne Tallandschaft und noch unzählige andere Welten.
Die Übereinstimmungen dieser Szenarien sind derart augenfällig, dass sich Michael Harner's Foundation of Shamanic Studies in einem wissenschaftlichen Großprojekt daran wagte, Zehntausende von Reiseberichten auf verwandte Bilder zu untersuchen, um eine »Kartografie der nicht alltäglichen Realität« zu erarbeiten.

Subjektive Empfindungen und objektive Wirklichkeit

Wer solche nicht alltäglichen Szenarien das erste Mal als erwachsener Mensch bereist, ist danach im Allgemeinen sehr erstaunt und hält das subjektiv Erlebte für Früchte seiner eigenen Phantasie. Doch schon in einem schamanischen Basisseminar mit etwa zehn Personen lassen sich interessante Vergleiche ziehen. Bei allen Teilnehmern, die diese Räume erstmals betreten haben, ergeben sich erstaunlich viele Übereinstimmungen – auch im Vergleich mit »Reiseberichten« von Stammesschamanen aus uns fremden Kulturen.

Das überpersönliche Unbewusste C. G. Jungs

Der Psychologe Carl Gustav Jung (1875–1961), dessen Arbeiten nicht nur stark auf die Psychotherapie sondern daneben auch auf die Religions- und Mythenforschung sowie die Ethnologie wirkten, prägte nicht von ungefähr den Begriff des transpersonalen Unbewussten. Er hatte selbst durch tibetisch inspirierte Meditationsübungen und im Zug seiner Forschungsarbeiten zum Sinnzusammenhang von Natur und Seele erfahren, dass Erlebnisse in nicht alltäglichen Realitätsräumen weit über die eigene Phantasie und über das eigene Unbewusste hinausführen können.
Diese Erfahrungsräume erscheinen uns zwar zunächst fremdartig, sind aber trotzdem wirklich und objektiv. Solche Bereiche bezeichnete Jung als transpersonal, über die persönliche Erfahrung, das Unbewusste und die subjektiv empfundene Wirklichkeit hinausgehend.

Jung definierte das transpersonale Unbewusste als »die geistige Erbmasse der Menschheitsentwicklung«. Ausdruck dieser Gemeinsamkeit sind nach Jung die so genannten Archetypen (Urbilder), die – unabhängig von Kultur und Zeitalter – in Träumen, religiösen Symbolen, Mythen und Märchen auftauchen.

Unterwegs in bekanntes Land

Wollen wir uns heute dem Schamanismus praktisch nähern, dann können wir uns die gesammelten Erfahrungen der in früheren Zeiten und heute praktizierenden Schamanen zunutze machen. Das ist von großem Vorteil. Schließlich zeigen uns diese Erlebnisse, wohin wir reisen können und was uns dort erwartet, ohne Schaden zu nehmen.

Für die europäischen Seefahrer und Eroberer des 15. und 16. Jahrhunderts beispielsweise war es weitaus schwerer und risikobehafteter, in ferne Länder wie das unbekannte Amerika, Südafrika, in arktische Gewässer oder nach Südostasien zu gelangen, als später für ihre Kinder und Kindeskinder. Schließlich mussten die Pioniere ihre Zielhäfen erst einmal entdecken und dafür eine mühevolle Reise ins Ungewisse mit Gefahren für Leib und Leben auf sich nehmen.

Auf den Schamanismus übertragen, bedeutet dies: Wenn man vor Antritt einer spirituellen Reise weiß, wo das Ziel liegt und was einen dort erwartet, wird das Reisen leichter, und man benötigt nur noch einen Bruchteil der Vorbereitungen.

Die viergeteilte Welt

Was genau erwartet uns nun auf unserer schamanischen Reise? Dazu möchte ich mit wenigen Strichen ein Bild der schamanischen Kosmologie skizzieren.

Der Schamane versteht die Welt als viergeteilt. Es gibt eine untere Welt, die Religionen wie das Christentum oder der Islam als Hölle »umfunktioniert« haben. Und es existiert eine obere Welt, die Christen und Moslems in ihren Überlieferungen als Himmel bewerten. Auch die Naturvölker kennen eine untere und obere Welt, nur fehlt die auf Belohnung und Strafe, Gut und Böse zielende Wertung. Die eine Welt ist nicht schlechter oder besser als die andere. Beide sind notwendig und lediglich verschieden in ihrer Art und Darstellung.

Vergleichen wir dies einmal mit einem pflanzlichen Lebewesen. Ein Baum benötigt mehrere Faktoren, wie etwa Erde und Luft, zum Leben und Gedeihen. In vielen Kulturkreisen ist er daher auch ein zentrales Symbol für die schamanischen Wirklichkeitsbereiche. Und damit wird er zum Weltenbaum, dessen Wurzeln den Erdmittelpunkt erreichen und dessen Krone bis in den Himmel ragt.

In der nordischen Mythologie nimmt der Weltenbaum, die Weltesche Yggdrasil, ebenfalls eine zentrale Stellung ein. Die Weltesche breitet ihre Äste über das All, und ihre Wurzeln sind die Quellen der Weisheit und des Schicksals.

Kosmologie

Die mittlere Welt

Zwischen unterer und oberer Welt liegt die mittlere Welt. Das ist die Welt, in der wir in unserem irdischen Alltag leben. Die mittlere Welt in sich ist zweigeteilt: in eine alltägliche Wirklichkeit und eine nicht alltägliche. Alltäglich sind beispielsweise Schule und Finanzamt, Urlaubsreise und Zahnarzt. Nicht alltäglich sind die Zusammenhänge und Vorstellungen hinter diesen materiell und sinnlich wahrnehmbaren Fassaden. Hier ist eine Beschreibung mit Worten schwer. Lassen Sie mich diesen Bereich grob und nicht völlig zutreffend als Seelenleben bezeichnen. Ein Beispiel soll das erläutern.

Alltägliche und nicht alltägliche Welt

Wenn ich den täglichen Weg zu meinem Arbeitsplatz zu Fuß, mit dem Auto oder mit der Straßenbahn zurücklege, dann tue ich das in der alltäglichen Realität der mittleren Welt. Wenn ich abends im Bett die Augen schließe und mir den Weg zur Arbeit Schritt für Schritt genau vorstelle, dann ist auch das noch alltägliche Realität. Wenn sich währenddessen aber vor meinem geistigen Auge plötzlich Ereignisse abspielen, die mit der erlebten Alltagswirklichkeit nicht übereinstimmen, wenn also an einer Straßenkreuzung plötzlich ein Gemüsehändler mit seinem Karren steht, der sonst niemals dort ist, dann ist das eine nicht alltägliche Realität in der mittleren Welt.

Andere Sphären – untere und obere Welt

In der unteren und der oberen Welt hingegen ist alles Erlebte nicht alltäglich. Schon ihr Aufbau macht dies deutlich. Sowohl bei der unteren Welt als auch der oberen Welt handelt es sich nicht um homogene Räume, d.h., sie sind nicht einheitlich aufgebaut und lassen sich vielfach in bestimmte Regionen unterteilen, die von uns oft auch als Sphären erlebt werden.

Alltägliche und nicht alltägliche Wirklichkeit sollten immer im richtigen Gleichgewicht zueinander stehen. Nur so erhalten wir uns unsere seelische und emotionale Gesundheit. Wenn wir also zu Reisenden zwischen den Welten werden und schamanisch arbeiten, so sollten wir unsere spirituellen Bemühungen mit Bedacht, Umsicht und Selbstbewusstsein in unser irdisches Leben einbauen, ohne jedoch die Anforderungen unseres Alltagslebens an uns als Gemeinwesen in einer vielschichtigen Gesellschaft zu vernachlässigen.

In der Vorstellungswelt der germanischen Religion gibt es Midgard, den Lebensraum der Menschen, Utgard, dort wohnen die Riesen, die Unterwelt Hel sowie Asgard, das Land der Götter.

Reisewege der Seele

In anderen Realitätsebenen liegen die Ziele der schamanischen Reisen durch Raum und Zeit. Sie durchdringen unser alltägliches Leben spirituell und haben darauf Einfluss, auch wenn wir nur in der Lage dazu sind, sie mit der Seele zu besuchen. Wie wir uns auf eine schamanische Reise begeben können, welche Rolle der Rhythmus dabei spielt, um uns in den schamanischen Bewusstseinszustand zu versetzen, erfahren Sie in diesem Kapitel. Auch der richtige Umgang mit den Visionserlebnissen und unseren Lehrern und Beschützern, den Krafttieren, wird hier gezeigt. Sie alle sind Wegweiser zu körperlicher und seelischer Harmonie und jener Gesundheit, die in unserem Inneren, unserer Seele angesiedelt ist.

Reise in die untere Welt

Beginnen wollen wir unsere schamanischen Gehversuche mit einer Reise in die untere Welt. Vorausschicken möchte ich gleich hier: Es kann durchaus der Fall sein, dass sich bei Ihrer ersten Reise nichts besonders Aufregendes ereignet. Betrachten Sie sie daher wie eine Art erstes »schamanisches Sightseeing«.

Wer einen Berg besteigen will, muss allerdings zuerst einmal wissen, wo sich dieser befindet und wie er zu ihm hinkommt. Und dann sollte er auch wissen, wie und auf welchem Weg er am besten hinaufgelangt.

Wo also befindet sich unser Reiseziel, die untere Welt, und wie kommt man am einfachsten dorthin? Und schließlich: Welche Reisevorbereitungen sind notwendig, um den Weg gut zu überstehen und ans Ziel zu gelangen?

Als nützliche Begleiter empfehlen sich für spirituelle Arbeit geeignete Räucherstäbchen. Bewährt haben sich beispielsweise die Padminis, die man in Indienläden bekommt, und die sehr dicken Stäbe aus Thai-Geschäften. Schwere Duftnoten wie »Fichtennadeln« oder »Winternacht« und so erfrischende wie »Lemongras« eignen sich nicht.

Die richtigen Vorbereitungen treffen

Für den Anfänger besteht die beste Vorbereitung für seine erste schamanische Reise darin, sich in einem Kreis Gleichgesinnter unter Anleitung eines erfahrenen Lehrers auf den Weg zu machen. Er erspart sich damit unter Umständen Fehlversuche und zeitraubende Umwege, wird von dem spirituellen Feld profitieren, das sich erfahrungsgemäß in einem gemeinsamen Übungsraum aufbaut und wird auch Antworten auf seine Fragen erhalten. Allein tun sich die meisten Menschen zu Beginn schwerer. Trotzdem kann sich auch dieser Versuch lohnen.

Zunächst ziehe man sich in einen ruhigen Raum zurück, den man mit Hilfe von Jalousien und Vorhängen fast völlig abdunkeln kann. Ein sonnenbeschienenes Zimmer beispielsweise, das zudem auf eine stark befahrene Straßen hinausgeht, ist für den noch leicht störungsanfälligen Anfänger ungeeignet.

Wer zu Hause »reisen« möchte, sollte außerdem dafür sorgen, dass er während seiner spirituellen Reise nicht gestört wird. Dazu gehört auch, die Wohnungsklingel abzustellen, den Stecker aus der Telefonbuchse zu ziehen und sich von Mitbewohnern oder Familienmitgliedern Ruhe und Ungestörtheit zu erbitten.

Ein Instrument als Wegbegleiter

> ### Die richtige Trommel
>
> Mit das wichtigste Utensil für die schamanische Reise ist die Trommel. Am besten eignet sich eine flache Rahmentrommel von etwa 40 Zentimeter Durchmesser (oder mehr) mit einem nicht allzu harten Schlägel.
>
> Man erhält solche Instrumente in vielen Musikaliengeschäften, meist mit Kunststoffrahmen und Synthetikfell. Sie können aber auch auf einem Trödel- oder Flohmarkt oder beispielsweise in einem Afrikashop eine typische Schamanentrommel kaufen. Letztere ist zwar oft schöner als die anderen Trommeln, meist aber erheblich teurer und lässt sich häufig nur mühevoll und mit viel Übung nachspannen.

Helfer für den Anfang

Leider spielt sich die Trommel nicht von selbst. Dieser Punkt bereitet besonders Anfängern Probleme. Für sie ist es meist sehr schwierig, gleichzeitig zu trommeln und schamanisch zu reisen. Günstig ist es daher, sich für die erste Reise einen Helfer zu suchen, der das Trommeln übernimmt. In Seminaren ist das der Lehrer.

Am besten bitten Sie einen Freund oder eine Ihnen nahestehende Person aus dem Verwandten- oder Bekanntenkreis, Sie zu begleiten und für Sie zu trommeln. Dabei sollten Sie sich allerdings seines Interesses und seiner positiven Einstellung gegenüber dem Schamanismus sicher sein. Im Zweifelsfall können Sie auch selbst vor einem Mikrofon trommeln, die rhythmischen Schläge auf Tonband aufnehmen, um sie danach für Ihre Reise abzuspielen.

Den Rhythmus finden

Wichtig sind auf jeden Fall ein gleichmäßiger und gleichbleibender Rhythmus, gleichbleibende Lautstärke und Monotonie. Unter Monotonie ist die ganz gleichmäßige Betonung jedes einzelnen Schlags zu verstehen.

Am besten geht es, wenn Sie leise dabei zählen: 21, 22, 23, 24 ... Jede Zahl sollte etwa eine Sekunde ausmachen. Geschlagen wird die Trommel auf jede einzelne Silbe: eín-únd-zwán-zíg, zweí-únd-zwán-zíg ... So erreichen Sie einen 4-Hertz-Rhythmus, nach dem man gut reisen kann. Manche bevorzugen auch ein etwas schnelleres oder langsameres Tempo.

Besonders empfehlenswert ist das traditionelle irische Boghdran, eine leicht spannbare schwere Folkloretrommel, wie sie in den Pubs der Grünen Insel verwendet wird. Eine Bezugsquelle für gute Trommeln dieser Art finden Sie auf Seite 268.

Alternative Möglichkeiten

Tonträger mit Trommelmusik kann man auch im Handel erstehen. Wenn Sie sich für diese Möglichkeit entscheiden, achten Sie bitte darauf, dass sich auf den Tonbandkassetten oder CDs nichts anderes findet als ein monotoner 3- bis 7-Hertz-Rhythmus. Angeboten werden heute auch völlig ungeeignete Machwerke, die von Synthesizer-Meeresrauschen und Vogelgezwitscher bis hin zu esoterischen Sphärenklängen oder säuselnder Schlummermusik mit Subliminals reichen und als schamanische Reisebegleitmusik vertrieben werden. Sie bringen samt und sonders nur Geld für den Produzenten und beinhalten nichts anderes als ablenkende Fremdbeeinflussung.

Wer sich zu solchen Geräuschen auf eine schamanische Reise begibt, was einem sogar recht leicht fallen kann, setzt das eigene Erleben völlig unkontrollierbaren äußeren Einflüssen aus. Gerade das jedoch gilt es unbedingt zu vermeiden. Ernsthafte schamanische Arbeit ist nämlich das genaue Gegenteil von äußerer Manipulation.

So genannte Subliminals sprechen das Unbewusste an. Auf esoterischen Musikkassetten oder CDs sind häufig Affirmationstexte als Subliminals zu finden. Während man die Musik hört, wendet sich beispielsweise eine Affirmation wie »Es geht mir jeden Tag in jeder Hinsicht besser und besser« direkt an tiefere Wahrnehmungsschichten.

Abschluss der Reisevorbereitungen

Um Ihre Reisevorbereitungen abzuschließen, dunkeln Sie den Raum, in dem Sie Ihre Reise antreten, weitgehend ab. Das Licht einer Kerze reicht vollkommen. Zünden Sie, wenn Sie möchten, ein Räucherstäbchen an, und legen Sie sich dann auf eine nicht allzu harte Matte oder Decke. Anstatt der Rückenlage können Sie auch eine andere bequeme Haltung einnehmen.

Dauer und Rückrufsignal

Die erste Reise führt Sie in die untere Welt und sollte etwa 20 Minuten dauern. Damit das Ende der Reise nicht zu überraschend kommt, wird der Trommler ein Rückrufsignal schlagen. Das sieht so aus:

A . . . .
B ....
C ....

A besteht noch aus dem Trommelrhythmus der Reise, B ist das eigentliche Rückrufsignal, C zeichnet sich durch ein etwas leiseres schnelles Trommeln von etwa 30 Sekunden Länge aus und sollte auf keinen Fall kürzer ausfallen. Während dieser Zeitspanne findet der Reisende genügend Zeit, in seine Alltagsrealität zurückzukehren.

Eingänge in die untere Welt

Den äußeren Vorbereitungen folgen noch einige innere, die unentbehrlich sind. Zunächst muss man sich einen Eingang zu seinem Reiseziel, der unteren Welt, suchen. Dazu kann man sich alles vorstellen, was hinabführt: Goldmaries Brunnen ebenso wie die Kellertreppe im eigenen Haus. Als besonders gut haben sich Plätze in der Natur bewährt, die der Reisende kennt und mit denen er angenehme Eindrücke und Erfahrungen verbindet. Auch sie sollten nach unten führen. Eine natürliche Höhle bietet sich dazu an, ebenso wie der Eingang zu einem Fuchs- oder Kaninchenbau, ein hohler Baum o. Ä. Die Größe des Eingangs spielt dabei keine Rolle. Ein mächtiger Vulkankrater eignet sich ebenso wie ein fingerbreiter Felsspalt.

Sie brauchen keine Angst zu haben, dass Ihnen auf der Reise Schreckliches oder Alptraumhaftes widerfahren könnte. Sollte Ihnen auf Ihrem Weg wirklich etwas Störendes begegnen, dann schicken Sie es einfach fort oder weichen Sie ihm aus. Nichts kann Ihnen gefährlich werden.

Wie der Zutritt auch beschaffen sein kann

Der Eingang zum Weg nach unten braucht nicht offensichtlich frei zu sein. D. h., er kann auch im Verborgenen liegen. So können Sie beispielsweise gedanklich in einen gesunden Baumstamm schlüpfen und von dort aus den Wurzeln in die Erde folgen oder in einen Teich springen, untertauchen und sich durch den weichen Boden weiter abwärts bewegen.

Haben Sie einen solchen Eingang für sich gefunden, dann sollten Sie ganz kurz die Augen schließen und versuchen, Ihr Eingangsszenario bildlich vor sich zu sehen. Das vereinfacht das spätere Reisen. Gelingt diese Visualisierung nicht, so ist das auch kein Problem. Dann können Sie versuchen, sich alles um den Eingang herum auf andere Weise sinnlich zu vergegenwärtigen. Vielleicht können Sie den Wind in den Blättern des Baums hören, in dessen Stamm Sie schlüpfen wollen. Vielleicht können Sie die raue Borke fühlen, vielleicht sind Sie auch ganz einfach von dem Wissen durchdrungen: »Ich bin da, wo ich sein möchte, obwohl ich weder etwas sehe, noch fühle, noch rieche…«

Bevor Sie den ersten Schritt tun

Ist es im Raum noch zu hell, dann decken Sie jetzt Ihre Augen ab. Dazu eignet sich beispielsweise eine Schlafmaske oder ein weicher Schal.

Bevor Sie nun endgültig zu Ihrer ersten schamanischen Reise aufbrechen, formulieren Sie dreimal still: »Ich reise in die untere Welt, um sie kennen zu lernen.«

Unternehmen Sie schamanische Reisen nüchtern und nicht nach Alkohol- oder Drogengenuss, sonst schleicht sich der Schrecken von ganz woanders her ein. Und machen Sie nie den zweiten Schritt vor dem ersten, d.h., halten Sie sich an die Reihenfolge der Reisevorschläge in diesem Buch.

Während Sie diesen Satz leise vor sich hin sagen oder denken, beginnt die Trommel. Kümmern Sie sich jetzt nicht weiter um die Formulierung, und lassen Sie sie so stehen. Das Einleitungsanliegen haben Sie gleichsam als Mission vorausgeschickt. Denken Sie sich stattdessen jetzt an Ihren Eingang zur unteren Welt, und gehen, springen oder schlüpfen Sie hinein.

Sich treiben lassen

Schon wenig später wird sich die Umgebung verändern. So kann es sein, dass Sie zwar in den Kanal, der vor Ihrem Haus vorbeifließt, gesprungen sind, sich aber plötzlich in einer weiträumigen Tropfsteinhöhle wiederfinden. Sobald ein solcher Wandel eintritt, hören Sie auf, Ihre Reise selbst zu beeinflussen; es sei denn, Sie kommen an bestimmten Stellen nicht weiter.

Ist das der Fall, dann überprüfen Sie zunächst erst einmal, ob Sie überhaupt weiter wollen oder nicht. Wenn nicht, bleiben Sie, wo Sie sind, und sei es auch noch so dunkel um Sie herum. Zieht es Sie aber weiter, dann suchen Sie nach einem Ausweg; zwängen Sie sich durch einen engen Spalt, oder gehen Sie durch eine scheinbar kompakte Wand hindurch. Sie werden sich wundern, wie leicht das geht. Dies allerdings nur unter einer Voraussetzung: Seien Sie sich bewusst, dass Sie nichts erzwingen können.

Machen Sie Ihre Erfahrungen

Bevor Sie Ihre Lektüre an dieser Stelle fortsetzen, sollten Sie auf jeden Fall erste Reiseerfahrungen – auch negativer Art – gesammelt haben. Sonst fühlen Sie sich durch alles, was auf den folgenden Seiten ausgeführt ist, auf Ihren späteren Reisen von vorneherein bevormundet. Dann sehen Sie zwar etwas, können es aber nicht wirklich mit eigenem Erleben identifizieren, weil Sie glauben werden, sich lediglich bildhaft das von einem Fremden Gesagte vorzustellen. Um dieser Gefahr zu entgehen, wiederhole ich meine dringende Bitte: Lesen Sie hier erst weiter, wenn Sie über eigene Reiseerfahrungen verfügen, sonst mag sich der Rest dieses Buchs als ziemlich wertlos für Sie herausstellen. Wie bereichernd dagegen ist es, selbst Erfahrungen zu sammeln und danach die Bestätigung zu finden: Was ich erfahren habe, ist keine bloße Phantasie, sondern eine fremde aber objektive Realität, die sich anderen Menschen ganz ähnlich darstellt und meist auch ähnlich empfunden wird.

Ursachen für eine fehlgeschlagene Reise

Wenn Sie an dieser Stelle weiterlesen, haben Sie bereits erste Reiseversuche unternommen. Es gibt nun grundsätzlich zwei Ergebnismöglichkeiten: Entweder Sie können auf bestimmte mehr oder weniger ausgeprägte Erlebnisse zurückblicken, oder es hat sich gar nichts getan. Zwischenstufen gibt es nicht.

Nichts zu erleben, kann sich auf zweierlei Weise äußern: Entweder ist bei Ihren Versuchen, schamanisch zu reisen, überhaupt nichts geschehen, oder Sie haben lediglich den Eingang zur unteren Welt visualisiert, den Sie sich vor der beabsichtigten Reise vorgestellt haben. Von dort aus ging es jedoch nicht weiter.

Nehmen wir zunächst den – weitaus unwahrscheinlicheren – Fall an, dass Sie wirklich gar nichts erlebt haben. Das ist kein Grund, gleich entmutigt zu sein. Verschiedene Ursachen können für diese verunglückte Reise verantwortlich sein. Um diese zu ergründen, beantworten Sie bitte ganz aufrichtig die folgenden Fragen.

Die Frage nach der inneren Überzeugung

War es vielleicht Ihre bewusste oder unbewusste Absicht, sich selbst oder anderen zu beweisen, dass schamanisches Reisen grundsätzlich nicht möglich ist oder sogar, dass Schamanismus nichts anderes ist als Scharlatanerie oder Aberglaube?

Überdenken Sie dabei einmal das Folgende: Ein Mensch, der beispielsweise romantische Gefühle als unlogisch und unrealistisch oder lediglich als Symptome körpereigener chemischer Prozesse betrachtet, wird sich niemals aus vollem Herzen über die Schönheit eines bunten Schmetterlings freuen können und wird wohl auch niemals in der Lage sein, tiefe, bedingungslose Liebe zu empfinden.

Die Frage nach den Erwartungen

Hatten Sie vor Ihrer Reise überzogene oder ganz bestimmte, im Geist vorformulierte Erwartungen, und haben Sie sich dadurch womöglich unter eine Art Leistungsdruck gesetzt? Es muss jetzt unbedingt klappen! Andere können das schließlich auch. Ich darf keinesfalls versagen!

Bedenken Sie: Spirituelles Erleben lässt sich vom Verstand her nicht erzwingen. Stattdessen tritt meist eine Umkehrwirkung ein, die diese Art der Erfahrung eher behindert.

Auch die Reise des Odysseus, des Helden der griechischen Mythologie, kann als Schamanenreise verstanden werden. Nach der Einnahme Trojas tritt er die Heimfahrt an, auf der er die seltsamsten Abenteuer bestehen muss. So wird er beispielsweise von einem einäugigen Riesen in eine Höhle gesperrt und soll am Eingang zur Unterwelt den Schatten eines Sehers über sein weiteres Schicksal befragen.

Die Frage nach Ängsten

Hatten Sie Angst, etwas Schreckliches oder Gefährliches könne Ihnen auf Ihrer Reise zustoßen, dem Sie sich nicht entziehen können und stellen müssen?

Wenn Sie diese Frage mit Ja beantworten, dann können Sie es getrost gleich noch einmal mit einer Reise versuchen. Auf schamanischen Reisen geschieht nichts Gefährliches.

Auch bleiben Sie auf jeder Reise stets Ihr eigener Herr und vollkommen handlungsfähig. Der schamanische Bewusstseinszustand ist keine hypnotische Tieftrance. Wenn Sie der einfachen Reiseempfehlung in diesem Buch folgen und die vorgeschlagene Exkursion in die untere Welt unternehmen, dann können Sie sicher sein, dass Ihnen nichts Gefahrvolles oder Erschreckendes begegnet. Und sogar wenn Sie diesen Punkt überspringen und gleich von Anfang an daran gehen wollen, ein schweres Kindheitstrauma aufzuarbeiten, werden sich die Schrecknisse in verkraftbaren Grenzen halten. Schließlich hätte selbst die Konfrontation mit einem früheren traumatischen Erlebnis allenfalls den Charakter einer Heilkrise.

Um eine untere Welt geht es in dem berühmt gewordenen Roman »Alice im Wunderland« von Lewis Carroll, der 1865 erschienen ist. Die kleine Alice begibt sich auf die phantastische Reise dorthin.

Die Frage nach Befürchtungen für die Zukunft

Haben Sie befürchtet, Ihre beabsichtigte schamanische Reise könne etwas bewirken, das vielleicht Ihr gewohntes Leben verändern wird? Glauben Sie, dass Ihr ethisches oder streng naturwissenschaftliches Weltbild ins Wanken geraten könnte, wenn Sie auf der Reise erleben, dass Schamanismus tatsächlich funktioniert? Befürchten Sie aufgrund Ihrer Erlebnisse Veränderungen, weil Sie sich nun beispielsweise im Klaren darüber sind, dass Sie mit dem falschen Partner zusammenleben? Oder haben Sie Angst davor, eventuell erkennen zu müssen, dass Ihre bisherige berufliche Tätigkeit ethisch und im Sinn des Gemeinwohls unverträglich ist und dass es besser wäre sie aufzugeben, selbst wenn dies mit existenziellen Nachteilen verbunden wäre?

Wenn Derartiges im Spiel ist, dann überlegen Sie sorgfältig, was sich schlimmstenfalls in Ihrem Leben ändern könnte, wenn Sie einen spirituellen Weg beschreiten. Sind Sie nicht – oder noch nicht – bereit, einem möglichen Wandel zuzustimmen, dann unternehmen Sie keine weiteren Reiseversuche.

Denn eines muss gesagt sein: Beim schamanischen Erleben geht es wie beim ernsthaften Einschlagen jedes anderen sprituellen Wegs immer um alles oder nichts. Nur aus Neugier zu »schamanisieren« ist nicht möglich, man muss auch bereit sein, die Konsequenzen für sein Handeln zu ziehen. Wer ernsthaft eine Frage stellt, riskiert immer, eine Antwort zu erhalten. Wer ernsthaft um etwas bittet, muss damit rechnen, dass er es auch bekommt. Das gilt insbesondere auch für die fortgeschrittene schamanische Arbeit.

Die Frage nach der Religiosität

Befürchten Sie, dass die schamanische Arbeit mit Ihrer religiösen Einstellung unvereinbar ist?
Wenn Sie sich in diesem Punkt nicht sicher sind, dann lesen Sie noch einmal das Kapitel »Schamanismus und Religion« (Seite 14f.), bevor Sie weitere Reiseversuche unternehmen. Gegen Ihre religiöse Überzeugung schamanisch reisen zu wollen, funktioniert jedenfalls nicht.
In einem schamanischen Basisseminar begegnete mir einmal ein katholischer Moraltheologe. Er erkannte bereits nach dem ersten Tag: »Wenn ich nur beobachtend dabeisitze, erfahre ich über Schamanismus gar nichts. Aber aktiv mitmachen? Darf ich das denn als praktizierender Christ?« Am folgenden Sonntag ging er morgens ins Hochamt und fragte in stillem Gebet den Heiligen Geist, um seine Zweifel zu beseitigen: »Darf ich Schamanismus praktizieren?« Die Antwort war: »Sicher. Was meinst du, was du jetzt gerade tust?«

Die Frage nach dem sozialen Umfeld

Befürchten Sie, dass Ihr persönliches Umfeld – Familie, Freunde und Arbeitskollegen – Ihre schamanischen Gehversuche ernsthaft ablehnen würde?
Wenn das der Fall sein sollte, Sie aber eine derartige Ablehnung nicht ertragen können, dann müssen Sie sich für das eine oder das andere entscheiden, bevor Sie weitermachen. Sie glauben gar nicht, wie viele Menschen aus Ihrem Umfeld bereit sein werden, Ihren Weg zu respektieren, wenn Sie diesen nur entschieden genug vor sich selbst und Ihren Lieben vertreten.

Die Frage nach dem Selbstbewusstsein

Ist es möglich, dass Ihr Selbstbewusstsein nur schwach ausgeprägt ist und Sie sich der Reise einfach nicht gewachsen fühlen? »Wahrscheinlich können es wieder einmal alle, ich aber ganz bestimmt nicht.«

Schamanisches Reisen setzt die Bereitschaft voraus, dem, was einem dabei möglicherweise begegnet, wirklich ins Auge schauen zu wollen. Es zeitigt mehr oder weniger einschneidende Konsequenzen für das eigene Leben.

Wenn Sie diese Frage mit Ja beantworten, dann bin ich ganz und gar nicht davon überzeugt, dass Sie nichts erlebt haben. Vielleicht sind Sie nach dem Eingang in die untere Welt lediglich in einen dunklen Raum geraten, aus dem Sie sich in Ihrer selbst auferlegten Bescheidenheit nicht herausgetraut haben. Versuchen Sie es weiter! Und achten Sie auf jede Kleinigkeit. Vielleicht sehen Sie das erste Mal ganz flüchtig ein paar Augen im Dunkel, vielleicht ahnen Sie ein unterirdisches Labyrinth mehr als Sie es sehen. Langsam aber sicher werden Ihre Reiseerlebnisse deutlicher und stärker werden.

Die Frage nach der Vorstellungskraft

Verfügen Sie über eine sehr lebhafte Phantasie, und können Sie gut visualisieren, also vor Ihrem inneren Auge willentlich Bilder wachrufen?

In diesem Fall laufen Sie wahrscheinlich Gefahr, alle schamanischen Reiseerlebnisse als bloße Produkte Ihrer eigenen Vorstellungskraft abzutun. Kümmern Sie sich nicht darum, wo Ihre Phantasie aufhört und das eigentliche Reisegeschehen beginnt. Später merken Sie das ganz von selbst und lernen beides sehr gut unterscheiden.

Die Frage nach der sinnlichen Qualität der Erlebnisse

Haben Sie vielleicht etwas anderes erlebt als Sie erwartet haben und deshalb die Reise als Ganzes angezweifelt?

Manche Menschen glauben, vor ihrem geistigen Auge müsste eine Art lückenloser Spielfilm ablaufen. Sie sind dann enttäuscht, »nur« einzelne blitzlichtartige Standbilder oder überhaupt nichts gesehen zu haben. Vielleicht fühlten Sie nur einen kalten Luftzug und hatten einen bestimmten Geruch in der Nase. Auch das sind schamanische Reiseerlebnisse.

Lassen Sie alle vorgefassten Meinungen darüber fallen, wie eine schamanische Reise verlaufen könnte. Vielleicht wünschten Sie sich, durch einen Brunnenschacht in eine blühende Landschaft zu gelangen und fanden sich stattdessen auf der Rolltreppe eines U-Bahnhofs wieder. Sie sagten sich dann sofort: »Aber das will ich doch gar nicht.« Und schon war Ihre Reise zu Ende, bevor sie beginnen konnte. Nehmen Sie alles so, wie es kommt, und wenn Sie es nicht mögen oder verstehen, wie es ist, dann fragen Sie nach, warum Sie dies und nichts anderes erleben. Irgendjemand wird erscheinen und Ihre Fragen beantworten.

Eines der ersten Erlebnisse des Ritters Owein war ein dunkler, kellerartiger Raum, in dem er sich wiederfand. Mancher angehende Schamane hat es bei seinen ersten Gehversuchen tage- und wochenlang mit solchen Räumen zu tun. Dabei handelt es sich um eine wichtige und notwendige Entwicklungsphase.

Die Frage nach spirituellen Alternativen

Haben Sie vielleicht bereits einen anderen spirituellen Weg gefunden, der Ihnen mehr liegt als Schamanismus, beispielsweise Zen-Meditation oder Raja-Yoga?

In diesem Fall möchte ich Ihnen empfehlen, auf Ihrem Weg zu bleiben. Verzetteln Sie sich nicht. Man kann einen Berg nicht auf zwei Wegen gleichzeitig besteigen.

Die Frage nach den äußeren Begleitumständen

Haben Sie Ihre Reiseversuche vielleicht unter innerem oder äußerem Stress durchgeführt? Waren Sie unter Zeitdruck, weil Sie gerade Besuch erwarteten? Oder litten Sie unter Kopfschmerzen oder Migräne, die Ihre Reise störten?

Am besten beginnt man schamanische Reisen in einem entspannten Zustand. Unter Stress ist Reisen besonders für Anfänger schwierig.

Die Frage nach Erfahrungen mit Nirwana-Meditation

Sind Sie erfahren in Nirwana-Meditation? In diesem Fall müssen Sie sich wahrscheinlich erst umgewöhnen. Schamanisches Reisen bedeutet nahezu das Gegenteil Ihrer bisherigen Meditationserfahrungen. Ging es bei Ihren bisherigen Bemühungen darum, Ihr Bewusstsein weitestgehend zu entleeren, so kommt es jetzt auf intensives Erleben an.

Die Frage nach den bisherigen Antworten

Konnten Sie alle vorhergehenden Fragen aufrichtig mit Nein beantworten, und haben Sie trotzdem nichts erlebt?

Dieser Fall ist so selten, dass ich Sie bitten möchte, die zwölf Fragen noch einmal sorgfältig durchzugehen und genau zu prüfen, ob sich nicht vielleicht doch ein unzutreffendes Nein eingeschlichen hat.

Erst wenn das ganz bestimmt nicht der Fall ist, können Sie unverändert mit Ihren Reiseversuchen fortfahren. Wahrscheinlich wird Ihre Geduld dabei aber auf eine äußerst harte Probe gestellt. Ich habe einige wenige Menschen kennen gelernt, die jahrelang immer wieder vergeblich schamanische Reiseversuche unternahmen. Dann, auf einmal, stellte sich unvermittelt der Erfolg ein. Oft erweisen sich solche Menschen später als besonders befähigt für schamanische Arbeit. Denn nicht jeder ist das in gleichem Maß.

Nirwana bedeutet soviel wie verwehen, erlöschen. Der Begriff aus der buddhistischen Lehre bezeichnet das Heilziel dieser Religion. Nirwana ist der Zustand des Erlöstseins, der Überwindung allen Strebens und allen Leids.

Einen neuen Versuch unternehmen

Wer sich mit seinen ersten schamanischen Reiseversuchen schwer tut, kann ein bisschen mit der Methodik spielen. Variieren Sie beispielsweise die Trommelfrequenz. Oder versuchen Sie es ohne Trommel, beispielsweise begleitend zu einer monotonen rhythmischen Körperbewegung wie Jogging.

Beginnen Sie in diesem Fall anstatt einer Exkursion in die untere Welt mit einer Mittelweltreise. Dazu schließen Sie die Augen und stellen sich zu den Trommelklängen einen gut bekannten Weg vor. Legen Sie ihn im Geist zu Fuß, mit dem Fahrrad oder mit dem Auto zurück, so wie Sie es im Alltag gewohnt sind. Achten Sie unterwegs darauf, was sich Ihnen anders präsentiert als im Alltag. Vielleicht trägt der Paketbote an der Straßenkreuzung auf Ihrer Reise keine braune Uniformjacke wie üblich, sondern ein langes gestreiftes Nachthemd. Vielleicht begegnen Ihnen Autos mit fünf Rädern. Wenn das der Fall ist, schleichen sich ganz langsam erste schamanische Elemente ein. Und bald werden Sie reisen können.

Wenn Sie mehrere Male scheinbar vergeblich versucht haben, allein schamanisch zu reisen, ist es möglicherweise sinnvoll, sich an einen guten Lehrer zu wenden und im Rahmen eines Seminars neue Erfahrungen zu gewinnen.

Der Ablauf einer gelungenen Reise

Wer von einer erfolgreich stattgefundenen Reise zurückkehrt, kann sehr Unterschiedliches erlebt haben. Dabei geht es um derart viele verschiedene Möglichkeiten, dass es unmöglich ist, sie hier alle aufzuzählen. Doch gibt es einige Standardelemente schamanischer Reisen, die häufiger vorkommen als andere. Ein paar davon möchte ich hier vorstellen. Vielleicht kommt Ihnen das eine oder andere bekannt vor.

Tunnelerlebnisse und Eingangsräume

Häufig sind so genannte Tunnelerlebnisse. Nachdem der Reisende seinen Eingang hinter sich gelassen hat, fühlt er sich plötzlich in eine Art Röhre oder einen dunklen Tunnel hineingezogen, der mehr oder weniger steil nach unten führt. Manchmal haben diese Röhren den Charakter von Wellrohren, oder ihre Wände zeigen spiralige Linien. Durch solche Eingänge kann man gehen, laufen, fliegen oder fallen.

Es muss aber nicht immer ein Tunnel oder eine Röhre sein. Andere Menschen finden sich stattdessen unmittelbar nach dem Eintritt in die untere Welt in dunklen kellerartigen Räumen wieder, mit Treppen, die weiter hinabführen, oder in weiträumigen natürlichen Grotten und Tropfsteinhöhlen. Wieder andere sehen sich zunächst unter Wasser.

Erlebnisse in den ersten Räumen

Alle Anfangsphasen einer Reise in die untere Welt können in eine Landschaft münden. Das kann ein Gebirge sein, ein Hügelland, aber auch eine Steppe, Wüste oder ein Meeresufer. Man kann sich aber auch in einer Großstadt wiederfinden, genauso wie im Inneren eines Palasts. Eine weitere Variante ist ein dunkler, leerer Raum, in dem der Reisende scheinbar stecken bleibt. Manchmal stellt sich dieser Raum auch gleich nach dem Reisebeginn ein. Das bedeutet nicht, dass die Reise erfolglos ist. Solche Räume sind oft äußerst nützlich. Vielfach finden sich Menschen dort wieder, die im Alltag mit viel Stress zu kämpfen haben und erst einmal zu sich selbst finden müssen, bevor sie weiterkommen.

Wesen, die einem begegnen können

Wer in eine wie auch immer geartete Landschaft gelangt ist, kann dort – abgesehen von Pflanzen – ganz allein gewesen sein. Oft begegnen einem aber schon auf der ersten Reise Tiere oder auch andere Menschen. Sie müssen keineswegs unseren Sehgewohnheiten entsprechen. Pferde mit Flügeln sind ebenso vorstellbar wie sprechende Fische oder Menschen mit Tierköpfen. Manchmal laden einen diese Wesen ein, mit ihnen gemeinsam eine Besichtigungsreise zu unternehmen. Dann sitzt man vielleicht auf einer Riesenschildkröte und fliegt mit ihr über eine endlose Sandwüste, oder ein Adler trägt einen durch ozeanische Korallengärten.

Den richtigen Rückweg einschlagen

Wenn die Trommel zur Rückkehr ruft, brechen Sie die Reise ab, indem Sie Ihren Weg in umgekehrter Reihenfolge zurücklegen. Das geht im Allgemeinen ohne weiteres Nachdenken und sehr rasch. Sie können auch auf Abkürzungen wieder in den Alltag zurückkehren, von wo aus Sie Ihre Reise in die andere Realität begonnen haben. Die Rückkehr auf demselben Weg wie dem Hinweg ist aber – besonders für Anfänger – sinnvoller. Man bekommt von Anfang an ein besseres Gespür dafür, wie man später selbst aktiv in das Reisegeschehen eingreifen kann.

Durch die Intensität des Erlebens während einer Reise verändert sich die Zeitwahrnehmung. Während tatsächlich vielleicht nur eine Viertelstunde vergangen ist, hat der Reisende nach seiner Rückkehr häufig das Gefühl, sehr viel länger fort gewesen zu sein.

Die Sprache der Seele

Wahrscheinlich haben Sie jetzt bereits Erfahrungen in der unteren Welt gesammelt und sind vielleicht ebenso überrascht wie irritiert von dem, was Ihnen begegnet ist. Die meisten Neulinge blicken auf wunderschöne Reiseerlebnisse zurück und wären gerne noch länger geblieben. Andere geben auch zu, dass sie etwas Angst verspürt hätten, weil sie nur in dunklen Kellerräumen herumgestolpert wären und dabei die Anwesenheit von unsichtbaren Kreaturen gefühlt hätten.

Gemeinsam ist den meisten Anfängern die Frage, ob sie das alles wirklich erlebt oder es sich nur eingebildet haben. Dazu lässt sich nur sagen, dass sie das noch eine ganze Weile nicht so recht unterscheiden können werden. In einigen verbindlichen Sätzen erklären lässt sich der Unterschied auch nicht. Stellen Sie die Frage daher erst einmal hintan. Später klärt sich für Sie alles von selbst.

Wichtiger ist zunächst etwas ganz anderes. Was bewirken all diese Erlebnisse? Warum erleben wir Tunnel, Höhlenlabyrinthe oder Berglandschaften, über die uns ein geflügeltes Pferd trägt? Was können wir damit anfangen?

Was ist eigentlich Wirklichkeit?

Um hierauf eine Antwort zu finden, muss ich mit einigen Irrtümern aufräumen, die im Abendland weit verbreitet sind und ihren Anfang bereits in der Philosophie der griechischen Antike nahmen. Seitdem schleppen wir sie in allen nur denkbaren Spielarten mit uns herum und werden durch sie als unserem kulturellen Hintergrund geprägt.

Von den griechischen Naturphilosophen über die mittelalterlichen Scholastiker hin zu den Aufklärern, Geschichts-, Transzendental- und Existenzphilosophen der Neuzeit reißt die müßige, weil ergebnislose philosophische Diskussion darüber nicht ab, was Wirklichkeit an sich ist, was wir in ihr wahrnehmen können und was nicht, und wie diese Wahrnehmungen überhaupt möglich sind. Dabei unterliegen alle diese Denker demselben, meiner Meinung nach der Philosophie generell innewohnenden Irrtum: Sie denken, und sie begnügen sich mit dem Denken. Denken aber geschieht immer in der Sprache des Geistes.

Den Philosophen der Aufklärung gemeinsam war die Abkehr von der Vorstellung der Glaubenswahrheit der Theologie und die Überzeugung, die Vernunft sei die letztgültige Instanz zur Beurteilung dessen, was wahr ist.

Wie wir Wirklichkeit erfassen können

Was aber, wenn es Ebenen der Wirklichkeit gibt, die sich dem verbalen Denken völlig entziehen? Schließlich gibt es viele Dinge um uns herum, die sich weder analysieren noch diskutieren lassen, weil sie nicht unseren Verstand, sondern unmittelbar unsere Seele ansprechen.

Nehmen wir als Beispiel den Versuch, ein Kunstwerk zu erfassen. Dazu stehen uns verschiedene Möglichkeiten zur Verfügung. Wir können ein Gemälde rein wissenschaftlich erforschen. Das bedeutet, Farbanalysen vorzunehmen und technische Hilfsmittel, wie ein Mikroskop oder Röntgengerät, zu bemühen. Dasselbe Werk können wir auch geschichtsphilosophisch diskutieren. So werden wir versuchen, den Zeitgeist zu begreifen, in dessen Rahmen es entstand. Ein Schamane hingegen wird das Bild primär mit seiner Seele betrachten. Die Erkenntnisse, die sich ihm dadurch darbieten, sind durchaus eine Form der Wirklichkeit.

In anderen Kulturkreisen, im alten Indien oder Ägypten etwa, ebenso wie in den großen chinesischen Heilslehren, im Shintoismus oder in den schamanischen Gesellschaften, geht man ganz selbstverständlich von der Existenz von Wirklichkeiten aus, die sich nicht logisch erklären und in Worte fassen lassen. Die Sprache dient hier allenfalls dazu, diese Realitäten durch Gleichnisse zu beschreiben.

Die Wirklichkeit der Schamanen

Die Seele hat ihre eigene Sprache. Aber diese kennt keine Worte. Das übersehen Philosophen ebenso regelmäßig wie Naturwissenschaftler. Ansatzweise erkannt hat diese Tatsache allenfalls die moderne Psychoanalyse.

Die nicht alltägliche Realität der Schamanen ist eine andere als die der abendländischen Denker. Sie fragt nicht nach Zusammenhängen von Ursache und Wirkung oder nach Begründungen, sondern nur nach Tatsachen. Schamanisch arbeiten bedeutet daher auch Tatsachen zu schaffen, sie zu verändern oder zu beseitigen; je nachdem, ob sie erwünscht sind oder nicht. So einfach ist das. Als Mittel dafür dient alles, was sich in der Praxis bewährt, ganz gleich, ob es nun einer wissenschaftlichen Betrachtungsweise zugänglich ist oder nicht.

Die großen Offenbarungsschriften sind voll von Parabeln. Eine der großartigsten Reden Christi, die Bergpredigt, ist weitestgehend in Bildern ausgedrückt, die dem Verstand nur schwer, der Seele aber intuitiv zugänglich sind.

Die Einheit von Wirkung und Wirklichkeit

Einige Beispiele mögen dies illustrieren. Ein Kranker wendet sich an einen Heiler, bekommt von diesem kleine weiße Kügelchen verabreicht und wird davon gesund. Der schulmedizinisch ausgebildete Arzt wird dazu meinen, dass der Kranke einem Scharlatan aufgesessen sei, denn die Kügelchen bestehen aus nichts anderem als Milchzucker, sind aus seiner Sicht also keine Arznei. Dass der Patient dennoch gesund geworden ist, schreibt der Arzt dem so genannten Plazeboeffekt zu. Der Schamane dagegen nennt die Kügelchen Medizin, denn schließlich bewirken sie, dass der Kranke jetzt gesund ist.

Ein Plazebo ist ein Scheinmedikament, das keine Arznei enthält. Dieses kann jedoch subjektiv seelisch und dadurch heilsam wirken, weil der Patient großes Vertrauen in die scheinbare Arznei setzt.

Arzt und Schamane sind sich nicht über die Heilung uneins, nur über den Wirkmechanismus. Der Arzt ist der Meinung, die Ursache für die Genesung liegt nicht in den Pillen, sondern in der seelischen Bereitschaft des Patienten, gesund zu werden. Dem Schamanen ist das gleich, denn für ihn zählt allein, dass der Kranke gesund wurde.

Die Bedeutung der inneren Haltung

Wenn nun der Arzt versucht, den Patienten darüber aufzuklären, dass nicht die Arznei ihn geheilt habe, dann vernichtet er damit zugleich ihre Heilwirkung. Ein zweites Mal wird sie bei derselben Beschwerde nicht helfen. Der Schamane verhält sich genau entgegengesetzt. Er wird seinen Patienten darin bestärken, dass er genau das richtige Medikament bekommen hat. Bei einem zweiten Mal wird die innere Überzeugung des Patienten von der Wirkung der Arznei damit sogar wachsen.

Die Bedeutung der individuellen Seele

Wer nun meint, diese Haltung als Aberglauben abtun zu können, der irrt sich. Bei der Heilung dieses Kranken war weit mehr als nur ein Plazeboeffekt im Spiel. Derselbe Schamane, der dem Patienten A gegen seine Leiden jene Michzuckerkügelchen verabreichte, wird den Patienten B bei gleichartigen Beschwerden wahrscheinlich ganz anders behandeln. Das unterscheidet ihn vom Schulmediziner, der bei einem gleichartigen Befund die gleiche Arznei verordnet. Der Arzt behandelt den Körper, der Schamane heilt die individuelle Seele.

Die Kügelchen sind nur ein äußerlich sichtbares Vehikel für seine Arbeit. Er weiß, dass sie nicht aufgrund ihrer Inhaltsstoffe heilsam wirken, sondern aufgrund des Geistes, in dem er sie dem Kranken verabreicht. Dieser liebevolle Geist wirkt auf die Seele und so auf den ganzen Menschen. Niemand wird bestreiten, dass Liebe heilen kann, während Gefühlskälte krank macht oder die Gesundung behindert.

Für den Genesungsprozess des Patienten ist es sehr wichtig, dass er im tiefsten Inneren davon überzeugt ist, ein unfehlbares Heilmittel zu sich zu nehmen. Dann erst wirkt es auf seine Seele, und diese ist es, die vor allem anderen geheilt wird. Das Körperliche ergibt sich dann von selbst. Die Seele aber fragt nicht nach Logik, sie verlangt Vertrauen und Liebe.

Das innere Geschehen entzieht sich der Analyse des Verstands. Hier handelt es sich um Realitäten der Seele, die sich nicht in Worte fassen lassen.

Das Wissen um die Heilwirkung auf die Seele

Der Schamane bedient sich Techniken, die in erster Linie auf die Seele eines Kranken wirken. Den einen Patienten behandelt er mit Gesang, den anderen durch Handauflegen, einen dritten durch Anschreien und seelisches Wachrütteln, einen vierten mit kleinen weißen Kügelchen.

Das Wissen um die Heilwirkung all dieser Maßnahmen bezieht der Schamane nicht aus eigener Kenntnis oder Erfahrung, denn er ist selbst nur ein Mensch, und als solcher kann er sich natürlich auch irren.

Seine Krafttiere, seine Hilfsgeister, seine spirituellen Lehrer führen ihm dieses Wissen zu. Dieses ist von ungeheurer Wichtigkeit. Wäre das schamanische Heilwissen lediglich auf Erfahrungen gestützt, dann bestünde immer noch die Möglichkeit von Unzuverlässigkeiten bei deren praktischer Umsetzung.

Iatren (Heilwirkungen) spielen sich tief im Inneren der Seele ab, wie bei dieser Pilgerin in Tschenstochau. Sie ist von der religiösen Freude sichtlich überwältigt.

Verstandene und gefühlte Wirklichkeit

Warum ist das Prinzip der Heilung über die Seele für Rationalisten und Naturwissenschaftler so schwer zu begreifen? Wer seine Welt aufmerksam wahrnimmt, begegnet doch tagtäglich Beispielen, die dieses Prinzip belegen. Da sieht ein Mensch, den starke Depressionen plagen, einen bunten Schmetterling über eine sonnenbeschienene Wiese gaukeln. Freude erfüllt ihn bei diesem Anblick, vielleicht beginnt er vor Glück sogar darüber zu weinen und ist von seiner Niedergeschlagenheit geheilt. Vom naturwissenschaftlichen Standpunkt aus ist dieses Phänomen unbegreiflich, schließlich ist einem Schmetterling keine objektive Heilwirkung auf ein depressives Gemüt nachzuweisen.

Der Schamane hingegen wird sagen: »Der Geist des Schmetterlings hat die Seele des Kranken geheilt.« Ist das bloß Aberglaube? Begreift man den Satz wortwörtlich, dann vielleicht. Doch genau wortwörtlich will der Schamane auch gar nicht verstanden werden. Er spricht einfach in der Sprache der Seele, die den Verstand überhaupt nicht mehr erreicht. Und doch hat er in seiner verstandesfremden Sprache nichts anderes als beobachtbare Wirklichkeit beschrieben: »Hier war ein depressiver Mensch. Dann kam ein Schmetterling. Sein Anblick hat den Menschen von seinen Depressionen befreit.« Was an diesen Tatsachen ist also unglaublich?

Nicht jede Wirklichkeit ist nur deshalb real, weil sie sich wissenschaftlich er- und begründen lässt.

Trauma und Iatra

Nehmen wir ein anderes Beispiel, an dem deutlich wird, dass man durch künstliche Beeinflussung von außen am Verstand vorbei direkt auf die Seele einwirken kann. Traumata entstehen beispielsweise durch das Erlebnis eines schweren Unglücks, einer schweren Misshandlung, eines Unfalls. Das Wort »Trauma« bedeutet ursprünglich nichts anderes als Verletzung des Körpers wie der Seele. Um ein Trauma zu heilen, bedarf es des heilkundlichen Wissens, der Iatrik. Ich erlaube mir deshalb, der seelischen Erkrankung »Trauma« den Begriff des gezielt herbeiführbaren die Seele heilenden »Iatra« gegenüberzustellen.

Iatren sind ebenso wirklich wie Traumata. Ein Schamane ist ein Spezialist für diese Iatren. Er ruft aufgrund seiner besonderen Fähigkeiten gezielt Iatren bei seinen Patienten hervor, indem er unmittelbar mit deren verletzter Seele kommuniziert und dabei den Verstand ganz bewusst umgeht oder sogar ablenkt.

Das Land der Seele

Wie sich die Realität der Seele für einen Schamanen im Vergleich zur äußeren Wirklichkeit der Sinne und der Materie darstellt, lässt sich anhand eines schamanischen Reiseprotokolls sehr deutlich zeigen. Dazu sollten wir uns im Vorfeld die wesentlichsten Aspekte des schamanischen Menschenbilds vor Augen führen.

Eine Seele, die frei und glücklich ist, kann sich in Weisheit und Zufriedenheit entfalten.

Spuren in der Außen- und der Innenwelt

Wann immer ein Mensch etwas tut, sieht, anderweitig wahrnimmt oder empfindet, wünscht oder denkt, hinterlässt das eine Spur. Manche dieser Spuren sind groß und dauerhaft wie beispielsweise ein Haus, das jemand gebaut hat; andere fallen kaum auf, wie das flüchtige Lächeln nach einem liebevollen Gedanken, wie schamhaftes Erröten oder der für Sekundenbruchteile verhaltene Atem nach einer Überraschung. Spuren aber gibt es immer.

Doch nicht nur in der Welt der Sinne und des Verstands zeichnen sich solche Spuren ab. Jeder Mensch lebt zugleich noch in einer anderen Welt, der Welt der Seele. Die Spuren, die hier entstehen, haben andere Qualitäten als jene in der äußerlich wahrnehmbaren Welt. Sie sind dauerhafter und nach ganz anderen Maßstäben ausgerichtet.

Seelenwohnung und Seelenumgebung

Baut beispielsweise ein Architekt einen Wolkenkratzer, so muss das im Land seiner Seele gar nicht besonders auffallen. Stattdessen setzt vielleicht der flüchtige Anblick eines bunten Schmetterlings, der über einer sonnigen Blumenwiese flattert, im Seelenland eine weithin sichtbare Marke.

Weise Menschen kennen den Lebensraum ihrer Seele ganz genau. Sie wissen, ob sie in einer versteckten Hütte tief im Wald wohnt, auf einer Insel inmitten eines Sees oder in einer Etagenwohnung in einem anonymen Wohnblock. Sie wissen, ob sie gern auf Reisen geht oder lieber zu Hause bleibt. Im Land unserer Seele können wir genauso planen, bauen und gestalten wie im Land der Sinne und des Verstands. Wir können die Wohnung unserer Seele auch so einrichten, dass sie sich darin wohl fühlt, mit wohlbestellten Gärten oder Wegen zu schönen Aussichtspunkten.

Warum die Kenntnis der Seelenlandschaft so wichtig ist

Jenen weisen Menschen bleiben auch die Seelenlandschaften ihrer Mitmenschen nicht verborgen. Wenn diese es zulassen, können sie dort zuweilen sogar etwas gerade rücken oder anderweitig für Ordnung sorgen.

Wer allerdings nicht weiß, wo und wie seine Seele wohnt und womit sie sich umgibt, der muss mit einer sehr starken Seele oder einem schwachen Verstand gesegnet sein, um auf Dauer nicht krank zu werden oder nicht unter einer inneren Daseinsangst zu leiden. Viele Menschen haben vom Land ihrer Seele gar keine oder nur eine sehr vage Vorstellung, der Hauptgrund weshalb viele von Beschwerden geplagt werden.

Ein bildhaftes Beispiel führt oft schneller zum tieferen Verständnis eines Zusammenhangs als es mehr oder weniger abstrakte Ausführungen vermögen.

Bericht von einer Seelenreise

Ziel der hier aufgezeichneten Reise war es, die zahlreichen seelischen und körperlichen Leiden einer Klientin von Grund auf spirituell zu verstehen, bevor eine Behandlung beginnen konnte. Die in dem Protokoll geschilderten äußeren Umstände der Klientin entsprechen nicht eins zu eins ihren tatsächlichen Lebensumständen. Das hängt damit zusammen, dass sie eben nicht in der Sprache des Verstands, sondern gleichnishaft in Bildern der Seelensprache ihren Ausdruck fanden.

Die äußere Welt

Frau Sihet ist eine recht attraktive und in der Welt der Sinne und des Verstands sehr erfolgreiche Frau mittleren Alters. Sie stammt aus einem wohlsituierten, harmonischen Elternhaus, genoss eine gute Schulbildung, ist mit einem leitenden Angestellten verheiratet, dessen Karriere ihn bis in die Vorstandsetage führte und betreibt selbst eine gut gehende kleine Boutique.

Ihre beiden Kinder, ein älterer Sohn und eine Tochter, sind bereits erwachsen und stehen auf eigenen Füßen. Die Altersversorgung von Frau Sihet ist geregelt, eventuelle Krankheitsfälle deckt eine umfassende private Krankenversicherung ab. Andere Versicherungen schloss das Ehepaar gegen Unfall, Feuer, Sturm- und Wasserschäden, Einbruch, Diebstahl und andere mehr oder weniger wahrscheinliche Risiken des Lebens ab. Die Förderung der Kinder hat die Familie finanziell kaum belastet, denn für das Studium kam eine Ausbildungsversicherung, für die

Hochzeit der Tochter eine Mitgiftversicherung auf. Rechtsschutz, Kraftfahrzeug-Schutzbriefe, private Haftpflicht-, Reiserücktritts- und Reisewetterversicherungen schlossen auch die letzten Lücken im Sicherheitsbedürfnis der Familie Sihet. Ihrem Leben konnte nichts etwas anhaben …

Die Befindlichkeit der Klientin

Frau Sihet hätte – so könnte man meinen – allen Grund, rundum glücklich zu sein. Aber sie war es ganz und gar nicht. Sie fühlte sich oft verkrampft und ausgelaugt zugleich, klagte über ständige Müdigkeit, konnte nachts dennoch kaum schlafen, litt unter Alpträumen und innerer Unruhe und wurde schließlich von einer ganzen Reihe lästiger körperlicher Probleme geplagt. Rückenschmerzen, Verdauungsschwierigkeiten und Migräneanfälle waren dabei noch die geringsten Übel. Mehr zu schaffen machten ihr immer wiederkehrende Magen- und Zwölffingerdarmgeschwüre, gelegentliche Hautreizungen, ihre Anfälligkeit für allerlei Infektionskrankheiten sowie Herzrhythmusstörungen und Atemnot. Zwei Operationen im Darmbereich und eine Gebärmutterausschabung musste sie schon über sich ergehen lassen. Zu alledem kam die ständige Furcht vor dem Altern.

Auf der Suche nach Auswegen

Frau Sihet versuchte die Ursachen für ihre diversen Leiden zu ergründen. Sie verfiel zunächst auf die Esoterik und glaubte an eine schwere karmische Belastung. Überzeugt davon, eine alte Schuld aus einem früheren Leben abtragen zu müssen, vertraute sie sich verschiedenen spirituellen Meistern an, die versuchten, ihr mit Aura- oder Chakratherapien beizukommen sowie mit so genannten Rückführungen in frühere Leben, und ihr obskure Lebensmittel verordneten.

Angetrieben von ihrem übersteigerten Sicherheitsbedürfnis und dem sie stets leitenden Grundgedanken, man dürfe nichts unversucht lassen, wenn es um die körperliche und seelische Gesundheit geht, ließ Frau Sihet diese sinn- und erfolglosen Maßnahmen über sich ergehen. Statt einer Besserung der Beschwerden stellte sich eine Verschlimmerung ein.

Das Gefühl, ein besonders schwerer, hoffnungsloser Fall zu sein, wurde ihr zur Gewissheit. Angst überwältigte sie, die wiederum Muskelverspannungen, Gefäßverengungen und neue Magen-Darm-Probleme mit sich brachte.

Der Klientin ist die Sicherheit in sich selbst verloren gegangen. Möglicherweise hatte sie auch niemals die Chance, diese überhaupt zu entwickeln.

Der schamanische Reisebericht über Frau Sihets »Seelenzimmer« stammt aus dem Buch »Der Zeitvogel und andere schamanische Erzählungen«, ebenfalls von Felix R. Paturi.

Fatalerweise eskalierte dieser missliche Zustand, je mehr Frau Sihet davon überzeugt war, sich nicht nur um die Gesundheit ihres Körpers, sondern auch um die ihrer Seele zu kümmern. Sie glaubte sogar, ihre Seele und deren Zustand zu kennen. In Wirklichkeit aber engte sie diese mehr und mehr ein. Ihr geschliffener Verstand, ihr starkes Sicherheitsbedürfnis und die feste Überzeugung, sie dürfe in ihrem Leben nichts dem Zufall überlassen, ließen ihrer Seele nicht mehr den geringsten Spielraum, den eigenen Lebensbereich selbst zu gestalten oder in ihm frei zu atmen. Frau Sihets Angst steigerte sich zur Verzweiflung. Sie war nicht mehr in der Lage, rhythmisch zu atmen, sondern nur noch stoßweise mit längeren Pausen.

Der Einfluss der Eltern

Dass es so etwas wie das Land der Seele gibt, in dem diese ein sehr eigenständiges Leben führt, war Frau Sihet nicht bewusst. Und hätte sie das erbärmliche und heruntergekommene Zimmer auch nur einmal gesehen, in das ihre Seele eingepfercht war, dann wäre sie wohl zutiefst entsetzt gewesen.

Niemand freilich gestaltet sein Seelenland allein. So bekam Frau Sihets Seele schon bei ihrer Geburt von ihren Eltern ein freundliches kleines Zimmer als Wohnstatt zugewiesen, ohne dass Vater und Mutter sich dieses Raums allerdings tatsächlich bewusst waren. Unbewusst gestalteten sie ihn während der Kindheit des kleinen Mädchens ganz systematisch. Alles, was ihr Kind in dieser Zeit erlebte und erfuhr, hinterließ Spuren in seinem Seelenzimmer. Spuren dieser Art sind oft sehr dauerhaft und lassen sich noch lange Zeit danach betrachten.

Erste Spuren im Seelenraum

Die erste Maßnahme der Eltern war, dass sie die Türe des Seelenzimmers ihrer Tochter sorgsam verschlossen. Sie glaubten, so der kleinen Seele Sicherheit vor den Gefahren von außen zu geben. Wie leicht hätte sie sonst den Raum neugierig und – wovon sie überzeugt waren – leichtsinnig verlassen können. Das Seelchen drückte zwar zunächst öfter auf die Türklinke, fand sich aber bald damit ab, dass dieses nichts bewirkte und vergaß die Türe als möglichen Weg ins Freie schließlich ganz. Immerhin war das Zimmer selbst ein schöner Raum, denn er war weitgehend leer und man konnte darin nach Herzenslust herumkrabbeln, spielen und toben.

Oft liegen Ursachen weit zurück

Ein Seelenzimmer wird eingerichtet

Als das Kind größer wurde, erhielt der Raum immer mehr Einrichtungsgegenstände. Seelenräume haben jedoch ein völlig anderes Mobiliar als die in der Welt der Sinne und des Verstands. Das von den Eltern sorgfältig ausgewählte Internat hinterließ beispielsweise als Spur im Seelenraum eine massive Eisenstange, die mitten im Zimmer stand und vom Boden bis zur Decke reichte. Das war ein Gegenstand, an dem man sich aufrichten und festhalten konnte. Auch sorgsam geplante Freizeitaktivitäten, die die Tage ihrer Tochter ausfüllten, zogen sich bald als straffe Stahlseile kreuz und quer durch den Raum: viele Möglichkeiten, sich festzuhalten.

Eine Seele beginnt zu verkümmern

Die Fenster des Zimmers hatten die Eltern in der Zwischenzeit zur Hälfte verschlossen und mit uninteressanten Ausblicken bestückt. Beschränkt auf das Zimmer, suchte die Seele nach Gestaltungsmöglichkeiten. Die aber waren äußerst begrenzt. Doch selbst wenn es der Seele gelang, sich ein neues Spielzeug zu basteln, nahmen es ihr die Eltern fort. Sie sahen es als nichtsnutzig oder sogar gefährlich an. Stattdessen zogen sie neue Seile und Stangen ein. Bald konnte sich die Seele nicht mehr frei im Raum bewegen. Die Seile und Stangen machten bestimmte Teile des Zimmers unerreichbar. Dort lagen zwar noch einige interessante Dinge herum, die die Seele einst erdacht hatte, aber im Lauf der Zeit legte sich Staub darüber.

Die bildhafte Zustandsbeschreibung führt unmittelbar und auf direktem Weg zur Einsicht in die schwierige Situation, in der sich die Frau befindet.

So sah ein junger Franzose das Umfeld seiner Seele auf einer schamanischen Reise.

Eigene Spuren kommen hinzu

In dem Maß, wie die sorgfältige Erziehung des Mädchens in der Welt der Sinne und des Verstands zur Freude ihrer Eltern fruchtete, hinterließ das Kind nun auch zunehmend selbst ähnliche Spuren wie die vorgegebenen in seinem Seelenzimmer. Dabei diktierte in erster Linie der Verstand, der weder um die Existenz des Seelenraums wusste, noch ihm bekannt war, was er dort anstellte.

Das Kind, das instinktiv fühlte, wie es seiner Seele mehr und mehr an Beweglichkeit fehlte, und dass diese kaum noch aufrecht stehen konnte, ohne sich an Stangen und Seile zu klammern, begann, selbst weitere Stützen und Hilfsmittel in dem immer enger werdenden Seelenraum unterzubringen.

Als die junge Frau mit großen Ehrgeiz ihr Studium absolvierte, ersetzte sie die Eisenstange im Zentrum des Raums durch eine massive Säule. Als sie ihren begüterten und beruflich erfolgreichen Mann heiratete – eine Liebesheirat war es nicht – stellte sie eine zweite Säule neben die erste. Beide waren nur so weit voneinander entfernt, dass die junge Frau Sihet sich mit jeder Hand an eine davon klammern konnte. Als dritte Säule ganz in der Nähe ragte bald die kleine Boutique im Raum empor, die ihre Eltern und ihr Mann gemeinsam finanziert hatten.

Das im Seelenzimmer installierte Geflecht vermag nicht, ein wirklicher Halt zu sein, im Gegenteil – es wird mehr und mehr zum bedrohlichen Dickicht.

Die Katastrophe nimmt ihren Lauf

Frau Sihet selbst verbot ihrer Seele hinfort, den engen Raum zwischen den drei Säulen zu verlassen. So musste sich die Seele auf einen kleinen Platz innerhalb des Zimmers zurückziehen und war hier gar nicht mehr in der Lage zu erkennen, dass die Zimmertür und der Weg ins Freie schon längst nicht mehr verschlossen waren.

Frau Sihets Seele wurde immer unsicherer in ihrem Gefängnis. Sie hatte ohnedies niemals richtig laufen gelernt, und ein Rückgrat, das es ihr gestattet hätte, aus eigener Kraft aufrecht zu stehen, hatte sie auch nicht entwickelt. Als Ersatz diente das künstliche Außenskelett aus Seilen und Säulen, an das sie sich klammerte. Wenn sie auch nur für einen Augenblick losgelassen hätte, wäre sie gestürzt, schlimmstenfalls sogar zwischen die Säulen. Deshalb spannte sie straffe Seile von einem Träger zum anderen. Übertragen auf die Welt der Sinne und des Verstands waren dies ihre zahllosen Versicherungen sowie ihre überpenible Gesundheitsvorsorge.

Die Seelenflügel werden gestutzt

Schließlich kam es soweit, dass Frau Sihet im Zentrum der Säulengruppe noch einen Stahlmast errichtete, an den sie ihre Seele festband. Jetzt endlich konnte ihr nichts mehr passieren, dachte sie. Sie konnte nicht mehr umfallen. Aber sie hatte nicht bedacht, dass auch die Seele Augen und Ohren besitzt. Die sahen und hörten, wie die Stahlseile zwischen den Säulen zu verrotten begannen, wie andere Menschen an den Seilen sägten und auf die Säulen einhämmerten, wie die Fensterscheiben des Seelenraums zerbrachen und kalter Wind hineinblies.

Der schlechte Rat von Wunderheilern

Die Seele fror und sah sich alldem machtlos ausgeliefert, denn sie war gefesselt. Das war der Moment, wo Frau Sihet Hilfe bei Esoterikern und Spiritisten suchte, denn selbst ihr Verstand konnte nun nachvollziehen, wie ihre Seele litt. Er konnte es sich nur nicht erklären, weil er vom Land der Seele – bei Frau Sihet eingeengt auf die Mitte eines kleinen Raums – nichts wusste.

Die Seele ist in einen engen Käfig eingepfercht und dadurch jeglicher Chance zur freien Entfaltung beraubt.

Die Okkultisten gaben der gefangenen Seele scheinbar neue Sicherheit. Sie stülpten ihr einen Sack, gesponnen aus esoterischer Weltanschauung, über den Kopf, so dass sie die verrottenden Stahlseile und zerbröckelnden Säulen nicht mehr wahrnehmen konnte und redeten ihr ein: »Im Lauf der Zeit wirst du lernen, in dieser Hülle neue Welten zu sehen.« Aber eine Hülle ist eine Hülle und nicht mehr. Es kann in ihr keine Welten geben, die einer Seele mit ihren Bedürfnissen angemessen wären. Eine Seele braucht Flügel.

Wer wirklich helfen kann

Nur weise Menschen, die gelernt haben, das Land der Seele zu sehen, können eine gefesselte Seele wie die von Frau Sihet befreien. Sie können sie lehren, wieder selbstständig zu gehen und sie aus ihren unbewohnbar gewordenen Räumen herausführen, bis ihre Seele stärker wird als ihr eigener Verstand und es versteht, ihren Lebensraum selbstbewusst zu gestalten.

Wie kann man einen echten Seelenheiler finden? Mit Hilfe des Verstands sicher nicht. Er erkennt sie nur selten. Nur die Seele, das eigene Gefühl erkennt einen Weisen. Vielleicht gibt es darüber hinaus doch noch ein untrügliches wahrnehmbares Kennzeichen, nämlich ihren Blick. Das ist Ihr Blick. Doch auch hier lässt sich das Besondere nicht beschreiben, nur erfühlen.

Ein Mensch – zwei Seelen

Bisher war bereits von der Sprache der Seele die Rede. Nun soll erklärt werden, was Schamanen unter dem Begriff »Seele« verstehen. Das ist je nach Kulturkreis verschieden.

Insgesamt geht der Schamanismus davon aus, dass nicht nur der Mensch beseelt ist, sondern auch alle anderen Lebewesen und alles, was existiert. So besitzen auch Steine und die unbelebte Natur, Landschaftselemente wie beispielsweise ein Berg oder die Erde als Ganzes für den Schamanen eine Seele.

Die Eskimos schreiben z. B. jeder Körperzelle eine eigene Seele zu und übergeordnet auch jedem Körperorgan. Sie kennen also etwa die Seele der Leber, der Nieren oder des Herzens. Wir gebrauchen in unserem Kulturkreis ähnliche Formulierungen, die allerdings stark vom christlichen Begriff der personengebundenen Einzelseele abweichen. So sprechen wir auch von der Seele einer Stadt, der Seele eines Volks oder der Seele eines Landes, um das eigentliche Wesen dieser Einheiten zu bezeichnen.

Schamanen anderer Kulturkreise gehen sogar von mehr als nur einer Seele aus, die alle unterschiedliche Funktionen haben.

Lebensprinzip und freie Seele

Um die schamanische Arbeit mit Menschen, also vor allem das Heilen verstehen zu können, müssen wir uns vor Augen halten, dass im schamanistischen Weltbild jeder von uns mindestens zwei Seelen hat, die verschiedene Funktionen, Aufgaben und Fähigkeiten besitzen.

Die Bedeutung des Lebensprinzips

Die eine Seele lässt sich in etwa als unser Lebensprinzip verstehen. Verlässt sie uns, dann sind wir tot. Und doch ist die Lebensprinzip-Seele kein unteilbares Ganzes. Sie kann den Körper auch nur teilweise verlassen. Fehlt sie in weiten Teilen, dann wirkt sich das auf den Betroffenen als Komazustand aus. Ist sie nur ansatzweise abwesend, kann sich dies beim Menschen beispielsweise in Depressionen oder starken Gefühlsschwankungen äußern; aber auch körperliche Symptome können auftreten, wie etwa eine geschwächte Immunabwehr, verbunden mit erhöhter Beschwerdeanfälligkeit.

Reisende zwischen den Welten – die freie Seele

Die andere Seele ist beweglicher und freier. Sie ist es, die wir auf schamanische Reisen schicken; sie ist es auch, die uns in unseren Träumen verlässt, die mühelos Zeit und Raum durchwandern kann und – im Normalfall – stets von selbst wieder an ihren Ausgangspunkt zurückkehrt. Auch wenn wir wach sind, befindet sie sich meist nicht ausschließlich in uns, sondern ist wenigstens teilweise unterwegs.

In seltenen, dramatischen Fällen befindet sich die freie Seele dauerhaft auf Reisen. Dies prägt sich bei den Betroffenen in einer andauernden geistigen Verwirrung aus. Psychiater diagnostizieren in solchen Fällen bei ihren Patienten manisch-depressive Störungen, Schizophrenie oder Debilität.

Beziehungen zwischen beiden Seelen

Wichtig für die schamanische Arbeit sind beide Seelen; die freie Seele in der Regel als spirituelles Bewusstsein, das selbst schamanisch tätig wird, die Lebensprinzip-Seele meist als Daseinskraft. Sie ist es, die nicht selten Hilfe braucht, weil mit ihrem Befinden das Auftreten vieler körperlicher und psychischer Leiden verbunden ist. Insgesamt ist es für die schamanische Arbeit allerdings wenig sinnvoll, zwischen organischen und psychischen Krankheiten zu unterscheiden, da sie immer dieselben Wurzeln haben. Insofern ist der schamanische Ansatz bei der Ursachenforschung jeglicher Beschwerden ebenso ganzheitlich wie beispielsweise in der chinesischen oder altindischen Heilkunde.

Die Vorstellung, es schade der Gesundheit, einen Menschen plötzlich aus dem Schlaf zu holen, weil dann der Traumseele nicht genügend Zeit bleibe, um an ihren Platz zurückzukehren, kennen wir aus dem südostasiatischen Kulturraum.

Einschränkungen für Seelenreisen

Für das schamanische Reisen selbst reicht das Wissen von den zwei Seelen im Menschen zunächst einmal aus. Mancher Anfänger im Schamanismus befürchtet, er könnte von einer Reise nicht zurückkommen und würde dann dauerhaft verwirrt bleiben. Diese Sorge ist unbegründet.

Wir müssen uns nur vergegenwärtigen, dass es unsere freie Seele ist, die die Reise unternimmt. Bei einem geistig gesunden und vitalen Menschen kehrt sie immer von selbst wieder zurück. Auf schamanische Reisen verzichten sollten Patienten der Psychiatrie, ausgeprägte Neurotiker, debile Menschen oder auch Drogenabhängige.

Ein verantwortungsvoller Schamane würde es auch immer ablehnen, sie das Reisen zu lehren. Ihre Seele ist ohnehin meist unterwegs und tut sich schwer, wieder zurückzufinden. Hier wäre es wesentlich vernünftiger und gesünder, sie vom weiteren Abdriften in andere Realitäten abzuhalten und den Betroffenen stattdessen auf den Boden der Alltagsrealität zurückzuholen und ihn dort wieder zu integrieren.

Die Sprache der Seele

Schamanische Reisen sind Fahrten der freien Seele, doch die auf diesen Wegen gewonnenen Erfahrungen und Informationen sind nicht allein für diese Seele bestimmt, sondern für den ganzen Menschen: für Körper, Geist und Seele. Das macht es dem Anfänger manchmal schwer, das Erlebte zu begreifen. Manche Informationen erhält er in der klaren Sprache des Verstands, andere wiederum als bildhafte Gleichnisse, wie im Fall unseres Reiseberichts (Seite 56ff.). Auch sie sind dem Verstand bis zu einem gewissen Grad zugänglich.

Für die Seele handelt es sich hier jedoch nicht nur um bloße Gleichnisse, sondern um gelebte Wirklichkeit. Dieser Aspekt ist sehr bedeutsam. Denn nur aus diesem Grund können sich jene Bilder oder Parabeln auch auf das tägliche Leben auswirken.

Dann aber gibt es noch Reiseerlebnisse, die dem Verstand in keiner Form zugänglich sind. In diesen Fällen hat man oft das unbestimmte Gefühl, dass eine Reise eine tiefe Bedeutung für einen hat, kann sich jedoch nicht erklären, warum und in welcher Hinsicht.

Kinder haben in ihren ersten Lebensjahren einen ganz selbstverständlichen Zugang zu Wirklichkeiten jenseits der Alltagswirklichkeit, zu Feen und Elfen, zu Geistern, Engeln und Helfern in Tiergestalt.

Abgrenzung zur Tiefenpsychologie

Der fortgeschrittene Schamane kümmert sich gar nicht erst um verstandesgemäße Erklärungsversuche. Irgend etwas tief in seinem Inneren kommt durch die Reise ins Schwingen, und dieser Erfahrung gibt er sich voller Vertrauen hin. Er versteht diese tiefen Gefühle unmittelbar mit der Seele. Schließlich ist dies der einzige Weg, sie zu entschlüsseln.

Zu den häufigsten Fehlern schamanischer Anfänger gehört es, alle Reiseerlebnisse nur auf der Verstandesebene begreifen zu wollen. Wo ihnen das nicht gelingt, bemühen sie dann nur allzu gern tiefenpsychologische Deutungsversuche. Vor diesem Unterfangen möchte ich eindringlich warnen – und das aus mehreren Gründen.

Spirituelle Arbeit und das überpersönliche Ich

Schamanische Arbeit und schamanisches Heilen sind keine Psychotherapie oder -analyse, sondern spirituelle Arbeit. Diese spielt sich nicht allein auf den Ebenen von Körper, wachem Geist und dem Unbewussten ab, sondern eben auch auf der Ebene der Seele. Und die reicht weit über das eigene Ich und unser Unbewusstes hinaus. Wir kommen hier in Bereiche, die Mystiker jeglicher Herkunft immer wieder als Einssein mit der Schöpfung empfinden und beschreiben. Es ist leicht nachvollziehbar, dass daher eine verstandesmäßige Deutung der seelischen Erlebnisse nicht nur entbehrlich ist, sondern darüber hinaus auch noch zu Irrtümern führen kann.

Vorsicht vor Falschinterpretationen

Tiefenpsychologisch inspirierte Deutungsversuche für schamanische Reisen sind allerdings noch aus einem anderen Grund gefährlich. Deutet der Reisende sie selbst, so kann man davon ausgehen, dass es sich dabei um eine reine Arbeit seines Verstands handelt. Sicherlich kann er sie manchmal auf dieser Ebene unmittelbar erfassen. Dann erübrigt sich eine Deutung. Begreift er sie allerdings nicht spontan und beginnt zu analysieren, dann bevormundet er seine Seele. Dies ist insofern prekär, als vielleicht die Bedeutung seiner Reise gerade darin lag, diese Bevormundung abzuschütteln. Verstand und Seele arbeiten beim eher rational bestimmten modernen Menschen oft gegeneinander. Die Seele zieht dabei meist den Kürzeren.

Hinterfragen Sie Ihre Reise am besten nicht zu sehr. Gegen ein wenig intellektuelle Neugier ist gewiss nichts einzuwenden. Aber übertreiben Sie es nicht.

Keine Interpretationen durch andere zulassen

Eine andere Gefahr der verstandesgemäßen oder analytischen Reisedeutung liegt darin, sie anderen Menschen zu überlassen. Das können Freunde sein, aber auch der Leiter eines schamanischen Seminars oder ein Psychotherapeut. Ist der Reisende von deren Deutung enttäuscht, so hält er seine Reise nur allzu leicht für fehlgeschlagen. Ist die Deutung allerdings einleuchtend und zutreffend, weil der Deuter den Reisenden intuitiv vielleicht sehr gut erfassen kann, so ist auch das nicht begrüßenswert. Denn dann ist der Betroffene um eine wichtige eigene Erfahrung gebracht worden. Außerdem lässt dieser Weg nicht selten Minderwertigkeitsgefühle bezüglich der eigenen Fähigkeiten aufkommen, was nicht das Ziel einer schamanischen Reise und spiritueller Arbeit sein kann.

Krafttiere – spirituelle Begleiter

Wir haben über die Sprache der Seele gesprochen und das Problem ihrer verstandesmäßigen Deutung vor dem Hintergrund einer schamanischen Reise. Diese Faktoren sind von großer Wichtigkeit bei der Verarbeitung bedeutsamer Reiseerlebnisse. Auf Ihren Fahrten durch andere Realitätsebenen können Sie Wesen begegnen, die in unserer alltäglichen Realität niemals auftauchen. Das können sprechende Büffel sein ebenso wie fliegende Gazellen oder Mäuse, die nach Belieben ihre Größe ändern können. Auch Fabelwesen, die beispielsweise aus Wolf und Wildschwein zusammengesetzt scheinen, können Sie treffen, genauso wie Drachen oder bestimmte Tiere, die ihr Aussehen ständig variieren. Auch naturalistisch ausgebildete Tiere können und werden Ihnen erscheinen, oft aber an Orten, an denen sie in unserer alltäglichen Natur mit Sicherheit nicht zu finden sind. So kann eine Herde Delphine durch einen Bergwald schwimmen oder ein Uhu durch die Tiefsee schweben.

Krafttiere sind geistige Führer und Mittler zwischen den verschiedenen Welten. Sie dienen zur Begleitung, zur Hilfe und zum Schutz.

Gesprächspartner der Seele

Bei all diesen Gestalten geht keineswegs Ihre Phantasie mit Ihnen durch. Nehmen Sie sie ernst, und sehen Sie sie als das an, was sie sind. Sie sind tatsächlich wirklich und von großer Bedeutung für Sie. Jedes dieser Wesen ist ein Gesprächspartner für Sie. Nur sprechen sie mit Ihrer Seele, nicht mit Ihrem Verstand. Für Ihre Seele sind diese Tiere durchaus real und hinterlassen dort auch ihre Wirkung. Diese kann sich unter Umständen auch ganz deutlich in unserem Alltag niederschlagen. Denn erstaunlicherweise sind diese Wesen nicht etwa nur in unserem Unbewussten angesiedelt, sondern reichen weit über dieses und unsere Person hinaus.

Die tierischen Gestalten, die Sie auf Ihren schamanischen Reisen treffen, haben unterschiedliche Funktionen. Es gibt solche, die dem Schamanen als persönliche Krafttiere zur Seite stehen. Andere dienen hingegen als Hilfsgeister, die sich einstellen, um bei der Lösung von ganz bestimmten Aufgaben zu helfen, etwa bei der Heilung eines Klienten.

Beschützer aus einer anderen Welt

Das schamanische Weltbild geht davon aus, dass jeder gesunde Mensch wenigstens ein Krafttier hat. Oft sind es auch zwei, manchmal drei, nur selten mehr. Hätte beispielsweise ein Kind nicht von Geburt an ein Krafttier, dann könnte es schon die ersten Jahre seines Lebens nicht überstehen. Zu groß wäre die überall lauernde Unfallgefahr oder das Risiko zu erkranken. Hier besitzt das Krafttier die Rolle, die die christliche Religion dem Schutzengel zuspricht.

Im Grund sind »Krafttier« und »Schutzengel« nicht mehr als zwei verschiedene Begriffe für ein und dasselbe. Der Engel passt aber besser in unsere Vorstellungswelt als vielleicht ein Wildschwein mit Hörnern und Schwimmflossen. Allerdings lehrt die Erfahrung, dass der Schutzengel bereits eine verstandesgewollte Verknüpfung aus ursprünglichen schamanischen Erfahrungen und religiöser Dogmatik ist. Ohne dieses spezielle Dazwischengehen des Verstands sind es fast immer Tiere, denen die Seele begegnet.

Kinder und ihre Krafttiere

Das verhält sich nicht nur bei den Schamanen der Naturvölker so. Wir erleben dieses Phänomen immer wieder bei kleinen Kindern, die von unsichtbaren Spielgefährten berichten, welche meistens Tiergestalt haben. Die einen unterhalten sich, wenn sie allein sind, vielleicht mit einem blauen Fuchs, andere erleben wundersame Luftreisen auf dem Rücken eines mächtigen bunten Vogels.

Wenn Sie selbst kleine Kinder – am besten noch im Säuglingsalter – haben, führen Sie einmal folgendes Experiment durch: Unternehmen Sie eine schamanische Reise, und suchen Sie nach dem Krafttier Ihres Kindes. Wenn Sie wissen, wie es aussieht, zeigen Sie dem Kind danach eine Reihe von Bildern mit verschiedenen Tieren – darunter auch sein Krafttier. Es wird ohne jede Beeinflussung garantiert genau das Bild anstrahlen, das seinen Beschützer zeigt.

Aber ich habe vorgegriffen. Die Frage lautet daher zunächst: Wie sucht man auf einer schamanischen Reise nach einem Krafttier? Es gibt dabei grundsätzlich zwei Methoden. Man kann zum einen sein eigenes Krafttier kennen lernen. Man kann aber auch das Krafttier eines anderen Menschen, wie beispielsweise im Fall des eigenen Kindes, aufsuchen.

Der Glaube an einen dem Menschen an die Seite gestellten Engel ist an monotheistische, also auf einen einzigen Gott bezogene Religionen gebunden. Die Engelvorstellung des Juden- und des Christentums teilt auch der Islam.

Auf der Suche nach den Seelenhelfern

Wenn Sie sich auf die Suche nach Ihrem eigenen Krafttier machen, dann ist es nicht so, dass Sie irgendein Wesen finden wollen, mit dem Sie in Zukunft schamanisch zusammenarbeiten wollen; Sie lernen stattdessen Ihr Krafttier kennen, das Sie bereits ein Leben lang begleitet und nehmen direkten seelischen Kontakt zu ihm auf. Ganz ähnlich verhält es sich, wenn Sie das Krafttier eines anderen Menschen suchen und es ihm, der sich dessen noch nie bewusst war, dann vorstellen. Es kann aber auch geschehen, dass ein Klient sein Krafttier verloren hat. Dann ist es die Aufgabe des Schamanen, ihm dabei behilflich zu sein, ein neues zu beschaffen.

Hier wird deutlich, dass Krafttiere nicht im Bereich des persönlichen Unbewussten angesiedelt, sondern objektiv für andere Menschen erkennbar sind.

Wie man sein Krafttier kennen lernt

Auf der folgenden Reise werden Sie Ihr eigenes Krafttier kennen lernen. Dazu bedarf es einiger weniger einleitender Erläuterungen und Vorbereitungen, die die Sache deutlich vereinfachen. An sich sind sie entbehrlich, aber sie geben die wertvollen, praktischen Erfahrungen anderer schamanisch arbeitender Menschen wieder und verkürzen damit die Suche. Denn sie weisen genau darauf hin, worauf Sie ganz gezielt achten sollen, um nicht in die Irre zu gehen. Grundsätzlich sollten Sie im Vorfeld die Anweisungen befolgen, die für die erste schamanische Reise gegeben wurden (siehe Seite 38ff.).

Oft zeigen sich Krafttiere in Gestalt mächtiger wild lebender Säugetiere. Ihr persönliches Krafttier kann Ihnen auf einer schamanischen Reise begegnen.

Vorbereitungen und erste Schritte

1 Zur Krafttiersuche empfiehlt sich nicht irgendein Reiseziel. Als am zweckmäßigsten hat sich die Reise in die untere Welt erwiesen. Dort findet man Krafttiere erfahrungsgemäß am leichtesten.

2 Weil schamanische Reisen dann am wirkungsvollsten sind, wenn Sie Ihre klare Reiseabsicht, die so genannte Mission, in die andere Welt vorausschicken, wählen Sie eine eindeutige Formulierung, bevor die Trommel beginnt.

3 Sagen Sie beispielsweise: »Ich reise in die untere Welt, um mein Krafttier kennen zu lernen. Ich reise in die untere Welt, um mein Krafttier kennen zu lernen. Ich reise …«

4 Dann gehen Sie los. Am besten wählen Sie genau denselben Weg, der sich für Sie schon bei Ihrer ersten Reise in die untere Welt bewährt hat. Wahrscheinlich kommen Sie diesmal sogar weiter als beim ersten Kennenlernen dieser Region.

5 Irgendwann auf Ihrem Weg werden Ihnen Tiere begegnen. Manchmal ist es nur eines, manchmal sind es mehrere. Wenn Sie spüren, dass sich ein Tier besonders zu Ihnen hingezogen fühlt, dann fragen Sie es: »Bist du mein Krafttier?« Vergessen Sie diese Frage nicht. Sie ist wichtig!

»Der Adler kreist auf den Wegen des Windes – er alleine kennt sie, er alleine weiß, wie sie zum Mittelpunkt führen.«

Krafttiercharaktere

Als günstig hat es sich erwiesen, wenn man schon zuvor eine ungefähre Ahnung davon hat, welche Tiere üblicherweise als Krafttiere auftreten. Bei Krafttieren handelt es sich zum überwiegenden Teil um Säugetiere, einschließlich Meeressäugern wie Delphine oder Wale, oder Vögel. Fast immer sind es wild lebende Tiere. Manchmal können auch Reptilien, wie eine Schlange oder ein Krokodil, aber auch große Fische als Krafttiere auftreten. Wenn Ihnen auf Ihrer Reise ein Reptil begegnet, dann achten Sie auf dessen Maul. Zeigt es seine Zähne, dann seien Sie besonders vorsichtig, und fragen Sie lieber zweimal, ob es wirklich Ihr Krafttier ist. Insekten und andere Gliederfüßer sind als Krafttiere selten, kommen aber auch gelegentlich vor. Ich selbst kenne allerdings nur einen Schamanen, der eine große Tarantel als Krafttier hat. Häufiger sind dagegen Fabeltiere vom Einhorn bis zum feuerspeienden Drachen, vom fliegenden Elefanten bis zur Kreuzung aus Puma und Wolf.

Überraschungen zulassen

Warum ist es vorteilhaft, schon vor der Reise zu wissen, was als Krafttier infrage kommt? Es dient als reine Vorsichtsmaßnahme. Schon mancher hat seine schamanische Reise abgebrochen, weil er von dem Wesen, das sich ihm als Krafttier vorstellte, enttäuscht oder völlig überrascht war.

Dies kann auch der Fall sein, wenn man sich vor der Reise ganz fest ein bestimmtes Tier vorstellt, nur weil man dieses besonders schön, imposant oder sympathisch findet. Hier legt sich der Verstand über die Seele. Nicht selten kommt es dazu, dass sich beispielsweise statt eines erwünschten majestätischen Elchs eine kleine Wüstenspringmaus vorstellt. Vielleicht ist sie jedoch genau das, was die Seele gerade braucht – weil sich der Verstand in Größenphantasien ergeht, die nichts mit der seelischen Wirklichkeit zu tun haben.

Die Kraft, die ein Tier verleihen kann, ist spiritueller Art. Mit der Größe und der Erscheinung des Tiers steht diese Kraft nicht in Zusammenhang.

Wenn man seinem Krafttier begegnet

Begegnet Ihnen auf Ihre Reise schließlich ein Tier, das sich besonders zu Ihnen hingezogen fühlt, oder zu dem Sie eine starke Nähe empfinden, dann fragen Sie es: »Bist du mein Krafttier?« Es kann sein, dass es darauf mit einem klaren Nein antwortet, den Kopf schüttelt oder sich einfach von Ihnen abkehrt und wegläuft. Dann suchen Sie weiter.

Manchmal ist erst das dritte oder vierte Tier, das Ihnen begegnet, Ihr Krafttier. Haben Sie es gefunden, dann wird es Ihre Frage positiv beantworten. Dazu muss es nicht unbedingt mit Ihnen sprechen. Es kann zustimmend mit dem Kopf nicken, Sie bejahend anblicken oder sich Ihnen einfach wie ein guter Freund vertraut nähern.

Begleiter und Lehrer

Haben Sie Ihr Krafttier gefunden, dann gibt es zwei Möglichkeiten, wie Sie weiter miteinander verfahren werden. Die Wahl hängt jedoch nicht allein von Ihnen ab, sondern auch davon, was das Krafttier mit Ihnen vorhat. Zum einen können Sie zusammen zurückreisen, bevor Sie das Rückrufsignal der Trommel hören, und damit Ihre Reise beenden. Sie können aber auch das Tier bitten, Ihnen mehr von seiner Welt zu zeigen. Vielleicht lädt es Sie auch seinerseits zu einer Exkursion ein. Folgen Sie ihm. Es kann sehr gut sein, dass Sie schon bei dieser ersten Begegnung eine wichtige Lehre erhalten.

Krafttiersuche für einen Partner

Wenn Sie ein Krafttier für einen anderen Menschen suchen, spielt es bei der Vorgehensweise keine Rolle, ob diese Person derzeit ein Krafttier hat oder nicht. Finden Sie ihr Krafttier, so werden die Auswirkungen allerdings ganz unterschiedlich sein. Ein gesunder Klient wird sich durch Ihre Suche vielleicht zum ersten Mal in seinem Leben seines Krafttiers bewusst. Unter Umständen entsteht in ihm daraufhin der Wunsch, es auch selbst auf einer Reise kennen zu lernen, um dann gezielt mit ihm zusammenarbeiten zu können. Der kranke Mensch, der sein Krafttier schon seit geraumer Zeit verloren hat, kann allein auf Ihre erfolgreiche Krafttiersuche hin genesen oder zumindest die Kräfte erlangen, die zu seiner Gesundung erforderlich sind.

Erwarten Sie nicht, dass gleich das erstbeste Tier, das auf Sie zukommt, das gesuchte Krafttier ist.

Die richtige Vorgehensweise

1 Sie bereiten die Reise im Großen und Ganzen so vor, wie auf Seite 38ff. beschrieben.

2 Dann legen Ihr Klient und Sie selbst sich nebeneinander auf eine geeignete Matte oder Decke. Ihr Klient sollte nicht auf Reisen gehen, sich aber gedanklich während Ihrer Reise nicht mit völlig anderen oder ihn aufregenden Dingen beschäftigen.

3 Sie beide liegen auf dem Rücken und nehmen an mehreren Stellen Körperkontakt miteinander auf, beispielsweise an den Fußknöcheln, den Händen und Schultern.

4 Formulieren Sie deutlich Ihre Mission, bevor die Trommel beginnt, und beziehen Sie den Namen des Klienten mit ein: »Ich reise in die untere Welt, um ein Krafttier für Ernst zu holen.«

5 Sinnvoll ist es, zu Beginn Ihr eigenes Krafttier aufzusuchen und es um Hilfe zu bitten. Oft nimmt es einem die Arbeit ab.

6 Die eigentliche Suche verläuft etwas anders als die nach dem eigenen Krafttier. Warten Sie, bis sich Ihnen ein Tier dreimal gezeigt hat, jedes Mal auf andere Weise. So können Sie beispielsweise einmal nur seinen Kopf sehen, dann das Hinterteil und schließlich das ganze Tier. Oder Sie sehen zunächst vielleicht einen Wildelefanten in der Steppe, danach denselben verkleinert in Ihrer Badewanne und schließlich einen rosa Luftballon in Elefantenform. Das alles ist in Ordnung. Erst dann fragen Sie: »Bist du das Krafttier von Ernst?«

Es gibt viele Menschen, die sich von einem bestimmten Tier – beispielsweise einem Wal oder einem großen Raubvogel – besonders angezogen fühlen. Das muss aber nicht heißen, dass dieses Tier auch ihr Krafttier ist.

Die richtige Vorgehensweise

7 Die Art, wie das Tier Ihre Frage bestätigt, kann unterschiedlich sein. Es kann »Ja« sagen, mit dem Kopf nicken oder einfach mit Ihnen kommen.

8 Nun fragen Sie weiter: »Darf ich dich zu Ernst bringen?« Wenn das Tier einwilligt, nehmen Sie es mit. Sie können es auf den Arm nehmen, mit ihm Hand in Hand gehen oder es auf Ihrem Kopf Platz nehmen lassen, wenn es sich beispielsweise um einen Vogel handelt.

9 Warten Sie nicht auf das Trommelrückrufsignal, sondern beginnen Sie sofort mit der Rückreise. Vergewissern Sie sich, dass das Tier die ganze Zeit bei Ihnen ist. Wenn Sie wieder in der alltäglichen Realität neben Ihrem Klienten liegen, sollten Sie das feste Gefühl haben, dass das Tier noch bei Ihnen ist.

10 Jetzt erheben Sie sich auf Ihre Knie, beugen sich über Ihren Klienten und halten Ihre Hände wie eine trichterförmige Röhre vor Ihren Mund. Durch diese blasen Sie das mitgebrachte Krafttier Ihrem Klienten zunächst in den Solarplexus, also in den Bereich des Oberkörpers zwischen Brustbein und Nabel.

11 Danach helfen Sie Ihrem Klienten, sich aufzusetzen. Jetzt blasen Sie ihm das Krafttier noch einmal durch Ihre als Röhre geformten Hände von oben durch die Mitte seines Schädeldachs.

12 Erzählen Sie ihm nun, was für ein Tier Sie ihm mitgebracht haben, wo und wie es sich Ihnen gezeigt hat und was Sie während Ihrer Reise noch erlebt haben. Sie werden fast immer feststellen, dass Ihr Klient mit dem Bericht eine ganze Menge anzufangen weiß. Vielleicht sagt er: »Ich fühlte mich schon immer zu Wildgänsen hingezogen, und dass du meine Gans ausgerechnet am Meer gefunden hast, sagt mir besonders viel, weil ich dort immer am besten Kraft schöpfen kann, wenn es mir nicht gut geht.«

13 Eine andere Möglichkeit ist diese: »Komisch, gerade vor Eulen hatte ich immer große Angst. Sie waren stets etwas unheimlich für mich.« In diesem Fall können Sie fast mit Sicherheit darauf schließen, dass Alltagsverstand und Seele Ihres Klienten miteinander nicht ganz im Einklang sind. Vielleicht wird sich das in Zukunft bessern. Sagen Sie das Ihrem Klienten aber nicht. Sie setzen sonst in ihm nur wenig hilfreiche Denkprozesse in Gang. Schließlich muss er aus seiner Seele heraus gesunden.

Vom Umgang mit Krafttieren

Kennen Sie Ihr Krafttier durch eigene erfolgreiche Suche oder weil es Ihnen jemand brachte und Ihnen vorstellte, dann sollten Sie den Kontakt intensivieren. Sie können es von nun an öfter auf Reisen besuchen und gemeinsam etwas in der unteren Welt unternehmen. Später werden sie lernen, gezielt zusammen mit Ihrem Krafttier Aufgaben zu lösen, wie etwa Ihre eigene Lebenssituation zu verbessern oder andere Menschen zu heilen.

Tanz mit dem Krafttier

Besonders gut können Sie den Kontakt zu Ihrem Krafttier stärken, wenn Sie Ihr Zusammenspiel mit ihm als eine Symbiose, als echte Partnerschaft verstehen. Das Krafttier hilft Ihnen und stärkt Sie auf spiritueller Ebene. Sie verschaffen ihm Ausdruck in Ihrer Alltagsrealität, beispielsweise dadurch, dass Sie ihm in Ihrer Welt Bewegung ermöglichen: Tanzen Sie Ihr Krafttier! Bitten Sie einen Freund, für Sie zu trommeln, oder spielen Sie eine Trommel-CD, und bewegen Sie sich so, wie sich das Krafttier bewegen möchte. Das sagt Ihnen Ihr Gefühl.

Manche Schamanen fühlen dabei, dass sich ihr Krafttier in ihnen selbst bewegt und dass sie im Tanz eins mit ihrem Krafttier werden. Andere tanzen nicht ihr Tier, sie tanzen mit ihrem Krafttier. Sie fliegen mit ihrem Adler, schwimmen mit ihrem Delphin. Wenn Sie zwei oder drei Krafttiere haben, ist sogar die Bewegung beider gleichzeitig möglich. So kann man während des Tanzes beispielsweise seinen Jaguar in sich spüren, während der Falke über seinem Kopf kreist. Bei solchen Krafttiertänzen spüren Sie körperlich die Kraft, die von Ihrem Tier ausgeht, und auch seelisch spüren Sie, wie Ihre Lebensfreude und psychische Stärke wachsen.

Bewegung für das Krafttier

Nicht nur der Krafttiertanz eignet sich, Ihrem Tier Bewegung und damit Ausdruck in der alltäglichen Realität zu verschaffen. Sehr gut geht das auch im Rahmen von Ausdauersportarten, etwa beim Waldlauf, beim Bergsteigen, Radfahren, Langstreckenschwimmen. Krafttiere lieben rhythmische körperliche Betätigungen. Und Sie selbst werden vielleicht bemerken, dass Sie sich beim Joggen oder Radfahren weitaus weniger anstrengen als ohne die Begleitung Ihres Krafttiers.

Die Kraft, die ein Krafttier verleiht, ist nicht nur ein subjektives Gefühl. Sie lässt sich objektiv nachweisen. Ein Läufer kann in einer Dreiviertelstunde mit seinem Krafttier nicht nur wesentlich weiter kommen als ohne dessen Begleitung. Am Ziel ist auch der Puls deutlich ruhiger als sonst.

Obere Welt und schamanische Lehrer

Sie haben bereits die untere Welt kennen gelernt und sich mit Ihrem Krafttier bekannt gemacht. Jetzt gilt es, mit weiteren schamanischen Wirklichkeitsebenen vertraut zu werden, bevor Sie beginnen können, gezielt schamanisch zu arbeiten.

Im Abschnitt über die schamanische Kosmologie (Seite 34f.) wurde gesagt, dass der Schamane neben der mittleren und der unteren Welt auch eine obere Welt kennt. Sie ist Ihr nächstes Reiseziel. Die äußeren Vorbereitungen sind dabei die gleichen wie bei Ihrer Exkursion in die untere Welt (siehe hierzu Seite 38ff.). Auch die Mission, die formulierte Reiseabsicht, ist ähnlich: »Ich reise in die obere Welt, um sie kennen zu lernen...«

Die obere Welt der schamanischen Kosmologie entspricht dem, was nach christlicher Vorstellung der Himmel ist. Eine Kategorisierung in Gut (Himmel) und Böse (Hölle) wird allerdings nicht vorgenommen.

Zugänge in die obere Welt

Anders als der Eingang in die untere Welt gestaltet sich der Zugang in die obere. Gelangten Sie in die untere Welt durch eine Höhle, einen Brunnenschacht, einen hohlen Baum oder über die Kellertreppe Ihres eigenen Hauses, so beginnt der Weg in die obere Welt mit allem, was Sie aufwärts führen kann. Zunächst eignen sich sinnlich wahrnehmbare Wege nach oben. Sie können beispielsweise in die Krone eines Baums klettern oder auf den Gipfel eines Bergs steigen. Doch von dort aus müssen Sie noch weiter kommen. Wer nicht das Glück hat, dass ihn etwa ein Krafttier oder Hilfsgeist abholt und mit ihm höher hinauf fliegt, der muss es auf eigene Faust versuchen. Das ist einfacher, als es zunächst scheint. Springen Sie vom Baumwipfel oder Berggipfel aus nach oben, und fliegen Sie.

Andere Wege hinauf

Gut geeignet sind auch alle Strömungen, die nach oben führen: die Fontäne eines Geysirs, der Rauch oder die heiße Luft eines Lagerfeuers, eine quirlende Windhose...

Ich kenne auch einige europäische »Neoschamanen«, die ausgesprochen technische Hilfsmittel unserer Zeit benutzen. Der eine fährt mit einem Fahrstuhl bis zum obersten Stockwerk eines Wolkenkratzers und dann weiter durch das Dach hindurch nach oben. Ein anderer lässt sich von einem Heißluftballon hinauf tragen und springt in einer bestimmten Höhe aus der Gondel. Und wieder ein anderer benutzt eine Rakete. Ich selbst bemühe seit längerem einen fliegenden Teppich.

Wie der Weg nach oben genau aussieht, ist im Grund ohne Bedeutung. Wichtig ist nur, dass man eine Methode findet, mit der man selbst gut hinaufkommt. Eine taugt nicht für alle.

Bei manchen Naturvölkern ist die Vorstellung weit verbreitet, dass sich am Ende des Weges in die obere Welt ein Loch im Himmel auftut.

Wo die Reise aufhört

Während die Reise in die untere Welt meist ganz von selbst an Orte oder in Räume führt, bei denen der Reisende merkt, dass er am Ziel ist, stellt sich für den Anfänger bei Reisen in die obere Welt oft die Frage, wie weit er hinauf muss, um an sein Ziel zu gelangen. Nicht selten gerät man in wenig oder gar nicht strukturierte Gebiete der Hochatmosphäre oder bis in das Universum hinein. Man kann dann meist selbst entscheiden, ob man an einer bestimmten Stelle bleiben oder noch weiter fliegen möchte. Folgen Sie hier Ihrem persönlichen Empfinden. Wo Sie sich wohl fühlen, bleiben Sie. Das kann in den Wolken, auf der Rückseite des Monds oder weit draußen im Weltall sein.

Landschaftsszenarien und Hindernisse

Warten Sie, was Ihnen dort begegnet. Wundern Sie sich nicht, wenn Sie sich auch in der oberen Welt plötzlich in einer sehr irdischen Landschaft wiederfinden, beispielsweise in einem Bergwald, am Meeresstrand oder in einer Tempelhalle. Häufiger aber sind diffuse Szenarien wie dichter Nebel, freies Schweben im Raum o. Ä.

Die Erfahrung hat gezeigt, dass es beim Weg hinauf gelegentlich Hindernisse geben kann. Am häufigsten sind dabei zwei Erscheinungen: Sie können an eine geschlossene Wolkendecke stoßen, die Ihnen wie eine zähe Folie erscheinen mag und Sie am Weiterkommen hindert. Fliegen Sie einfach durch diese Schicht hindurch. Sie gibt auf Ihren Druck nach oder reißt auf. Manchmal – das geschieht seltener – begegnen einem auch Schwärme von Vögeln oder Insekten und verstellen den Weg nach oben. Versuchen Sie in diesem Fall nicht, einfach hindurch zu fliegen, sondern weichen Sie seitlich aus. Sie ersparen sich damit unnötigen Ärger.

Anliegen der Reise

Wie bei der Reise in die untere Welt unternehmen Sie Ihre erste Reise nach oben als reine Erkundungstour. Es geht zunächst darum, zu lernen, wie Sie am besten hinaufkommen.

Wundern Sie sich nicht, wenn Ihnen dort oben plötzlich Ihr Krafttier begegnet. Sie haben es in der unteren Welt kennen gelernt, und für die nächste Zeit sollten Sie es auch dort besuchen, wenn Sie es gezielt treffen wollen. Aber grundsätzlich können Sie es in Zukunft auf jeder Reise treffen und es wird Ihnen beispielsweise auch in der oberen Welt als Führer behilflich sein. Hauptanliegen bei Oberweltreisen ist es jedoch, Ihrem schamanischen Lehrer zu begegnen.

So wie es Schamanismus praktizierende Kulturen gibt, deren Schamanen fast ausschließlich in die untere Welt reisen, unternehmen in anderen die Schamanen vorwiegend Reisen in die obere Welt.

Begegnung mit dem Lehrer

Haben Sie Ihre erste Fahrt nach oben erfolgreich absolviert, dann kann sich – sofort oder nach einigen Tagen – eine zweite anschließen, auf der Sie Ihren Lehrer finden. Formulieren Sie Ihre Mission diesmal so: »Ich reise in die obere Welt, um meinen Lehrer kennen zu lernen.«

Erfahrungsgemäß gestaltet sich das erste Zusammentreffen mit dem Lehrer anders als mit dem Krafttier. Gibt sich das Krafttier entgegenkommend und fast kumpelhaft freundlich oder auch verspielt, so ist der Lehrer fast immer ernster Natur und Respekt gebietend. Ihn ohne besonderes Anliegen zu besuchen, gestaltet sich im Allgemeinen weitaus schwieriger als eine Visite bei Ihrem Krafttier. Ihr Lehrer zeigt sich dann, wenn Sie ihn ernsthaft brauchen. Auf der ersten Reise treffen Sie ihn nur, wenn Sie ein Anliegen haben: Sie wollen ihn kennen lernen. Hat er sich Ihnen einmal vorgestellt, versuchen Sie in Zukunft nicht wieder, ihn ohne triftigen Grund zu bemühen.

Wie sich das erste Zusammentreffen gestaltet

Die erste Begegnung ist meist nur kurz und dauert vielleicht nur Sekundenbruchteile. Das Prozedere dabei ist folgendes: Nachdem Sie in die obere Welt gelangt sind und einen Platz gefunden haben, an dem Sie sich wohl fühlen, formulieren Sie: »Ich bitte meinen Lehrer, sich mir zu zeigen« o.Ä. Achten Sie dann darauf, was sich unmittelbar (!) danach ereignet. Der entscheidende Augenblick kann wie gesagt sehr kurz sein.

Wie der Lehrer sich zeigt

Um Ihre Aufmerksamkeit zu steigern und auf das richtige Objekt Ihres Interesses zu lenken, soll diesmal ausnahmsweise vorweggenommen werden, was Sie erwarten können. Häufig besitzen Lehrer menschliche Gestalt, gleich ob männlich oder weiblich, und oft tragen sie lange Gewänder oder dergleichen. Nicht selten sieht der Reisende nur die Kleidung des Lehrers. Der Kopf ist manchmal im Schatten einer Kapuze verborgen.

Das Gesicht zeigen Lehrer nur selten. Es kann einem Totenschädel gleichen oder sehr ausdruckslos erscheinen. Doch gibt es Ausnahmen: Christlich eingestellten Menschen erscheint der Lehrer gelegentlich auch in der Gestalt Jesu, als Mutter Gottes oder als weiß gekleideter Engel. Manchmal, wenngleich selten, erscheinen eigene Vorfahren. Ebenfalls selten zeigen sich Mischwesen aus Mensch und Tier, altägyptischen mythologischen Figuren wie Horus oder Anubis nicht unähnlich.

Vielfalt der Gestalten

Manchmal erscheinen gestaltlose Lehrerpersönlichkeiten, die als reine Energie in Form von Licht- oder Feuersäulen, Windwirbeln oder Energiekugeln wahrgenommen werden.

Im Grund ist die Gestalt, in der sich Ihr Lehrer zeigt, ohnehin nicht sein echtes Aussehen. Aber in irgendeiner Form muss er sich wahrnehmbar machen. Und so wählt er meist ein Äußeres, das für Sie persönlich bedeutsam ist. So kann sich die Erscheinung eines Lehrers im Lauf Ihrer Entwicklung auch ändern.

Man kann davon ausgehen, dass die Gotteserscheinungen des Alten Testaments, wie der brennende Busch, mit dem Moses sprach, oder die Feuer- und Rauchsäulen, die die Kinder Israels bei ihrem Exodus durch die Wüste führten, hier ihren Ursprung haben.

Reisen in die obere Welt führen oftmals über die Wolken hinweg bis weit hinaus ins Universum.

Fragen und Bitten – Antworten und Hilfe

Haben Sie Ihren Lehrer erst einmal kennen gelernt, dann steht Ihnen eine bedeutende Quelle für Rat und Tat zur Verfügung. Suchen Sie ihn auf, wann immer Sie ernsthafte Probleme plagen. Wenden Sie sich an Ihren Lehrer, wenn Sie beispielsweise unter chronischen Gesundheitsbeschwerden leiden, bei denen eine ärztliche Behandlung bisher scheiterte, wenn Sie in wirklichen existenziellen Schwierigkeiten stecken oder wenn Sie sich von lästigen Gewohnheiten befreien möchten, die Ihnen das Leben schwer machen. Gehen Sie zu ihm, wenn Sie Fragen zu Ihrer persönlichen spirituellen Entwicklung haben, wenn Sie wissen möchten, wie Sie einem guten Freund helfen können oder wenn Sie Ihre Beziehungen zu Ihren Mitmenschen verbessern wollen.

Wenig sinnvoll ist es allerdings, Ihren Lehrer wegen Kleinigkeiten zu bemühen, etwa wenn Sie ein lärmender Nachbar nachts nicht schlafen lässt, Sie Angst vor einem bevorstehenden Examen haben oder gar die Lottozahlen erfahren möchten.

Wie man sein Anliegen am besten ausdrückt

Bei der Formulierung Ihrer Anliegen ist Sensibilität gefragt. Bitten Sie Ihren Lehrer beispielsweise nicht darum, Ihren Ehepartner so zu verändern, dass Sie besser mit ihm auskommen können. Damit würden Sie in das Leben eines anderen Menschen eingreifen, und das verbietet die schamanische Ethik. Prüfen Sie daher ernsthaft, was Sie an sich selbst verändern könnten oder möchten, bevor Sie Ihren Lehrer aufsuchen.

Nicht sehr sinnvoll sind auch Fragen, wie man sie üblicherweise Orakeln stellt. Ihr Lehrer ist kein Wahrsager, der Ihnen die Zukunft prophezeit. Fragen Sie ihn also nicht, wann Sie Ihren zukünftigen Partner finden können, sondern formulieren Sie lieber so: »Wie kann ich einen lieben Menschen kennen lernen, an dessen Seite ich leben darf?« Stellen Sie auch keine Fragen, auf die Sie als Antwort im Grund nur eine Bestätigung dessen erwarten, was Sie längst wissen.

Wie sich Bitten formulieren lassen

Generell sind Fragen, die sich mit Ja oder Nein beantworten lassen, sinnlos. Was hilft es Ihnen, wenn Sie auf die Frage, ob Sie sich das Rauchen abgewöhnen können eine eindeutige Antwort erhalten? Damit sind Sie keinen Schritt weiter. Prüfen Sie lieber zuerst ernsthaft, ob Sie sich das Rauchen wirklich abgewöhnen wollen, und ersetzen Sie dann die Frage durch eine Bitte: »Hilf mir, Nichtraucher zu werden.«

Was das Bitten erschweren kann

In vielen Fällen sind Bitten besser als Fragen. Nur fallen sie den meisten Menschen unseres Kulturkreises erfahrungsgemäß schwerer. Entweder aus Stolz oder aus einer Art Schuldgefühl heraus. Schließlich kann man doch nicht einfach nur etwas erbitten, ohne etwas dafür zu tun. Diese Haltung kann zwei Wurzeln haben. Man möchte niemandem etwas schuldig bleiben oder fühlt sich sündig im christlichen oder karmischen Sinn und hat das Recht auf Bitten und ihre Erfüllung verwirkt.
Seien Sie sicher: Jeder, der mit sich und anderen respektvoll umgeht, darf bitten! Fordern Sie aber keine Geschenke, sondern bitten Sie respektvoll um eine Gunst.

Antworten und Bilder wirken lassen

Haben Sie Ihre Frage oder Ihre Bitte dem Lehrer vorgetragen, dann achten Sie ganz besonders auf alles, was unmittelbar (!) nach Ihrer Äußerung geschieht. Manchmal wird er Ihnen eine konkrete Antwort auf Ihre Frage geben, in anderen Fällen wird Sie Ihr Lehrer mit bildhaften Gleichnissen konfrontieren, die Sie auf Anhieb vielleicht nicht unbedingt begreifen. Unter Umständen wird Ihnen die Bedeutung erst Tage oder Wochen später plötzlich klar, wenn Sie am wenigsten daran denken. Und wenn sie Ihr Verstand gar nicht fassen kann und Sie sich ratlos fühlen, dann denken Sie immer daran, dass Schamanismus Seelen- und keine Verstandesarbeit ist.
Wenn Sie sich am Ende einer Reise von Ihrem Lehrer verabschieden, dann bedanken Sie sich für sein Erscheinen und für alles, was er für Sie getan hat. Gehen Sie nicht einfach fort. Ihr Dank für das, was er für Sie getan hat, sollte von ganzem Herzen kommen.

Wie bei der Rückreise aus der unteren Welt, so empfiehlt es sich auch für die Rückreise aus der oberen Welt, den Weg zu wählen, auf dem Sie gekommen sind.

Antworten, die erst im Alltag auftauchen

Achten Sie auch darauf, was sich nach einer solchen Frage- oder Bittreise innerhalb der nächsten Tage oder Wochen in der alltäglichen Realität Ihres Lebens abspielt. Vielleicht lernen Sie plötzlich, scheinbar ohne eigenes Zutun, neue Menschen kennen, die Ihr Leben bereichern. Entziehen Sie sich nicht, wenn jemand auf Sie zukommt. Lassen Sie sich darauf ein!
Vielleicht haben Sie aber auch auf einmal die innere Haltung gewonnen, die Glimmstengel sein zu lassen. Gehen Sie Ihren Verzicht entspannt und sicher an!

Fundamente schamanischen Heilens

Die Grundlage des schamanischen Heilens besteht nicht in einer eigenen Heillehre im üblichen Sinn, wie wir sie aus den klassischen Hochkulturen Indiens, Japans oder Chinas kennen. Der Schamanismus führt uns vielmehr zu einem spirituellen Umgang mit Krankheiten, der über mehrere Wirkungsebenen verläuft: die geistige, die seelische und die körperliche Ebene. Dazu kennt der Schamane verschiedene Techniken, sowohl was die Diagnose als auch was das Behandeln von Beschwerden anbelangt. Ein wichtiger Aspekt bei der schamanischen Arbeit des Heilens ist das Selbstverständnis des Schamanen, der als Mittler zwischen den Welten wirkt, um Kranke gesunden zu lassen und Leiden körperlicher wie seelischer Natur vorzubeugen.

Wie man Schamane wird

Viele, die schon einige Zeit Schamanismus praktizieren und verschiedene Seminare besucht haben, besitzen das »Handwerkszeug« zur schamanischen Arbeit und fühlen sich sicher damit. Sie sind in der Lage zu reisen, kennen die untere und die obere Welt, haben Kontakte zu ihrem Krafttier und zu ihrem Lehrer. Für manchen stellt sich nun die Frage, ob er bereits am Ziel angelangt, ob er nun ein Schamane sei. Die Antwort darauf kann nur lauten, dass der Frager zwar sicherlich in der Lage ist, schamanisch zu arbeiten. Ob er aber wirklich ein Schamane ist, diese Frage kann nur er selbst sich beantworten. Wer es nicht sicher weiß, ist gewiss kein Schamane. Und wer es zu wissen glaubt, ist noch weiter entfernt davon.

Zwischen Menschen, die schamanisch arbeiten und solchen, die tatsächlich Schamanen sind, kann es erhebliche Unterschiede geben.

Ein paar Worte zur Selbsteinschätzung

Es gibt wohl keinen ernsthaften Schamanen, der sich anmaßen würde, sich selbst als einen solchen zu bezeichnen. Sogar bedeutende Stammesschamanen mit außergewöhnlichen Fähigkeiten antworten auf die Frage, ob sie ein Schamane seien, meist ausweichend. Sie bezeichnen sich stattdessen eher als Glaubensbewahrer, die sich um die Traditionen ihres Volkes kümmern und sie in Ehren halten. Oft betonen sie ihre Leistungen auch gar nicht weiter, sprechen nicht von der eigenen Arbeit, sondern davon, dass sie es im Grund nicht selbst sind, die einem Kranken oder Geschwächten helfen. Die Krafttiere, Hilfsgeister und Lehrer seien die eigentlichen Heiler.

Einschränkungen, die wir annehmen sollten

Wie sind jene Menschen nun aber zu den Schamanen geworden, die sie zweifelsohne sind? Ohne Sie nun im Vorfeld entmutigen zu wollen: Ein Basisseminar in Schamanismus, auch nicht zwei oder drei anschließende Seminare für Fortgeschrittene – und schon gar nicht die bloße Lektüre eines oder mehrerer Bücher zum Thema –, machen aus einem interessierten Laien einen Schamanen. Der Weg dorthin ist weit vielschichtiger und oft auch mühseliger. Auch ist er von einigen Aspekten geprägt, auf die wir selbst durch unser bewusstes oder verstandesmäßiges Zutun überhaupt keinen Einfluss haben.

Schamanen bei den Naturvölkern

Interessant gestaltet sich ein Vergleich über den Werdegang und das Ansehen der Schamanen in den unterschiedlichen Stammesvölkern. Versuchen Sie ruhig nach der Lektüre dieses Kapitels, Parallelen zu Ihrer persönlichen Entwicklung zu suchen, wenn auch Sie vorhaben sollten, ernsthaft schamanisch zu arbeiten.

So sehr schamanische Praktiken in aller Welt einander im Kern gleichen, so unterschiedlich gestalten sich der Werdegang und die soziale Stellung eines Schamanen in den verschiedenen Ethnien. Sind Schamanen beispielsweise in der Mongolei herausragende und von allen respektierte Stammesführer, so treten sie in Sibirien als gesellschaftliche Außenseiter auf, die sich nicht selten als androgyne Wesen gebärden. Stehen Schamanen in der Südsahara bei manchen Berberstämmen im Ruf, gefürchtete Magier zu sein, so handelt es sich bei ihnen bei anderen Stämmen um hoch geschätzte religiöse Führer. Ein Beispiel hierfür sind die muslimischen Imame. Bei den Huichol-Indianern Südmexikos hingegen gehört Schamanismus so untrennbar zum Alltag, dass fast jeder erwachsene Mensch dort schamanisch arbeitet. Als gesellschaftlicher Außenseiter macht sich hier eher derjenige kenntlich, der das nicht tut.

Wer zum Schamanen berufen ist

Unterschiedlich zeigen sich in den Völkern auch die Arten schamanischer Berufung. Doch lassen sich in groben Zügen fünf Hauptgruppen erkennen:

- Bei manchen Stämmen ist das Schamanisieren erblich. Ein besonders begabter Sohn oder eine Tochter des Schamanen wird daher von diesem im Rahmen der Erziehung auch zugleich schamanisch ausgebildet.
- Bei den Indianern in Nordamerika entscheidet meist eine Art Initiationsritus über die berufliche Zukunft eines jungen Menschen, der sich etwa im Pubertätsalter befinden sollte. Dazu zieht er sich nachts weit draußen in die einsame Natur zurück, um hier seine Vision zu suchen. Berufen ihn dann die Ahnengeister, schamanische Lehrer oder der Große Geist selbst zum Schamanen, dann wird der Jugendliche sich nach seiner Rückkehr einer oft jahrelang dauernden, strengen Ausbildung durch erfahrene Schamanen unterziehen.

Bei allen Unterschieden eint die Schamanen von Stammesgesellschaften der gemeinsame Auftrag, sich für das Wohl ihres Volkes zur Verfügung zu stellen.

- Bei den Eskimos und in vielen asiatischen Stammesgesellschaften gilt oft eine schwere Krankheit, die ein Mensch mit Hilfe unsichtbarer Beschützer selbst überwindet, als Berufung zum Schamanentum. Meistens sind solche Krankheiten klinisch schwer zu diagnostizieren. Nicht selten befallen sie den Betroffenen wieder, wenn er seine Arbeit als Schamane vernachlässigt.
- Die vierte wichtige Gruppe, die sich unter dem Thema »schamanische Berufung« herausfiltern lässt, ist etwas kleiner. Sie blickt auf Nahtodeserlebnisse zurück. Diese können durch Erlebnisse in der Alltagsrealität erfolgen, wie etwa durch einen Unfall, sie können aber auch rituell vollzogen werden. Manche Eskimostämme wählen ihre Schamanen schon im Kindesalter aus und führen dann ein Nahtodeserlebnis herbei. Dazu wird der Adept z. B. so lange unter Wasser getaucht, bis er ohnmächtig wird oder sogar klinisch stirbt. Danach wird er wiederbelebt. Während dieses Komas vollzieht sich seine spirituelle Einweihung direkt durch seine Hilfsgeister, Krafttiere oder Lehrer.
- Der fünfte, häufig eingeschlagene Weg zum Schamanentum ist jener der oben erwähnten Huichol, bei denen ganz selbstverständlich fast jedes Stammesmitglied schamanisch arbeitet. Dazu braucht es keine besondere Berufung. Dennoch gibt es auch hier besondere Berufsschamanen, deren Berufung jener in anderen indianischen Gesellschaften entspricht.

Die allermeisten Schamanen werden zum Schamanismus ausersehen, ihre Berufung geschieht ohne ihr eigenes Zutun. Es ist aber auch bei Naturvölkern möglich, sich selbst für diesen Weg zu entscheiden.

Ausbildung und Lebensweg

Steht fest, dass ein Mensch zum Schamanen berufen ist, dann beginnt seine gezielte schamanische Entwicklung. Sie hat einen äußeren und einen inneren Aspekt. Der äußere besteht fast immer in der Ausbildung durch einen Schamanen. Sie gleicht in gewissem Sinn einer Lehre und ist wie diese nach einigen Jahren abgeschlossen. Zur verantwortlichen eigenen Arbeit gelangt ein angehender Schamane meist durch ein Initiationsritual.

Seine Ausbildung besteht nicht nur aus rein schamanischen Techniken und Wissen. Sie umfasst immer zugleich auch eine möglichst weitreichende Allgemeinbildung in Stammesgeschichte, Psychologie, Rechnen, Schreiben und Lesen, Astronomie und anderen naturwissenschaftlichen Gebieten, religiösen Lehren, Pflanzenheilkunde sowie in einer auf Ausdauerleistungen gerichteten körperlichen Ertüchtigung.

Die innere Entwicklung

Die innere Entwicklung kennt im Gegensatz zur äußeren keinen Abschluss. Sie dauert das ganze Leben lang. Ein Schamane ist niemand, der nur bei Bedarf seine Fähigkeiten und Kenntnisse zum Nutzen seines Stammes einsetzt. Weit mehr: Schamanismus ist ein Lebensweg, eine Lebensweise. Ein gläubiger Christ beispielsweise geht auch nicht nur am Sonntag in den Gottesdienst und hängt seinen Glauben im Alltag für den Rest der Woche an den Nagel. Stattdessen wird er nach den christlichen Geboten leben. Übertragen auf unser Thema bedeutet dies nichts anderes, als dass man Schamanismus nicht hin und wieder praktizieren kann. Man lebt ihn jeden Tag, jede Stunde und jede Minute seines Lebens.

Schamanismus ist eine Lebensweise

Die innere Entwicklung des Schamanen beginnt bei Stammesvölkern gleich nach der Berufung. Meistens geht sie mit einer deutlichen Änderung der bisherigen Lebensgewohnheiten einher. Der angehende Schamane übernimmt mehr und mehr soziale Verantwortung und Aufgaben in seiner Gemeinschaft. Zugleich aber zieht er sich immer häufiger in die Einsamkeit zurück. Nicht selten verschwindet er für viele Tage und Nächte in der wilden Natur und sucht dort besonders verlassene Regionen auf: Berggipfel, Steinwüsten, Inseln, Höhlen... An diesen Orten sammelt er Kraft, dort wird ihm großes spirituelles Wissen zuteil.

Es gibt Stammesgesellschaften, in denen der Schamane auf seinem Weg viele Jahre von einem Lehrer begleitet wird. Dieser unterweist ihn nicht nur spirituell.

Theoretischer und gelebter Schamanismus

Überdenkt man die Wege, die jene Stammesschamanen auf dem Weg zu ihrer spirituellen Vollendung einschlagen, so wird einem sehr schnell klar, dass sicher kein hierzulande angebotenes Schamanismusseminar einen Menschen zum Schamanen machen kann, – und ein Handbuch wie das vorliegende dient wohl eher einer allgemeinen Einführung denn der Initiation. Wie bei den Stammesvölkern ist die theoretische Unterweisung nur eine Seite der schamanischen Ausbildung, und obgleich sie unabdingbar ist, stellt sie doch den bescheidensten Teil des gesamten schamanischen Wegs dar. Schließlich mag auch beispielsweise das Erlernen des Autofahrens eine Voraussetzung für eine Weltreise sein. Allein der Erwerb des Führerscheins macht jedoch noch längst keinen Weltreisenden aus.

Der schamanische Gesundheitsbegriff

Wer lernen will, andere Menschen zu heilen, der muss sich zunächst darüber im Klaren sein, wovon er sie heilen will. Er muss einen Begriff davon haben, was Krankheit und was Gesundheit ist.

Klinisch betrachtet, gibt es unterschiedliche Gruppen von Krankheiten, innere und äußere, akute und chronische Erkrankungen, Erb- und Infektionskrankheiten, Verletzungen, körperliche und seelische Beschwerden, Krankheiten des Nervensystems, bestimmter Organe oder funktionell zusammenarbeitender Organgruppen.

Erwartungshaltungen

Etwa zwei Drittel aller bekannten Krankheiten lassen sich auch heute, mit den Mitteln der modernen Medizin, nicht heilen, sondern allenfalls symptomatisch lindern. Dessen ist sich ein Arzt vollauf bewusst. Und im Großen und Ganzen wissen das auch seine Patienten. Wer zu einem Arzt geht, erwartet in den meisten Fällen keine Wunder, sondern hofft auf Heilung oder Linderung seiner Beschwerden im Rahmen des medizinisch Möglichen.

Die Erwartungshaltung der Patienten steigt jedoch, je mehr sie dazu bereit sind, sich auf alternative oder so genannte sanfte Behandlungsmethoden einzulassen. Doch auch ein Naturheilpraktiker, ein Homöopath, ein Akupunkteur, Reflexzonenmasseur oder Kräuterheilkundiger kann nur bei ganz bestimmten Leiden eine höhere Heilungsquote als ein klassischer Schulmediziner aufweisen.

Nur gehen diese Heiler und Therapeuten grundsätzlich anders vor als ein rein schulmedizinisch ausgebildeter Arzt, berufen sich auf einen anderen – meist ganzheitlichen – Medizinbegriff und können so manches Leiden kurieren, dem der Kollege aus der Wissenschaft machtlos gegenübersteht. Gleiches gilt allerdings auch umgekehrt. Bei einem schweren, akuten Infekt, der eine antibiotische Behandlung erforderlich macht, stößt ein Heilpraktiker auf seine Grenzen.

Immer mehr Menschen erkennen, dass vielen Alltagsbeschwerden und leichteren Erkrankungen durch eine gesunde Lebensweise – richtiges Essen, ausreichend Bewegung, innere Ausgeglichenheit – wirksam begegnet werden kann. Damit einhergehend werden sie schulmedizinischen Methoden gegenüber zunehmend kritischer.

Das Konzept der gegenseitigen Ergänzung

Je weniger Erfolg eine schulmedizinische oder beispielsweise heilpraktische Behandlung gezeigt haben, desto mehr erhofft sich ein Patient, der zu guter Letzt einen Schamanen aufsucht. Tatsächlich haben Erfahrungen gezeigt, dass die Erwartungshaltung von Menschen an das schamanische Heilen enorm sind. Tritt der erhoffte Heilungserfolg jedoch nicht in gewünschter Weise ein, so wird der Schamane nicht selten der Scharlatanerie geziehen, auch wenn im Vorfeld bereits andere Heilungsbemühungen versagt haben. Deswegen sollte gleich an dieser Stelle vorausgeschickt werden: Auf schamanischem Wege erzielte Heilungserfolge sind ebenso wenig wie die eines Arztes oder Heilpraktikers 100-prozentig. Doch bringt der Schamane vieles zu Wege, was weder Arzt noch Heilpraktiker können. Auch hier gilt die Umkehrung: Arzt und Heilpraktiker sind in einigen Fällen dem Schamanen überlegen. Alle arbeiten grundverschieden, weshalb sie sich hervorragend ergänzen können und auch sollen.

In den USA geschieht es heute zum Teil bereits: Dort gibt es Ärzte, die ihren Patienten in manchen Fällen anraten, sie sollten es einmal bei einem Schamanen versuchen, wenn sie mit ihrer Behandlung nicht weiterkommen. Und auch an Krankenbetten in Kliniken werden dort zuweilen Schamanen gerufen.

Das Aufgabenfeld des Schamanen

Leider wird diese Art der produktiven Zusammenarbeit hierzulande durch die gesetzlichen Grundlagen nicht eben erleichtert. Krankheiten diagnostizieren und behandeln darf nur ein Arzt oder zugelassener Heilpraktiker. Laut Gesetz darf ein Schamane nicht von sich behaupten, diese Tätigkeiten durchzuführen, selbst wenn er gute Heilungserfolge nachzuweisen hat.
Mit gutem Gewissen kann er diese allerdings auch gar nicht für sich beanspruchen. Schließlich greift er selbst wirklich nicht in ein Krankheitsgeschehen ein. Er vertraut einen Klienten stattdessen spirituellen Instanzen an, Krafttieren oder schamanischen Lehrern.

Der Schamane als geistiger Beistand

Am ehesten vergleichbar ist das Verfahren oder die Aufgabe eines Schamanen daher mit der eines Pfarrers, den ein Erkrankter um ein Gebet für ihn bittet.
Weder ein Geistlicher noch ein Schamane heilen einen Kranken in dem Sinn, dass seine Symptome sofort aufgrund der »Behandlung« verschwinden. Es werden lediglich die spirituellen

Voraussetzungen für seine Genesung geschaffen. Der Schamane geht in dieser Hinsicht allerdings noch weiter als der Pfarrer. Er kann seinem Klienten auch praktische Ratschläge für sein Alltagsleben geben. Und diese betreffen ein weites Feld. So kann der Schamane durchaus konkrete Empfehlungen aussprechen, dass sich etwa sein Klient mehr körperlich bewegen und wenigstens dreimal in der Woche Rad fahren oder schwimmen sollte. Ein anderes Ergebnis einer schamanischen Reise kann auch eine Aussage zum Ernährungsverhalten des Klienten sein. Das reicht von der Empfehlung, mehr Obst und Gemüse zu sich zu nehmen oder das Rauchen zu lassen bis dahin, dass er sich für konkrete medizinische Untersuchungen in ein Krankenhaus begeben sollte.

Ein Schamane stellt sich in den Dienst seines Klienten, indem er diesem die Botschaften seines Krafttiers, seiner Hilfsgeister und seines Lehrers übermittelt und zugänglich macht.

Nicht nur Ärzte können heilen

Es gibt eine Menge Berufe, die sich mehr oder weniger gezielt mit der Erhaltung unseres Wohlbefindens und unserer Gesundheit befassen, ohne dass dies in irgendeiner Form gesetzlich geregelt ist. Dazu gehören der Bademeister, der Schwimmunterricht erteilt, ebenso wie der Wandervereinsvorsitzende, der seine Klubmitglieder zu mehr Bewegung ermahnt, der Fußballtrainer, der seiner Mannschaft Nikotinverbot erteilt, der Chorleiter, der Lebensfreude durch Gesang lehrt. All diese Menschen tun viel dafür, dass diejenigen, die sich ihnen anvertrauen, sich wohl und gesund fühlen, vielleicht sogar die ein oder andere Beschwerde langfristig auskurieren und eine bessere Immunabwehr entwickeln.

Weiter oben wurde die Arbeit eines heilenden Schamanen mit der eines Geistlichen verglichen. Doch auch mit den hier genannten Aufgaben und Berufen und deren Auswirkungen auf Gesundheit und Wohlbefinden hat er einige grundlegende Gemeinsamkeiten.

Spirituelle Arbeit für ein gesundes Leben

Wie wir gesehen haben, lässt sich die schamanische Arbeit nicht mit der anderer klassischer Heilberufe vergleichen. Sie geht von Grund auf anders vor. Auch bei den Stammesvölkern darf der Schamane nicht mit dem Medizinmann verwechselt werden, wie das in unseren Breiten irrtümlicherweise oft geschieht. Die Arbeit eines Medizinmanns kann man stattdessen mit der eines Heilpraktikers vergleichen: Er kennt Heilkräuter und deren Anwendung, ist oft beschlagen in der Homöopathie, kann hypnotisieren, massieren, Reflexzonen bearbeiten, arbeitet mit Chakren und Meridianen, sofern er im asiatischen Raum tätig ist, und wendet auch kinesiologische Techniken an.

Ganz anders der Schamane. Er arbeitet weder medikamentös noch physiologisch und auch nicht psychotherapeutisch, er wirkt spirituell. Das bringt ihn in Bezug auf seine Heilkräfte oder seine Heilwirkung eher in die Nähe des Geistlichen als in die des Medizinmannes. Natürlich kann ein Schamane auch ausgebildeter Medizinmann sein, wie beispielsweise ein Theologe zugleich Medizin studiert haben kann. In der Praxis kommt das bei einigen Volksstämmen relativ häufig vor. Im Allgemeinen jedoch stehen Medizinmann und Schamane eher in einem Konkurrenzverhältnis zueinander.

Medizin im Schamanismus

Wie groß die Kluft zwischen Medizinmann und Schamane ist, geht schon aus der unterschiedlichen Auffassung hervor, die beide vom Begriff »Medizin« oder »Arznei« haben. Um das zu verdeutlichen, muss man etwas ausholen. Eine Arznei im wissenschaftlichen Sinn ist eine Substanz, die – richtig verabreicht – im Organismus eines Patienten eine ganz bestimmte heilende oder lindernde Wirkung hervorruft. Das Medikament kann dabei synthetischer Natur sein, ebenso tierischer, pflanzlicher oder mineralischer Herkunft. Diese Auffassung teilen auch die meisten Ärzte, Heilpraktiker und Medizinmänner.

Der Arzneibegriff in der Homöopathie

Einen anderen Medizinbegriff kennen die Homöopathen. Ihre Hochpotenzen von teilweise sogar giftigen in der Natur vorkommenden Stoffen sind durch ein bestimmtes Herstellungsverfahrungen sehr stark »verdünnt«. In den homöopathischen Tabletten, Streukügelchen oder Tropfen befindet sich schließlich kein einziges Molekül der ursprünglichen Droge mehr. Die Schulmedizin stand diesem Arzneiwesen lange Zeit höchst skeptisch gegenüber, obwohl derartige hoch potenzierte Homöopathika oft sehr wirksam sind. Das wurde in zahlreichen klinischen Doppelblindversuchen bewiesen. Fragt man europäische Homöopathen oder auch homöopathisch arbeitende Medizinmänner bei

»Similia similibus curantur« – »Ähnliches wird durch Ähnliches geheilt«. Das Prinzip des von dem deutschen Arzt Samuel Hahnemann 1796 begründeten Heilverfahrens, der Homöopathie, besagt, dass Erkrankungen mit solchen (niedrig dosierten) Medikamenten behandelt werden können, die in höheren Dosen verabreicht beim Gesunden ein ähnliches Krankheitsbild auslösen würden.

Stammesvölkern, worauf diese Wirkung beruht, dann erhält man eine interessante Antwort. Die Substanz, die wir mit bloßem Auge und geschmacklich wahrnehmen können, ist meist aus Milchzucker. Dieser dient jedoch lediglich als Träger für das eigentliche Heilmittel, das nur in der Energie des selbst nicht mehr präsenten homöopathischen Wirkstoffs besteht. Vor rund zehn Jahren gelang es kanadischen Ärzte mit Hilfe des Elektronenmikroskops tatsächlich, subatomare Veränderungen dieser Trägersubstanz auf der Elektronenebene nachzuweisen.

Wenn ein Schamane eine Pflanze zu sich nimmt, macht er sich deren Kräfte zu eigen. Für ihn sind die Pflanzen spirituelle Lehrer.

Wie schamanische Arzneien verabreicht werden

Noch einen Schritt weiter als in der Homöopathie geht der Medizinbegriff des Schamanen. Verabreicht ein Arzt oder auch ein Homöopath seine Präparate direkt seinen Patienten, so wird der Schamane die schamanischen Arzneien, deren Wirkstoffe für die Behandlung der Krankheit des Patienten gedacht sind, allenfalls selbst einnehmen. Das klingt schwer verständlich.

Doch erinnern wir uns an die Grundüberlegungen der Homöopathie. Ist bei diesen Präparaten der Milchzucker der energetische Träger des hoch potenzierten Drogenwirkstoffs, so ist die »Medizin« des Schamanen Träger spiritueller Kräfte. Weil beim schamanischen Heilen aber nicht der Klient, sondern der Schamane selbst als Heiler spirituell arbeitet, geht er mit diesen Kräften um, nicht der Klient. Die Medizin des Schamanen ist also die Medizin des Heilers, nicht jene für den eigentlich zu Heilenden. Aus diesem Grund hängt ihre Zusammensetzung auch nicht spezifisch mit der Krankheit des Klienten zusammen.

Medizin als Verbündeter auf dem Weg spirituellen Heilens

Heilt ein Medizinmann beispielsweise Husten mit Huflattich, Herzschwäche mit Weißdorn oder Misteln und Nervosität mit Baldrian, so verwendet ein Schamane für alle drei Krankheiten nur ein Heilkraut, beispielsweise Brennnesseln. Die Wahl der Arzneipflanze erfolgt also nicht, weil diese im medizinischen Sinn Wirkstoffe gegen eine dieser Krankheiten enthält. Sie wird vielmehr gewählt, weil die Brennnessel die Medizinpflanze ist, mit der der Schamane erfahrungsgemäß selbst am besten arbeitet. Die individuelle Persönlichkeit des Schamanen spielt bei der Wahl der passenden Medizin eine entscheidende Rolle. Ein anderer Schamane würde bei der Behandlung desselben Patienten vielleicht Rainfarn einsetzen, weil dieser seine ureigene Medi-

Individuelle Heilpflanzen der Heiler

Schamanische Heilhelfer können, wie auch Krafttiere, als eine Art Fabelwesen erscheinen. Sie sind es, die bei einem Ritual wirklich handeln. Der Schamane ist nur Mittler.

zinpflanze, also sein pflanzlicher Verbündeter ist. Die Medizinpflanze, die der Schamane auf seinen Klienten wirken lässt, beispielsweise durch Einnehmen, für Einreibungen oder als Räucherwerk, braucht daher durchaus keine krankheitsspezifischen Wirkstoffe zu enthalten. Sie ist stattdessen Träger der heilenden Kräfte des Schamanen, oder – korrekter gesagt – der Kräfte von dessen Krafttieren und spirituellen Helfern.

Das Verursacherprinzip bei Beschwerden

Genauso fundamental, wie sich die Unterschiede zwischen den verschiedenen gängigen Heilmethoden und dem schamanischen Heilen darstellen, ist auch die Auffassung von den unterschiedlichen Entstehungsweisen der Krankheiten. Jeder der gebräuchlichen Krankheits- oder Gesundheitsbegriffe hat sicherlich seine Berechtigung und ist für sich gesehen korrekt. Der Schamane liefert aber eine ganz andere Perspektive, die voll und ganz seiner spirituellen Sichtweise entspringt und entspricht. Grundsätzlich sieht der Schamanismus alle Beschwerden als selbst verursacht an. Das gilt auch für Ereignisse wie etwa einen Knochenbruch, der beispielsweise aufgrund eines Autounfalls zustande kommt, den ein Dritter verschuldet. Ist ein Schamane von einem solchen Geschehen bedroht, so wird er aufgrund seiner Fähigkeiten der äußeren Ursache für einen der-

Die Art und Weise, wie Pflanzen schamanisch zu Heilzwecken eingesetzt werden, ist fundamental anders als wir es aus der Phytotherapie kennen, bei der bestimmte Beschwerden mit Pflanzen bestimmter Inhaltsstoffe behandelt werden.

artigen Unfall aus dem Weg gehen, ebenso wie er es im Fall einer anderen beliebigen Krankheit tun würde. Er »sieht« sie bereits im Vorfeld oder besser im Entstehen. Genauer mag dies das folgende Beispiel erklären.

Wie sich das Wissen um eine Ursache darstellt

Der berühmte Indianerschamane Rolling Thunder war als rasanter Autofahrer bekannt. Eines Tags vollführte er vor einer Kurve plötzlich eine Vollbremsung, weil genau hinter der Kurve, für ihn unsichtbar, ein Raubvogel auf der Straße saß.

Mir selbst ist Ähnliches widerfahren, als ich begann, schamanisch zu arbeiten. Bei einer nächtlichen Fahrt durch den Taunus nördlich von Frankfurt »wusste« ich plötzlich genau, dass akut Wildwechsel droht. Nur mein Verstand akzeptierte dieses »Wissen« damals noch nicht. Mit etwa 80 Stundenkilometern fuhr ich weiter. Wenige Minuten später sprang einige Meter vor mir ein Reh aus dem hohen Gras in weitem Satz direkt vor meinen Wagen. Das Fazit war ein Totalschaden und ein totes Reh.

Das gab mir zu denken. Die Versicherung behandelte den Fall als höhere Gewalt. Mir aber war klar: Ich selbst hatte den Unfall verursacht, denn ich wusste um das Reh, lange bevor es zu dem Zusammenstoß kam.

In den Bereich der Wahrnehmung über die Seele gehört auch eine Erfahrung, die viele Menschen bereits gemacht haben: Wir denken an einen Menschen, den wir lange Zeit nicht gesehen haben, und kurz darauf begegnet er uns.

Krankheitsursache Krafttierverlust

Im schamanischen Weltbild ist jeder Mensch zu jedem Zeitpunkt und in jeder Hinsicht seines Glücks – oder Unglücks – eigener Schmied. Dies trifft auch, wie wir gesehen haben, für verstandesmäßig nicht vorhersehbare risikobehaftete Situationen zu. Wie aber werden nun Beschwerden verursacht, die uns akut oder chronisch körperlich wie seelisch plagen können?

Handeln wider besseres »Wissen« ist sicher auch eine der Hauptursachen für derartige Beschwerden.

Um ihnen aus dem Weg zu gehen, muss man freilich lernen, im Leben nicht nur mit seinen Sinnesorganen und seinem Verstand Aufmerksamkeit walten zu lassen, sondern sich auch der Wahrnehmungen und Intuition seiner Seele bewusst zu werden. Schließlich ist die Stimme unserer Seele ebenso bedeutsam wie die unseres Verstandes und unserer Sinne, nur wird sie von den meisten im Lauf ihres Lebens vernachlässigt.

Die Vernachlässigung von Körper, Geist und Seele

Beschwerden werden aber auch verursacht – und sicher geschieht das ebenfalls meist wider besseres Wissen – wenn man sich selbst im Ganzen nachlässig behandelt. Ein gesunder Körper, ein gesunder Geist und eine gesunde Seele sind Geschenke Gottes. Wer sie nicht dankbar und liebevoll pflegt, sondern sorglos misshandelt, der begeht ein Sakrileg. Im schamanischen Sinn bedeutet dies, ihn verlässt sein Krafttier.

Zur Vernachlässigung des Körpers gehören Rauschmittel- und Medikamentenmissbrauch, Doping, Fehlernährung, mangelnde Bewegung und Verweichlichung sowie bewusst unfallträchtige oder aggressive Sportarten wie Boxen.

Zur Vernachlässigung des Geists gehören die allgemeine Lustlosigkeit und das Phlegma, der Unwille, sich in jeder Hinsicht weiterzubilden, die Interesselosigkeit am Wesentlichen wie beispielsweise den Wissenschaften der Astronomie oder der Weltgeschichte sowie der kritiklose, ungebremste Konsum von Informationen und Unterhaltung beispielsweise durch Dauerfernsehen.

Zur Vernachlässigung der Seele tragen beruflicher Stress bei, rein materielle Lebensziele, die Angst vor dem Älterwerden und anderen wundervollen Naturgegebenheiten, mangelnde Toleranzbereitschaft, die Kultivierung von Negativgefühlen wie Neid, Missgunst, Siegeswillen.

Akute Beschwerden bei Krafttierverlust

Solche Verhaltensweisen wirken sich abschreckend auf unsere Krafttiere aus. Die Folge: Sie wenden sich ab und verlassen einen schließlich ganz. Krafttiere stehen jedoch stets für Energie. Sie sind seelische und physische Energie an sich. Und wo sie fehlt, schleicht sich ganz schnell etwas anderes ein. Dieses Andere ist unnatürlich, es ist krank; es macht sich in Form einer Beschwerde bemerkbar. Meist handelt es sich beim plötzlichen Krafttierverlust um das Auftreten von akuten Krankheiten, die oft auf folgende Weisen entstehen: Unfälle mit Knochenbrüchen oder Gehirnerschütterung bis hin zu Organquetschungen, Magenkrämpfe und Magen-Darm-Geschwüre, Herzversagen, Nierenkoliken u.v.m. Die Liste ist lang.

Die Natur mag keine Leerräume. Wo etwas fehlt, schleicht sich augenblicklich etwas anderes ein. Wo Kraft und Gesundheit fehlen, tauchen Schwäche und Krankheit auf.

Kommen zu Vernachlässigung von Körper, Geist und Seele akute Erkrankungen wie Magenschleimhautentzündung, eine heftige Infektion, plötzliches Auftreten von Warzen o. Ä. hinzu, dann sollte der Krafttierzurückholung eine Krankheitsbehandlung folgen.

Krankheitsursache Seelenverlust

Doch führt nicht nur Krafttierverlust zu Beschwerden. Ein anderer wichtiger Auslöser liegt aus schamanischer Sicht im Bereich der Seele. Die Psychotherapie spricht in solchen Fällen von partieller Dissoziation, einem durchaus häufigen Phänomen. Den gleichen Zustand nennt der Schamane »Seelenverlust«. Dieser wird als teilweises und manchmal weitgehendes Abhandenkommen der Seele verstanden.

Sich die Lebens- und Handlungsfähigkeit erhalten

Natürlich ist es wichtig, dass das »Abgestumpftsein« gegenüber den Zuständen auf der Welt das Maß, das zur Erhaltung unserer seelischen Gesundheit notwendig ist, nicht übersteigt. Alles andere würde zur Verrohung, nicht zuletzt uns selbst gegenüber führen.

Dazu muss vorausgeschickt werden, dass der Schamane grundsätzlich davon ausgeht, dass ein Mensch im Vollbesitz seiner reinen, ihm gottgegebenen Seele in der rauen Wirklichkeit des Alltags nur schwer lebensfähig wäre.

Nehmen wir zur Illustration dessen ein ganz alltägliches Beispiel: Ein seelisch nicht bis zu einem gewissen Grad »abgebrühter« Mensch könnte wohl kaum die täglichen Nachrichten im Fernsehen oder in der Zeitung verfolgen, ohne angesichts der vielen Kriege, der Berichte über Vergewaltigung und Missbrauch, Unfälle und todbringende Naturkatastrophen seelisch krank zu werden oder gar vor seelischem Schmerz zu sterben. Der Schamane geht davon aus, dass die Seelenteile, die dergleichen nicht ertragen können, sich verabschieden. Das ist durchaus positiv zu bewerten, denn nur so bleibt der Mensch lebens- und handlungsfähig.

Teilweiser Seelenverlust

Ein anderes Beispiel für die teilweise Verabschiedung der Seele kann auch eine dauernde Lärmbelästigung am Arbeitsplatz sein. In solchen Fällen kommt es bei den Betroffenen meist zu einer Verschlechterung des Hörvermögens, vor allem aber zu einem psychischen Defekt, und der wiederum alarmiert die Seele. Teile von ihr gehen dabei verloren.

Erst der partielle Seelenverlust kann uns in einer solchen Situation dazu fähig machen, uns angemessen mit den Gegebenheiten unserer alltäglichen Umwelt auseinanderzusetzen, ohne ständig körperlich und seelisch leiden zu müssen. Ein teilweiser Seelenverlust an sich ist so gesehen ein natürlicher Schutzmechanismus jedes gesunden Menschen gegen größere Beeinträchtigungen.

Krankhafte Formen von Seelenverlust

Nun gibt es auch Seelenverluste, die nichts mit der uns ständig umgebenden Umwelt zu tun haben, sondern mit Ausnahmesituationen. Seelenteile, die sich währenddessen verabschieden, benötigen wir aber, um glücklich, gesund und verantwortungsbewusst leben zu können. Es gibt zahlreiche Ursachen für derartige unerwünschte Formen von Seelenverlust. Dazu gehören vor allem Traumata. Um bei unserem obigen Beispiel zu bleiben: Wie ein einziger lauter Knall das Gehör dauerhaft über die Maßen schädigen kann, so kann ein Trauma einen größeren Seelenteil dazu bewegen, einen Menschen zu verlassen, und dieser fehlt ihm dann im Alltag spürbar.

Die Bandbreite von Trauma-Ursachen ist groß. Sie reicht vom Erlebnis eines Verkehrsunfalls bis hin zu Kindesmissbrauch und Vergewaltigung. Auch übertriebener Schulstress, militärischer Drill oder Erpressung können traumatische Folgen nach sich ziehen. Traumata werden bezüglich der Häufigkeit ihres Auftretens und ihrer dramatischen Auswirkungen auf das künftige Leben der Betroffenen oft stark unterschätzt, da viele diese Erlebnisse verdrängen, um weiterleben zu können.

Psychologisch definiert sind Traumata Schäden durch starke, oft unterschwellig einwirkende seelische Belastungen, die unbewältigt blieben.

Andere Ursachen

Seelenteile können auch auf andere Weise abhanden kommen. Ein Beispiel dafür ist eine tagtäglich durchgehaltene Routine. Dazu gehört etwa das Hören eines Weckers, der 30 Berufsjahre hindurch täglich um 6.15 Uhr läutet. Er kann ein perfekter Seelendieb sein.

Seelendiebstahl können aber auch Menschen begehen, indem sie beispielsweise in einem anderen ständig Schuldgefühle nähren, Mobbing oder Rufmord betreiben, ihn fortwährend hänseln oder ausnutzen.

Auch übertriebene und falsch verstandene Liebe führt zu Seelenverlust, weil sie einen Menschen vom anderen abhängig macht. Eltern, die ihre Kinder abgöttisch lieben und verwöhnen, erziehen niemals seelisch integre Nachkommen.

In manchen Fällen liegt sogar ein freiwilliger Seelenverlust vor. Wer einen anderen Menschen sehr tief liebt, hängt oft seine Seele an ihn. Das fällt bei großer gegenseitiger Liebe zunächst kaum auf. Doch wenn einer der beiden Partner stirbt, dann überlebt ihn der andere in der Regel nur um wenige Monate. Ein Teil seiner Seele wurde bereits mit ins Grab genommen.

Krankheit als seelischer Lückenfüller

Mit Seelenverlust verhält es sich grundsätzlich ähnlich wie mit Krafttierverlust. Wo dem Menschen etwas fehlt, füllt rasch etwas anderes, etwas Fremdes das entstandene Vakuum aus. Es erhält dann allerdings den Charakter einer körperlichen oder seelischen Beschwerde. Weil sich beides gegenseitig bedingt, tritt meist auch beides ein.

Krankheiten sind im schamanischen Sinn grundsätzlich nichts Schlechtes, beinhalten auch keine negativen Energien, bösartige Erreger oder gar böse Geister, die es auszutreiben gilt. Stattdessen handelt es sich bei jeder Beschwerde um bestimmte energetische oder spirituelle Komponenten, die an sich wertneutral sind. Nur befinden sie sich am falschen Ort, also an der Stelle, wo etwa ein Krafttier oder ein Seelenteil fehlt.

Das schamanische Heilungsbestreben beinhaltet deshalb immer zwei Ziele. Es richtet sich zum einen auf die Beseitigung dessen, was stört, und zum anderen auf die Rückführung dessen, was an dieser Stelle fehlt, in erster Linie also des Krafttiers oder eines Seelenteils. Wie das praktisch geschieht, erfahren Sie in den nächsten beiden Kapiteln.

Der Verlust von Seelenteilen macht sich u. a. durch Unausgeglichenheit bemerkbar, das innere Gleichgewicht ist verloren gegangen. Dauerhaft kann er sich in ernsten Krankheiten manifestieren.

Symptome bei Seelenverlust

Bei Seelenverlust stehen bestimmte Verhaltensweisen und Gemütsverfassungen im Vordergrund: unspezifische Daseins- und Zukunftsängste, Hypochondrie, Depressionen und allgemeine Resignation ebenso wie aggressives Verhalten im Sinn einer Vorwärtsverteidigung, Gefühlskälte, übertriebene Empfindlichkeit und Gereiztheit, allgemeine Nervosität, aber auch völliges Abgestumpftsein, mangelnde oder aber maßlos übertriebene Selbstdisziplin sowie allgemeine Plan- und Ziellosigkeit. Häufig treten auch Ersatzhandlungen auf, wie stundenlanges Fernsehen oder unnütze Einkäufe, notwendige Arbeiten, die man sich vorgenommen hat, bleiben unerledigt.

Jede seelische Verletzung wirkt sich langfristig auch auf den Körper aus. So kann sich bei Menschen, die unter Seelenverlust leiden, ein geschwächtes Immunsystem ausprägen, einhergehend mit erhöhter Empfindlichkeit gegen Temperaturwechsel oder Zugluft und vor allem einer größeren Infektanfälligkeit. Häufig besteht auch die verstärkte Neigung zu chronischen Leiden oder immer wiederkehrenden Symptomschüben unterschiedlicher Natur.

Der Verlust der Mitte

Der Verlust der Seele verändert das Verhalten der betroffenen Menschen: Sie sind depressiv, aggressiv, gereizt und haben das Gefühl, ihr Leben nicht mehr selbst in die Hand nehmen zu können. Doch auch körperliche Auswirkungen, wie z.B. ein geschwächtes Immunsystem, sind möglich.

Das Gefühl der Fremdbestimmung

Fragt man die betreffenden Personen nach Gründen oder Ursachen für ihre Lebensweise oder ihr Verhalten, dann machen sie nicht selten Dritte dafür verantwortlich. Der Personenkreis reicht dabei vom Lebenspartner und dem Arbeitgeber bis zum anderen Geschlecht im Allgemeinen oder zur ganzen Gesellschaft. Manchmal entschuldigen sie sich auch mit mangelndem Selbstwertgefühl oder Minderwertigkeitskomplexen, die sie in ihrem Leben und Handeln unfrei machen und sie somit zum Opfer werden lassen.

Oft haben Menschen, die unter krank machendem Seelenverlust leiden, das Gefühl, eigentlich gar nicht selbst zu leben. Sie empfinden sich als fremdbestimmt oder völlig leer. Manchmal haben sie den Eindruck, sich selbst immer bei ihrem Tun und Handeln von außen zu beobachten. Sie stehen in gewisser Weise neben sich und erleben ihr Dasein nicht wirklich.

Der Buddhismus und die von ihm beeinflussten Heilkunden der alten Inder und Chinesen kennen diesen Zustand als Verlust der Mitte. In diesem Zustand ist der Mensch nicht mehr fähig, auf seine innere Stimme, die Intuition, zu hören und ist in erhöhtem Maß anfällig für Beschwerden. Welches Risiko das Gefühl mangelnder eigener Handlungsfähigkeit und Lebensverantwortung im Zusammenhang mit der eigenen Persönlichkeitsentwicklung birgt, zeigt die Hinwendung vieler zu so genannten geistigen Führern und Gurus.

Wenn sich jemand als Opfer fühlt, geht dies damit einher, dass er es zulässt, dass Macht über ihn ausgeübt wird. Damit ist auch immer ein Stück Selbstverantwortung aufgegeben.

Umgang mit Krankheiten

Nachdem Sie die Grundzüge der schamanischen Auffassung vom Wesen der Krankheiten und auch den schamanischen Medizinbegriff kennen gelernt haben, kann es an die praktische Arbeit gehen. Wir wenden uns dem schamanischen Umgang mit Beschwerden zu. Das Wort »heilen« soll in diesem Zusammenhang vorerst gemieden werden, denn Umgehen mit Krankheiten beinhaltet weit mehr.

Ist die Neigung, seinen Gesundheitszustand ständig zu beobachten und zu thematisieren ins Neurotische gesteigert, spricht man von Hypochondrie.

Lindern statt heilen

Werfen wir einen Blick auf die Gesamtsituation: Viele Beschwerden und vor allem dauerhafte Leiden oder körperliche Behinderungen lassen sich kaum beheben. Dazu gehören der Verlust von Gliedmaßen oder Organen, aber auch genetische Defekte. Wichtig ist es in solchen Fällen, Wege zu finden, die dem Patienten das Leben mit seiner Krankheit oder seinem Leiden möglichst erleichtern.

Bei anderen an sich heilbaren Krankheiten oder Leiden hingegen erweist es sich oft als sinnvoller, sie nicht zu kurieren und sie dem Patienten zu lassen. Denn nicht selten sind viele Betroffene eine regelrecht symbiotische Verbindung mit ihren Krankheiten eingegangen. Sie haben sich nicht nur an ihre Beschwerden gewöhnt, sondern brauchen sie mittlerweile tatsächlich zum Leben. Manche ältere Menschen haben ihren Lebensinhalt beispielsweise ganz auf Essen und Trinken, Schlafen und das fortwährende Klagen über ihre Leiden beschränkt. Würde man sie von ihren körperlichen Problemen befreien, sie würden sich schnell neue – und vielleicht ärgere – zulegen. Hier wäre zu erwägen, was das geringere Übel ist.

Manchmal verhindert auch ein relativ harmloses Leiden nachgerade eine schwere Krankheit. So kann ein Zipperlein den Betroffenen möglicherweise davon abhalten, Wettkampfsport zu betreiben und seinen vielleicht von Natur aus schwachen Kreislauf zu sehr zu überfordern. Für einen anderen kann die Krankheit, beispielsweise ein nervöser Hautausschlag, sogar als Stressindikator dienen, der ihm zeigt, wann es Zeit ist, Ruhe zu geben und sich zu entspannen. So beugt er schwereren Stresserkrankungen vor.

Schamanen – Vermittler helfender Kräfte

Sucht ein Klient einen Schamanen auf, um gegen eine bestimmte Beschwerde behandelt zu werden, so wird er eine ungewöhnliche Erfahrung machen. Nicht der Schamane selbst wird entscheiden, ob er die Krankheit heilen, das Leiden lindern oder wie auch immer sonst helfen soll, mit der Beschwerde umzugehen. Diese Aufgabe werden seine spirituellen Begleiter und Lehrer übernehmen. Schließlich darf er es auch gar nicht selbst entscheiden, denn er selbst ist kein Heiler. Ein Schamane ist immer ein Vermittler helfender spiritueller Kräfte.

Was daher äußerlich wie eine Therapie aussehen kann, ist in Wirklichkeit ein Prozess, der sich in der nicht alltäglichen Realität auf spiritueller Ebene abspielt. Allerdings kann dieser durchaus sinnlich wahrnehmbare Resultate zeigen, wie beispielsweise die Heilung von körperlichen Krankheiten. Wie das möglich ist, davon wird im Kapitel »Im Blick der Naturwissenschaften« (Seite 126ff.) die Rede sein. Hier geht es zunächst um die praktische Arbeit des Schamanen.

Die Beschwerde erkennen

Um zu wissen, wie er sich gegenüber einem Klienten verhalten soll, stellt der Schamane erst einmal eine Diagnose. Im Allgemeinen unterscheidet sie sich von einer medizinischen Bestandsaufnahme, doch muss das nicht immer so sein. Ein Schamane kann – auch ohne physiologische Kenntnisse – Defekte im Körperinneren durchaus im klinischen Sinn als solche erkennen.

Zu diesem Zweck gibt es zahlreiche verschiedene schamanische Diagnosetechniken. Einige der wichtigsten sollen hier vorgestellt werden. Wenn Sie mit ihnen arbeiten, werden Sie rasch selbst erkennen, welche Ihnen persönlich am besten liegt und wie Sie diese gegebenenfalls für sich und Ihre eigenen Bedürfnisse abwandeln können.

Spirituelle und andere Helfer

Kümmert sich ein Schamane um einen Kranken, dann ruft er immer seine spirituellen Helfer, auf jeden Fall sein Krafttier herbei. Die meisten Weisen kennen für diese besondere Arbeit neben ihrem persönlichen Krafttier noch andere Helfer für den Umgang mit Beschwerden. Am leichtesten findet man sie, wenn man sich um seinen ersten Klienten kümmert.

Der Schamane stellt sich in den Dienst seiner Helfer. Diese sind es, die ihm den Weg weisen, wie mit den Kümmernissen eines Klienten zu verfahren ist.

In Seminaren, in denen die schamanische Arbeit gelehrt wird, stellt sich in der Regel ein anderer Seminarteilnehmer als »Klient« zur Verfügung. Wollen Sie den Schamanismus jedoch auf eigene Faust kennen lernen, dann seien Sie bitte achtsam bei Ihrer Klientenwahl.

Wer als erster Klient am besten geeignet ist

Familienangehörige und gute Freunde eignen sich nicht gerade hervorragend für Ihre ersten Gehversuche auf diesem Gebiet. Zum einen können Sie diese nicht vorurteilslos diagnostizieren, denn Sie wissen um deren Wehwehchen oder Beschwerden, zum anderen wird man Sie in Ihrer neuen Rolle vielleicht nicht ernst nehmen. Mit völlig fremden Personen sollten Sie aber auch nicht arbeiten. Das wäre unfair diesen gegenüber, denn noch haben Sie keinerlei Erfahrung mit dem Metier. Nur zu leicht könnte so Ihr erster Klient durch Fehlversuche Ihrerseits eine herbe Enttäuschung erfahren.

Am besten schließen Sie sich mit jemandem zusammen, der wie Sie selbst lernen will, schamanisch zu arbeiten. Noch besser ist ein Kreis, in dem man seine Erfahrungen austauschen kann.

Wenn zu einem gut gewählten ersten Klienten noch ein erfahrener Lehrer im Sinne eines Instruktors kommt, ist der Idealfall für die ersten Schritte zum schamanischen Heilen gegeben: das schamanische Fortgeschrittenenseminar.

Schamanische Diagnoseformen

Im Folgenden will ich einen Weg beschreiben, wie Sie Ihre erste Diagnose durchführen und zugleich einen spirituellen Helfer finden können. Nehmen Sie sich dafür rund einen halben Tag Zeit, und informieren Sie Ihren ersten Klienten im Vorfeld auf jeden Fall darüber, was Ihre persönlichen Ziele sind.

Lassen Sie sich möglichst wenig über die körperlichen und eventuell auch seelischen Beschwerden Ihres Klienten erzählen. Je weniger Sie wissen, umso besser. Sie wollen schließlich lernen, objektiv zu arbeiten und nicht etwa »diagnostizieren«, was Sie schon vorher erfahren haben.

Besteht Ihr Klient aber darauf, unbedingt seine Krankheitsgeschichte zu erzählen, dann sollten Sie ihm zuhören. Manchmal trägt es bereits wesentlich zur Genesung bei, wenn man einmal mit einem Unbekannten gründlich über seine Probleme sprechen kann. In diesem Fall lassen Sie sich bei Ihrer anschließenden Diagnose möglichst nicht von den Berichten Ihres Klienten beeinflussen.

Vergleich der Diagnose mit dem Symptombild

Denken Sie bei Ihrer Arbeit daran, dass Sie kein Arzt sind und dass schamanisches Heilen nicht die gezielte Behandlung erkrankter Organe bedeutet. Es kann beispielsweise sein, dass ein Klient Ihnen von seinem Leberleiden berichtet, Ihre Diagnose jedoch überraschend Herzprobleme ergibt. Medizinisch gesehen kann das ganz korrekt sein: Die Herzschwäche führt zu Kreislaufproblemen, die wiederum die Nieren in Mitleidenschaft ziehen. Schließlich erkranken auch sie und sind nicht mehr in der Lage, das Blut gründlich von Giftstoffen zu befreien und auszuleiten. Und mit diesen Stoffen hat schließlich die Leber zu kämpfen.

Die Feststellung seelischer Symptome

Nicht immer freilich muss sich das Bild als physiologisch und pathologisch so klar erweisen. Vielleicht erkennen Sie bei Ihrer Diagnose die Ursache für ein Magenleiden im Hals Ihres Klienten. Hier fehlt selbstverständlich der offensichtliche klinische Zusammenhang. Wenn Sie mit Ihrem Klienten über Ihre Diagnose sprechen, kann es aber durchaus sein, dass dieser sie bestätigt. Vielleicht erzählt er, dass er das Gefühl hätte, seine Sorgen drückten ihm den Hals zu und er hätte Atemprobleme. In einem solchen Fall hätten Sie die seelische Grundlage für das Magenleiden diagnostiziert und im Körper spirituell geortet. Auch wenn der Hals medizinisch gesehen wahrscheinlich völlig gesund ist, werden Sie ihn spirituell behandeln. So ist es möglich, die eigentliche Ursache des Magenleidens zu beseitigen und eine Genesung zu ermöglichen. Vielleicht entfalten so erst nach Ihrem Eingriff die vom Arzt verordneten Magentabletten ihre volle Wirkung.

Versuchen Sie dahin zu kommen, Ihren Verstand bei der Diagnose nicht regulierend auf Ihre Wahrnehmungen einwirken zu lassen, auch wenn diese Sie irritieren oder verwundern sollten.

Wann ärztliche Behandlung notwendig ist

Generell sollten Sie unbedingt vermeiden, in einem Kranken das Gefühl zu erwecken, Ihre Arbeit mache einen Arztbesuch überflüssig. Bitten Sie ihn stattdessen, mit seinem Arzt über Ihre Tätigkeit zu sprechen. Als begleitende Maßnahme, während der Rekonvaleszenz und zur Vorbeugung von Beschwerden kann sich schamanische Arbeit als höchst hilfreich für Gesundheit und Wohlbefinden erweisen. Bei akuten Beschwerden hingegen oder schweren chronischen Krankheiten ist eine ärztliche Grundbetreuung unabdingbar.

Wenn Sie nichts Geeignetes finden, bauen Sie sich selbst eine Rassel. Sie muss – für den Anfang – nichts Kunstvolles sein. Bewährt hat sich die folgende »Bauart«: Man füllt einen Esslöffel voll Mungobohnensamen in eine leere Shampoo-Kunststoffflasche und steckt in deren Hals den Griff eines Schraubenziehers. Das klangliche Ergebnis ist für die hier beschriebene Art schamanischer Diagnose nahezu ideal.

Vorbereitungen zur Diagnose

1 Der Raum, indem Sie die Diagnose durchführen, sollte ruhig und nicht durch Geräusche oder Lichteinflüsse gestört sein.

2 Bitten Sie Ihren Klienten, sich für Ihre erste Diagnose auf den Rücken zu legen. Eine Isoliermatte oder eine längs zusammengelegte Wolldecke auf dem Fußboden sind für die schamanische Diagnose erfahrungsgemäß geeigneter als eine Praxisliege. Ihr Klient soll schließlich bei Ihnen nicht das Gefühl haben, einen Arzt zu konsultieren. Er soll sich dessen bewusst werden, bei einem Schamanen zu sein. Nur dann können Sie richtig mit ihm arbeiten.

3 Stellen Sie eine Kerze in den Raum, und zünden Sie geeignete Räucherstäbchen, wie beispielsweise Padmini, an. Dann dunkeln Sie den Raum weitestgehend ab.

4 Für die eigentliche Arbeit benötigen Sie eine Rassel. Diese sollte für den Zweck der Diagnose nicht sehr laut sein, sondern bei Gebrauch eher leise und gleichmäßig »rauschen«. Ungeeignet sind daher Kalebassen mit rundum gespannten Perlennetzen, wie sie in manchen Dritte-Welt-Läden als Rhythmusinstrumente angeboten werden. Nicht passend, weil sie zu laut klingen, sind auch die meisten in Musikaliengeschäften erhältlichen Rumbarasseln.

5 Stellen Sie sich nun mit der Rassel in Ihrer rechten Hand (wenn Sie Linkshänder sind in Ihrer linken) neben Ihren am Boden liegenden Klienten, und beginnen Sie rhythmisch zu rasseln. Wenn Sie bereits ein eigenes Kraftlied kennen sollten, singen Sie es dabei, und behalten Sie eine gedämpfte Tonlage. Stattdessen können Sie auch summen oder monoton pfeifen.

6 Rufen Sie im Geist Ihr Krafttier, und rasseln Sie so lange weiter, bis Sie Ihr Tier entweder hinter geschlossenen Augen sehen oder seine Gegenwart spüren. Tritt das nicht ein, dann können Ihnen auch andere Merkmale signalisieren, dass Sie mit der Diagnosearbeit beginnen können.
Diese sind meist körperlich spürbarer Natur. Ein kurzes Zittern des ganzen Körpers oder eine Gänsehaut, die sich in Ihrer oberen Rückenmitte ausbreitet, ebenso wie ein Wärmegefühl, das plötzlich Ihren Körper durchströmt, und ähnliche Signale zeigen Ihnen, dass Ihre spirituellen Helfer bereits bei Ihnen sind und Sie sich mit Ihnen an die Arbeit machen können.

Die Arbeit mit der Rassel

1 Knien Sie sich neben Ihren Patienten, etwa auf Höhe von seinem Solarplexus, und halten Sie Ihre linke Hand (bei Linkshändern die rechte) mit der Handfläche nach unten etwa 10 bis 15 Zentimeter über seine Stirn. Mit Ihrer anderen Hand rasseln Sie etwa zehn Zentimeter über seinem linken Handrücken. Bewegen Sie beide Hände weiter rasselnd langsam über den Körper Ihres Klienten von der Stirn über das Gesicht, den Hals, die Schultern, beide Arme nacheinander, die Brust, den Bauch, beide Beine nacheinander bis hinunter zu den Füßen.

2 Bleiben Sie im schamanischen Bewusstseinszustand, und konzentrieren Sie sich auf Ihre Hände. An welchen Stellen des Körpers Ihres Klienten fühlen Sie mit Ihrer linken Hand Wärme, Kälte, Kribbeln oder Fingerzucken? Sind die Übergänge von kalt zu warm stark oder gleitend? Was macht an den Stellen, an denen Sie etwas Besonderes fühlen, die Rassel? Klingt sie wie von selbst schneller, langsamer, lauter, leiser oder arrhythmisch?

3 Sie sollten bei Ihrer ersten Rasseldiagnose den Abstand Ihrer Hände zu Ihrem Klienten immer etwas verändern. Manche Schamanen fühlen näher besser, andere in größerer Entfernung. Auch von Klient zu Klient, von Körperteil zu Körperteil kann der bestmögliche Abstand unterschiedlich sein. Finden Sie ihn selbst heraus. Auf keinen Fall sollten Sie Ihren Klienten bei der Diagnose berühren.

4 Spüren Sie über bestimmten Körperregionen Ihres Klienten Kälte, Wärme, ein Kribbeln in der Handfläche, ein »Ausbrechen« der Rassel o. Ä., dann hüten Sie sich davor, dieses Phänomen sofort verstandesmäßig analysieren zu wollen. Wird Ihre Handfläche über dem Bauch des Klienten besonders warm, dann muss das nicht unbedingt auf ein Magengeschür hinweisen. Vielleicht verdaut er lediglich gerade ein gutes Mittagessen. Und Fingerzucken über dem Herz des Klienten muss keinen bevorstehenden Infarkt ankündigen. Vergewissern Sie sich zuerst einmal, ob sich unter seinem Hemd nicht vielleicht ein Kettchen mit einem Talisman oder einem ähnlichen Kraftobjekt befindet.

5 Schließen Sie, wenn Sie mit den Händen eine »Störstelle« erfühlt haben, Ihre Augen, und versuchen Sie, an dieser Stelle schamanisch in den Körper Ihres Klienten hineinzusehen. Bitten Sie zugleich Ihr Krafttier um Erklärung dessen, was Sie sehen.

Es sei noch einmal betont: Weisen Sie Ihre Klienten eindringlich darauf hin, dass Sie keinesfalls den Arzt ersetzen können und wollen.

Manche angehenden Schamanen brauchen etwas Zeit, um diese Diagnosetechnik zu beherrschen. Sie müssen Ihre eigenen Hände erst kennen lernen. Die meisten Anfänger berichten aber schon bald über deutliche Wahrnehmungen.

Allegorische Bilder richtig verstehen

Erschrecken Sie nicht, wenn Ihnen bei Ihrer Reise in den Körper Ihres Klienten etwas sehr Ungewöhnliches begegnet. Ein befreundeter Schamane sah auf diese Weise einmal im Magen eines Patienten eine gespannte Mausefalle. Sicher hatte sein Klient keine solche verschluckt. Stattdessen erkannte der Schamane sehr genau das allegorische Bild eines gefährlichen Fremdkörpers im Magen. Wie sich später herausstellte, handelte es sich dabei um ein Magengeschwür, das drohte, zum Ausgangspunkt von Magenkrebs zu werden.

Ähnliche bildhafte Informationen sind bei schamanischen Diagnosen nicht selten. So kann ein Schamane beispielsweise auch Glasscherben, rostige Nägel oder eine Schere im Körperinneren seines Klienten sehen. Dabei handelt es sich dann keineswegs um die Überreste einer missglückten Operation oder eines Unfalls. Es sind vielmehr Bilder von Fremdkörpern, die nichts anderes besagen, als dass sich etwas an sich Harmloses an einem Ort befindet, wo es nicht hingehört und Ärger verursacht. Der Schamane wird versuchen, diese Gegenstände zu entfernen. Gelingt es ihm, so wird sein Klient meist sofort oder schon nach kurzer Zeit gesund.

Allegorische Bilder sind ein häufig gebrauchtes Ausdrucksmittel in den großen heiligen Büchern der Menschheit. In der Bibel nennt man sie Gleichnisse.

Klinische Befunde oder der Geist der Krankheit

Nicht immer sieht ein Schamane derartige Bilder. Er kann auch unmittelbar physiologische Defekte erkennen, beispielsweise eine Herzklappe mit rotem, entzündetem Rand, die nicht mehr sauber schließt, ein Blutgerinnsel, das eine Ader verstopft oder einen großen schwarzen Fleck in der Lunge.

Eine dritte Möglichkeit, die dem Schamanen bei der Diagnose zur Verfügung steht, ist es, den »Geist einer Krankheit« zu erkennen. So mag der klinische Befund bei einem Klienten »Milzinsuffizienz« lauten. Der Schamane sieht aber im Körper des Betroffenen einen schleimigen schwarzen Kraken, der im Organismus herumwandert. In diesem Fall erkennt er nicht den Krankheitsherd selbst, sondern die seelische Ursache der Erkrankung. Bei chronischen Leiden ist das häufig der Fall.

Was immer Sie erkennen ist die Grundlage der späteren Behandlung. Bestehen Sie aber nicht darauf, unbedingt in der einen oder anderen Weise sehen zu wollen. Alles was Ihnen angeboten wird, ist eine von Ihren spirituellen Helfern gezielt gegebene Information.

Andere schamanische Diagnoseformen

Die beiden hier beschriebenen Formen haben sich neben der Rasseldiagnose ebenfalls sehr bewährt.

Diagnose mit Gesang

1 Wie bei der ersten Form der Diagnose liegt der Klient vor dem Schamanen auf dem Boden; dieser versetzt sich mit einer Rassel und eventuell einer begleitenden Trommel in den schamanischen Bewusstseinszustand, sucht mit Unterstützung seiner Helfer spirituellen Kontakt mit dem Patienten und beginnt dann zu singen.

2 In Trance beschreibt er während des Rasselns das Krankheitsbild und die für die Genesung vorzunehmenden Maßnahmen. Solche Gesänge verbessern die Kontinuität der schamanischen Reise und intensivieren das Reiseerleben.

Manchmal sind die Texte vom Verstand her für jedermann erfassbar und lassen sich in geeignete Maßnahmen umsetzen. Bisweilen scheint das Resultat auf den ersten Blick orakelhaft und nur der Schamane weiß, was er daraufhin zu tun hat.

Näheres über die wichtige Funktion, die das Singen in der schamanischen Arbeit hat, finden Sie ab Seite 166.

Reise zur Seele

Eine andere bewährte Art der Diagnose mit unmittelbar daraus resultierender Therapieform ist eine Reise zur Seele des Klienten. Er liegt, wie weiter oben beschrieben, neben dem Schamanen auf dem Boden und hält leichten Körperkontakt. Der Schamane unterhält sich während dieser Reise mit der Seele seines Klienten und fragt sie, warum der zu ihr gehörende Körper krank ist und was für sie getan werden kann, damit der Patient wieder gesund wird. Schamanen der Eskimos beispielsweise unternehmen derartige Konsultationsreisen nicht nur zur Seele des Patienten, sondern auch zur Seele eines ganz bestimmten Körperorgans, etwa zur Seele der Leber, der Nieren oder des Blutkreislaufs. Sie fragen diese Organseele auf ihrer Reise, warum es dem betreffenden Organ oder Organsystem schlecht geht und wie man ihm am besten dauerhaft helfen kann. Die Antworten sind in diesen Fällen oft überraschend präzise.

Bei einer Reise für eine Klientin mit erheblichen Milzproblemen erhielt ich auf diese Weise die Anleitung zu einer höchst wirk- und heilsamen Atemtherapie, die dabei half, die Milz gleichsam im Körperinneren zu massieren.

Was bei Ferndiagnose und -heilung zu beachten ist

Reisen zur Seele des Klienten oder zur Seele eines seiner Körperteile bieten sich besonders dort an, wo der Patient selbst gerade nicht erreichbar ist und beispielsweise eine Rasseldiagnose gar nicht möglich ist. Fernheilungen gehören ebenso in dieses Spektrum wie der Umgang mit einem Komapatienten auf einer Intensivstation.

Doch Achtung: Arbeiten Sie niemals für irgendjemanden ohne dessen Wissen und Zustimmung schamanisch. Manchmal bitten Familienangehörige oder Freunde eines an einem anderen Ort wohnenden Kranken, ob man nichts für ihn tun könne. Lehnen Sie ein solches Ansinnen kategorisch ab, und verlangen Sie, dass der Kranke Sie selbst um schamanische Arbeit bittet, auch wenn das nur telefonisch geschehen kann. Kein Mensch sollte ohne seine persönliche Einwilligung schamanisch therapiert werden! Handelt es sich um einen Komapatienten, der nicht ansprechbar ist, dann unternehmen Sie vor jedem Diagnose-, Heilungs- oder Beeinflussungsversuch unbedingt eine Reise zu dessen Seele, und fragen Sie diese, ob sie Hilfe möchte. Jedes andere Vorgehen ist ein ethisch nicht vertretbarer Eingriff in die Privatsphäre eines fremden Menschen, auch wenn die Angehörigen Sie dringend um Ihre Hilfe bitten. Tun Sie dergleichen, dann besteht die Gefahr, dass Sie unversehens vom Schamanismus in den Bereich der schwarzen Magie geraten, wovor eindringlich gewarnt sein soll.

In die Sphäre der schwarzen Magie gehören auch die bei einigen Naturvölkern verbreiteten Verwünschungspraktiken. So können unmoralische Schamanen beispielsweise mit dem so genannten Schadenszauber jemandem Böses zufügen. Sie führen für einen Auftraggeber ein entsprechendes Ritual durch.

Kombinierte Techniken

Manche skeptisch veranlagten Neoschamanen wünschen sich eine Kontrolle für ihre Arbeit. Skepsis bedeutet in diesem Zusammenhang nicht mangelndes Vertrauen in die eigenen Praktiken, sondern ist vielmehr ein Ausdruck von Verantwortungsbewusstsein und gewissenhafter Arbeit. Für sie ist empfehlenswert, mehrere geeignete Methoden der Diagnose und auch der Behandlungsformen miteinander zu verbinden, um ganz sicher zu gehen.

So kann man beispielsweise zuerst eine Rasseldiagnose durchführen, danach die Reise mit der Krankheitsprojektion in den Unterwelteingang (siehe Seite 114) vornehmen und schließlich anhand einer erneuten Rasseldiagnose feststellen, ob und wie weit sich Veränderungen beim Klienten zeigen. Die Ergebnisse sprechen meist für sich.

Medizinpflanzen – schamanische Heilhelfer

Im Normalfall kann auf eine erfolgreiche Rasseldiagnose die schamanische Behandlung folgen. Um die Therapie einzuleiten, sollten Sie mit Ihren schamanischen Heilhelfern vertraut sein. Besprechen Sie mit Ihrem Klienten nach Abschluss der Diagnose, dass Sie sich nun um die passende Medizin kümmern werden, um seine Beschwerde behandeln zu können (sofern Sie diesen Therapieweg wählen). Lassen Sie ihn für ein bis zwei Stunden allein, und begeben Sie sich mit Ihrer Diagnoserassel hinaus in die Natur.

Die schamanische Arbeit mit Medizinpflanzen ist in den Regenwäldern Süd- und Mittelamerikas mit ihrer unübersehbaren Fülle an Pflanzen am höchsten entwickelt.

Vorteile einer ländlichen Umgebung als Behandlungsort

Die ungestörte Suche nach der Medizinpflanze, mit der Sie weiterarbeiten können, ist einer der wichtigsten und wohl einleuchtendsten Gründe dafür, dass Sie Ihre erste Diagnose nicht gerade im Herzen einer Großstadt vornehmen, sondern eher in ländlicher Umgebung. Die Medizinpflanzen, die Sie benötigen, gedeihen nur selten in städtischen Parks. Außerdem ist die Gefahr der Störung durch Spaziergänger oder Verkehrslärm, der in der Nähe tost, zu groß.

Suchen Sie in der näheren Umgebung z.B. eine möglichst naturbelassene Wiese oder einen nicht zu kultivierten Wald auf. Wenn Sie dort angekommen und zur Ruhe gekommen sind, rasseln Sie sich in den schamanischen Bewusstseinszustand wie vor Beginn der Diagnose, bevor Sie Ihre Medizinpflanze suchen.

Medizinpflanzen spielten in schamanischen Gesellschaften schon immer eine große Rolle. Die Azteken zum Beispiel kannten einen gottgleichen schamanischen Pflanzenheiler.

Viele Regenwaldpflanzen haben sich auch im herkömmlichen schulmedizinischen Sinn als äußerst wirksam erwiesen. Ein berühmtes Beispiel dafür ist das aus der Blüte des Fieberrindenbaums gewonnene Chinin. Doch ist ihre Verwendung die Domäne des Medizinmannes und nicht die des Schamanen, der einen völlig anderen Medizinbegriff hat.

Wie Sie Ihre Medizinpflanze finden

1 Sobald Sie sehen oder spüren, dass Sie nicht mehr allein sind, vergegenwärtigen Sie sich noch einmal, was Ihre Hände über Ihrem Klienten gespürt und was Sie dabei gesehen haben. Dann äußern Sie Ihre Mission: »Bitte zeigt mir meine Medizinpflanze, mit der ich meinem Klienten helfen kann.«

2 Gehen Sie dann mit halb geschlossenen Augen langsam weiter, und lassen Sie sich leiten. Suchen Sie nicht gezielt. Achten Sie auf alles, was Sie führen kann: Ihr eigenes Empfinden; Punkte in der Landschaft, die Sie instinktiv anziehen; ein Schmetterling oder ein Vogel, die auffällig vor Ihnen herflattern; scheinbar unmotiviert zitternde Blätter einer Pflanze oder eines Baums, die Sie herbeirufen.

3 Denken Sie nicht nach über diese Wahrnehmungen, sondern gehen Sie, bis Sie das Gefühl haben: Vor mir steht eine Pflanze, die mich innerlich berührt. Halten Sie Ihre linke Hand über sie, und rasseln Sie mit der rechten wie zuvor über Ihrem Klienten. Fragen Sie die Pflanze: »Kannst du mir bei der Arbeit mit meinem Klienten helfen?«

4 Erkennen Sie in Ihrem schamanischen Bewusstseinszustand Zustimmung seitens der Pflanze, dann fragen Sie weiter: »Darf ich vier Teile von dir mitnehmen?« Diese Teile können beispielsweise Blätter, Zweige, Blüten, Früchte, Wurzel- oder Rindenstücke sein. Kleine Pflanzen wie Gänseblümchen oder Pilze wird man sogar ganz mitnehmen, wenn sie es erlauben.

5 Antwortet die Pflanze schon auf Ihre erste Frage gar nicht oder negativ, dann suchen Sie weiter, bis Sie Ihre Medizinpflanze gefunden haben. Das kann schnell gehen, sich aber auch über mehrere Stunden hinziehen.

6 Lassen Sie sich Zeit, bis Sie Ihrer Sache ganz sicher sind; denn diese Pflanze ist nicht nur Ihre Medizin für den gegenwärtigen Klienten, sie wird Sie wahrscheinlich in Ihrer ganzen späteren schamanischen Arbeit im Umgang mit Beschwerden begleiten. Seien Sie nicht enttäuscht, wenn sich herausstellt, dass Ihre Medizinpflanze nichts Ausgefallenes, Exotisches ist, sondern »nur« eine heimische Brombeere, eine Distel oder eine Brennnessel. Diese botanischen Kosmopoliten zum Helfer zu haben, ist sogar sehr nützlich, denn Sie werden sie später meist problemlos überall und immer finden, wo und wann Sie sie brauchen.

Wie Sie Ihre Medizinpflanze finden

7 Am Ende Ihrer Exkursion sollten Sie vier Pflanzenteile oder ganze Pflanzen einer Art mit nach Hause bringen.

8 Um die Behandlung fortzusetzen, werden Sie sich jetzt auf eine schamanische Reise machen. Wenn Sie kein Trommeltonband oder keine Trommel-CD verwenden, sollten Sie sich vorher mit einem interessierten Freund oder einem Bekannten aus Ihrem schamanischen Seminar absprechen, der für Sie trommelt. Ihr Klient sollte das auf keinen Fall tun!

9 Während Ihrer Reise nehmen Sie in jede Hand eines der mitgebrachten Pflanzenteile. Ihre Mission lautet nun: »Ich reise zu meiner Medizinpflanze und frage sie, auf welche Weise ich mit ihr arbeiten kann.«

10 Wenn Sie am Ziel der Reise angelangt sind, können Sie konkrete Unterweisungen erhalten, die die besondere Situation Ihres Klienten betreffen. Es kann sich dabei aber auch um allgemeine Ratschläge für die Zusammenarbeit mit der Pflanze handeln.

11 Gibt es konkrete Anweisungen, wie Ihr Klient die Medizinpflanze gebrauchen soll, dann stehen dafür die beiden noch nicht verwendeten von Ihnen mitgebrachten Pflanzenteile zur Verfügung.

12 Nach diesem Teil der Reise bitten Sie, Ihre Medizinpflanze möge sich Ihnen in der nicht alltäglichen Realität zeigen. Oft sehen Sie sie dann als kleines Tier, z.B. als Insekt, Spinne oder Wurm.

13 Unterhalten Sie sich mit ihm, und nehmen Sie es dann ganz in sich auf: Essen Sie es. Auf diese Weise knüpfen Sie auf der nicht alltäglichen Ebene ein enges Band mit Ihrer Medizinpflanze. Wenn Sie später mit anderen Klienten arbeiten, können Sie auf Ihren Reisen immer das kleine Tier, Ihren Heilungshelfer, zu Hilfe rufen oder um Rat bitten.

14 Als nützlich erweist es sich zudem, wenn Sie außer dem nicht alltäglichen Aspekt Ihrer Medizinpflanze noch mindestens einen weiteren spirituellen Helfer für den Umgang mit Beschwerden kennen lernen. Den Kontakt können Sie ähnlich bewerkstelligen wie die Suche nach Ihrem Krafttier. Lesen Sie hierzu noch einmal Seite 68f. Reisen Sie in die untere Welt mit der Mission: »Ich suche einen Helfer für die Heilungsarbeit mit Klienten.«

Es sei noch einmal betont, dass Schamanen Pflanzen nicht bestimmter, chemisch nachweisbarer Inhaltsstoffe wegen für ihre Arbeit auswählen, sondern dass es um spirituelle Kräfte geht.

Schamanische Behandlungsformen

Alle in den vorangegangenen Kapiteln beschriebenen persönlichen Vorbereitungen müssen Sie nur ein einziges Mal durchführen, um auch in Zukunft schamanisch mit Beschwerden umgehen zu können. Kennen Sie Ihre Medizinpflanze und andere Heilhelfer erst einmal, so können Sie nach der Rasseldiagnose eines Klienten sofort zu seiner Therapie und somit zur Beseitigung der Beschwerden übergehen.

Hierfür stehen dem Schamanen mehrere, vollkommen unterschiedliche Möglichkeiten zur Verfügung. Sie werden zunächst mit einer Methode bekannt gemacht, die sich nahtlos an die Rasseldiagnose anschließen lässt.

Sollten Sie nach einiger Zeit das Gefühl haben, dass sich der Kontakt zu Ihrer Medizinpflanze abschwächt oder dass Sie möglicherweise doch noch nicht die richtige gefunden haben, wiederholen Sie die Suche.

Defizite und Überschüsse

1 Gehen Sie noch einmal mit Ihren Händen und der Rassel zu den Körperstellen Ihres Klienten zurück, wo Sie während der Rasseldiagnose Auffälliges wahrgenommen haben.

2 Fragen Sie dann im schamanischen Bewusstseinszustand Ihre Helfer, ob an diesen Stellen etwas verändert werden sollte. Nicht immer ist das der Fall. Schließlich ist es beispielsweise auch möglich, einen an sich gesunden Verdauungsvorgang als auffällig zu erkennen.

3 Wenn etwas zu ändern ist, fragen Sie, ob hier ein Defizit oder ein Überschuss vorliegt oder beides zugleich.

Ein Defizit kann beispielsweise ein lokaler Energiemangel im weitesten Sinne sein, ausgelöst etwa durch Muskelschwäche, mangelhafte Durchblutung oder Fehlernährung. Ein energetischer Überschuss dagegen liegt beispielsweise bei erhöhtem Zelldruck mit daraus folgenden Gewebeverspannungen, aber auch bei Gallensteinen oder Entzündungen im Körper vor.

Meist gehen Defizit und Überschuss Hand in Hand, denn wo etwas Gesundes fehlt, kann sich leicht etwas Krankes einnisten. Wenn etwa das körpereigene Immunsystem Defizite aufweist, haben Infektionen ein leichtes Spiel.

4 Bitten Sie Ihre Helfer, Ihnen zu zeigen, was zu tun ist, um Defizite aufzufüllen oder Überschüssiges zu entfernen. Ist beides zu erledigen, dann beseitigen Sie erst das Störende, und füllen Sie den entstehenden Leerraum danach energetisch auf.

Die spirituellen Helfer erteilen Rat

Konkrete Anweisungen im Umgang mit den Defiziten oder Überschüssen können an dieser Stelle nicht gegeben werden. Dafür sind einzig und allein und von Fall zu Fall unterschiedlich Ihre spirituellen Helfer zuständig. Manchmal reicht es, wenn Sie mit Ihren Händen – in einigem Abstand über dem Körper Ihres Klienten – Energien verteilen oder ausgleichen, etwa von der linken zur rechten Kopf- oder Körperhälfte hinüber oder vom Oberkörper hinunter zum Unterleib. Bisweilen müssen Sie aber auch beispielsweise eine offene Mausefalle, rostige Nägel oder einen vielleicht von Ihnen als schwarzes schleimiges Wesen mit gelben Augen wahrgenommenen Geist der Krankheit entfernen. Gehen Sie genau nach den Anweisungen Ihrer spirituellen Helfer vor, oder besser noch, bitten Sie sie, es gleich selbst zu bewerkstelligen, und sehen Sie dabei einfach zu.

Die Therapiereise

1 Bewährt hat sich auch die folgende Methode: Nachdem Sie die Diagnose abgeschlossen haben, führen Sie wie oben beschrieben das zweite, gezielte Rasseln über Ihrem Klienten durch.
2 Danach legen Sie sich neben Ihren Klienten auf den Rücken und halten über Schultern, Becken und Fußknöchel losen Körperkontakt zu ihm. Zur Trommelbegleitung unternehmen Sie jetzt eine Reise, während der Sie Ihre Helfer um genaue Instruktionen bitten. Sind es konkrete Handlungsanweisungen, dann setzen Sie diese unmittelbar nach der Reise in die Tat um.

Beispiele für Anweisungen der spirituellen Helfer

Das Spektrum möglicher Instruktionen ist sehr groß. Deshalb sollen hier nur einige typische Beispiele erwähnt werden:
Es kann sein, dass Sie selbst die Mausefalle, den Geist der Krankheit oder etwas Ähnliches entfernen sollen, vielleicht mit Ihren Händen, oder aber mit einem Ihnen genannten Hilfsgegen-

Die Rasseln von Stammesschamanen sind oft außerordentlich kunstvoll gefertigt. Viele haben die Form eines Tieres. Der Erfolg der Arbeit ist aber keineswegs von der Art der Rassel abhängig.

stand. In der Praxis kann das beispielsweise so aussehen, dass Sie einen bestimmten Stein auf den Solarplexus Ihres Klienten legen sollen und dann mit Händen und Rassel alles Störende aus seinem Körper in diesen Stein »schieben«. Dieser wird danach beispielsweise unter fließendem Wasser abgespült oder ins Feuer geworfen.

Haben Sie den Geist der Krankheit gesehen, dann erhalten Sie unter Umständen Anweisungen, wie Sie ihn aus dem Körper des Patienten herauslocken oder heraustreiben können. Werfen Sie den Geist der Krankheit anschließend ins Wasser oder Feuer, oder scheuchen Sie ihn dauerhaft fort, je nachdem, was Ihre Helfer Ihnen empfehlen.

Andere Empfehlungen der Heilhelfer

Nicht selten geben die spirituellen Helfer andere konkrete Verhaltensanweisungen, beispielsweise bezüglich der Ernährungsweise des Klienten, der Gestaltung seines Berufsalltags, der Möglichkeiten des Stress- und Aggressionsabbaus, oder sie empfehlen aufgrund eines bestimmten Leidens einen Arzt zur medizinischen Diagnose aufzusuchen.

Manchmal bekommt auch der Schamane eine Aufgabe gestellt, etwa eine bestimmte Salbe oder einen heilenden Fetisch für seinen Klienten herzustellen oder sich mit ihm über ein bestimmtes Thema zu unterhalten.

In einigen Stammesgesellschaften des Amazonasgebietes wird davon ausgegangen, dass Krankheiten durch magische Pfeile verursacht sind. Zur Beseitigung werden sie aus dem Körper gesogen.

Saugschamanismus und Extraktionen

Unter Stammesschamanen ist z. B. bei einigen Indianergruppen und auf den Philippinen der so genannte Saugschamanismus verbreitet. Dabei saugt der Schamane mit seinem Mund an spirituell von ihm erfahrenen Körperstellen seines Klienten den Geist der Krankheit heraus. Danach spuckt er diesen beispielsweise ins Feuer.

Viele meiner schamanisch arbeitenden Freunde und ich selbst lehnen diese Art der Behandlung allerdings ab, denn sie ist nicht ungefährlich für den Schamanen. Er kann den Geist der Krankheit oder Teile davon dauerhaft in sich aufnehmen. Dagegen helfen auch keine der oft praktizierten Schutzmaßnahmen, wie eine Binde um den Hals, ein Läppchen oder ein Stein im Mund und ähnliche Vorkehrungen.

Versuchen Sie Extraktionen daher auf anderem Weg vorzunehmen, nicht mit Ihrem Mund. Interessant ist in diesem Zusammenhang ein Beispiel, wie philippinische Stammesschamanen bei Extraktionen verfahren.

Unblutige Operationen können heilen

Sie behandeln beispielsweise innere entzündliche Prozesse oft durch Entfernen dieser Körpergewebe mittels unblutig durchgeführter Operationen. Zu diesem Zweck verbirgt der Schamane beispielsweise ein in Hühnerblut getränktes Läppchen in seiner Hand, drückt dann mit der Faust auf den Bauch des Kranken, öffnet danach die Finger und tut so, als hätte er die blutende Masse gerade aus seinem Körper herausgezogen. Andere Schamanen verbergen ähnliche Objekte in ihrem Mund, bevor sie sie zum Vorschein bringen.

Spirituelle Transformationen

Dieses Schauspiel muss man sich folgendermaßen erklären: Im schamanischen Bewusstseinszustand erfährt der Heiler, wie und wo er etwas Überschüssiges aus dem Körper seines Patienten entfernen soll.

Dazu führt er ein bestimmtes Ritual durch oder singt ein Kraftlied. Als Ort wird ihm beispielsweise der Hals, der Bauch oder der Rücken des Betroffenen gezeigt. Treibt der Schamane nun an dieser Stelle die Krankheit oder den Geist der Krankheit aus dem Körper, so muss er darauf achten, dass der Geist der Krankheit sich nicht sofort wieder an einer anderen Stelle einnistet. Also fixiert er ihn an ein Objekt. Der Geist der Krankheit, der sich bisher beispielsweise in einem blutigen Magengeschwür wohl fühlte, bekommt einen ihm vertrauten Ersatz angeboten, etwa einen blutigen Lappen. Und genau diesen zeigt der Schamane seinem Klienten. In ihm steckt die Krankheit, die er aus dem Körper des Kranken entfernt hat.

Ein Schamane spricht dabei nicht von stofflicher Substanz, die entfernt wurde, sondern von spirituellen Realitäten. Die Umwandlung des Stofflichen findet dabei auf spirituellem Weg statt. Auch im christlichen Kulturkreis kennen wir derartige Transformationen. Denken wir nur an das Heilige Abendmahl während eines katholischen Gottesdienstes, bei dem der Leib Christi von den Gläubigen in Form einer spirituell transformierten Oblate verspeist wird. Auch hier geschieht Seelenarbeit.

Die Statistik weist aus, dass überdurchschnittlich viele Schamanen, die die Methode des Saugens durchführen, im mittleren Alter an Krebs sterben.

Krankheitsprojektionen

Ein weiterer bewährter Weg schamanischen Umgangs mit Krankheiten spielt sich ausschließlich während einer schamanischen Reise ab, die in Gegenwart des Klienten erfolgen kann, aber nicht muss. Diese Vorgehensweise bietet sich auch für Fernheilungen an (siehe Seite 106).

Die richtige Vorgehensweise

1 Bringen Sie sich zur geschlagenen Trommel in den schamanischen Bewusstseinszustand, und gehen Sie für Ihren Klienten auf Reise.

2 Sie rufen zunächst Ihre Helfer und Ihr Krafttier herbei und machen sich dann zusammen mit ihnen auf den Ihnen gut bekannten Weg in die untere Welt. Dabei gehen Sie aber nicht besonders weit. Nur der Eingang ist wirklich wichtig, also beispielsweise Ihr Brunnenschacht, Ihr hohler Baum oder Ihr Weg in eine Höhle.

3 Bitten Sie Helfer und Krafttier, die Krankheit Ihres Klienten in den Ihnen vertrauten, »gesunden« Eingang zu übertragen, und achten Sie auf die Veränderungen, die sich nun ergeben. Vielleicht ist der Eingang zur unteren Welt plötzlich durch einen Erdrutsch verschüttet. Er kann auch mit Brettern vernagelt sein. Oder er ist offen, aber schon nach den ersten Schritten bemerken Sie einen Wassereinbruch, der aus einer Seitenwand strömt, größere Abfallhaufen auf dem Boden, eventuell auch ein grimmiges Tier, das Ihnen den Zutritt verwehrt. Es kann vieles sein, was das gewohnte Bild stört.

4 Schalten Sie bitte nicht Ihren Verstand ein, indem Sie sich etwa fragen, ob die Geröllbrocken in Ihrem hohlen Baum auf Gallensteine bei Ihrem Klienten hindeuten. Es geht hier nicht um eine medizinisch-organische Diagnose. Alles spielt sich auf der bildhaften Ebene der Sprache Ihrer Seele ab, auf der der Verstand in diesem Fall nur stört.

Bitten Sie stattdessen Ihre Helfer und Krafttiere, Ihren Eingang in die untere Welt wieder zu reparieren und auf diese Weise das dort hinein projizierte Leiden des Klienten zu beheben. Nicht immer gelingt das vollständig. Aber bekanntlich ist auch nicht jedes Leiden sofort und 100-prozentig mit schulmedizinischen Methoden und Mitteln kurierbar. Oft aber sind die Erfolge ebenso spontan wie phänomenal.

Statt in Ihren gewohnten Eingang zur unteren Welt können Sie sich das Leiden Ihres Klienten auch in eine andere Ihnen gut bekannte Szenerie projizieren lassen, z. B. in die Krone eines Baums, den Sie kennen.

Schutzvorkehrungen

Ein Arzt, der Krankheiten behandelt, trifft im Vorfeld immer bestimmte Vorkehrungsmaßnahmen in puncto Hygiene und Ansteckungsvermeidung. Genauso sollten Sie sich bei der schamanischen Arbeit mit Ihrem Klienten, ebenso wie eventuell weitere anwesende Personen, spirituell schützen. Am sichersten gehen Sie, wenn Sie in einer besonderen Reise zum Thema »Schutzmaßnahmen« Ihr Krafttier oder Ihre anderen Helfer bitten, Ihnen geeignete Vorkehrungen zu erklären. Diese werden für Sie maßgeschneidert sein. Folgende fünf Punkte sollten Sie grundsätzlich bei Ihrer Arbeit mit Beschwerden beherzigen.

Es bedarf einiger Erfahrung, die Bildersprache der Seele wahrzunehmen und zu begreifen, ohne dass dabei der Verstand zu stark mitwirkt.

Spirituelle Vorkehrungsmaßnahmen

1 Bitten Sie Ihren Klienten vor jeder Diagnose oder schamanischen Therapie, alles abzulegen, was die Arbeit energetisch stören könnte, vor allem Kraftobjekte wie Talismane, Schmuck- oder Tierkreissteine, Metallgegenstände und Brillen.

2 Reisen Sie niemals ohne die Begleitung Ihres Krafttiers. Ihre Krankheitshelfer allein reichen nicht. Diese verrichten Arbeiten, die Ihrem Klienten helfen sollen, nicht Ihnen.

3 Was immer Sie aus dem Körper Ihres Klienten spirituell extrahieren, entsorgen Sie es zuverlässig, und werfen Sie es nicht in den Raum, wo es sich in andere Personen einnisten kann.

4 Reinigen Sie nach Ihrer Arbeit mit einem Klienten die verwendeten Werkzeuge (Rassel, Trommel, Hilfsgegenstände) über einer Kerzenflamme, über dem Rauch von Räucherstäbchen oder gegebenenfalls unter fließendem Wasser.

5 Fühlen Sie sich nach Ihrer Arbeit geschwächt oder müde, dann haben Sie etwas falsch gemacht. In diesem Fall haben Sie versucht, Ihrem Klienten aus eigener Kraft heraus zu helfen, ihm eigene Energie abgegeben, statt Helfer und Krafttiere arbeiten zu lassen und die erforderliche Energie aus dem Universum zu beziehen. So gut gemeint Ihre Absicht dabei auch gewesen sein mag, Sie selbst schwächen sich oder gefährden sich sogar ernsthaft. Und Ihrem Klienten ist meist nur vorübergehend durch eine fremde Energie geholfen, mit der er auf Dauer nichts anfangen kann. Richtig gearbeitet haben Sie, wenn Sie sich nach der Behandlung selbst gestärkt und gesund fühlen.

Auch Armbanduhren sind Metallgegenstände, die die schamanische Arbeit stören können.

Mitgefühl und Verständnis aufbringen

An dieser Stelle sind ein paar Worte zum Thema »Mitleid« angebracht. Bringen Sie für die Situation Ihres Klienten tiefes menschliches Verständnis auf, und bringen Sie ihm Ihre ganze Liebe entgegen. Aber leiden Sie nicht mit ihm. Sie schwächen sich damit nur unnötig, und schwache Menschen können anderen weniger gut helfen als starke. Zugleich bekräftigen Sie Ihren Patienten in seinem Leid. Sie zeigen ihm erst, wie arg er betroffen ist, wenn sogar Sie mit ihm leiden. Durch dieses Verhalten können Sie beachtliche autosuggestive Kräfte auslösen, die jeden Heilungsversuch unnötig erschweren.

Verfallen Sie aber auch nicht ins Gegenteil, indem Sie Ihren Klienten aufmuntern wollen, dass er bald wieder gesund sei. Machen Sie niemals Heilungsversprechungen, die Ihren Klienten vielleicht sogar davon abhalten könnten, einen Arzt zu konsultieren. Erweist sich Ihr Optimismus als unzutreffend, dann haben Sie eine entsetzliche Enttäuschung vorprogrammiert; ein akutes Leiden kann sich so ganz rasch in ein chronisches verwandeln.

Vermischen Sie psychologische Arbeit nicht mit schamanischer, wenn Sie nicht zufällig ausgebildeter Psychologe sind, und spielen Sie nicht den Arzt.

Seelenrückführungen

Dass neben Krafttierverlust, neben Defiziten und Überschüssen im Körper auch der Verlust von Seelenteilen zu Beschwerden führen kann, davon war bereits die Rede. In diesem Kapitel geht es darum, wie und wann man einem Klienten abhanden gekommene Seelenteile wieder zurückbringen kann. Das Vorgehen hierbei ist grundsätzlich immer das gleiche, das Ergebnis kann aber von Fall zu Fall unterschiedlich sein.

> **Faktoren, die eine Seelenrückführung beeinflussen**
>
> Entscheidend dafür sind vor allem vier Fragen:
> - Bei welcher Gelegenheit ging ein Seelenteil verloren?
> - Wie lange liegt der Seelenverlust zurück?
> - Wie viele Seelenanteile fehlen?
> - In welchen Verhältnissen lebt der Klient zurzeit?
>
> Gemeinsam bestimmen diese Parameter, wie der Schamane die Seelenrückführung erlebt und welche Auswirkungen sie für den Klienten haben.

Verständnis als Ausgangsbasis

Vor seiner zeremoniellen Rindenhütte hat ein sibirischer Schamane bei Irkutsk die Seelen seiner Klienten als Holzschnitzereien dargestellt.

Vergegenwärtigung von Symptomen und Ursachen

Zunächst geben Ihnen die Symptome einen ersten Hinweis darauf, ob es ratsam ist, ein Krafttier zurückzubringen, eine Krankheitsbehandlung vorzunehmen oder Seelenteile zurückzuführen (siehe hierzu Seite 92ff.).

Für den Schamanen ist es wichtig, dass er sich der unterschiedlichen Auslöser insgesamt bewusst ist. Im konkreten Fall braucht er die jeweilige Ursache aber nicht zu kennen. Meist erfährt er sie während der Reise, die er für einen Klienten unternimmt, ohnehin. Ebenso verhält es sich mit dem Zeitpunkt des Seelenverlustes. Beides hat Auswirkungen darauf, wie schnell und auf welche Weise sich die Folgen einer Seelenrückführung beim Klienten zeigen.

Wie lange die Integration von Seelenteilen dauert

Liegt dem Seelenverlust beispielsweise ein Trauma zugrunde, das kaum einen Monat alt ist, dann ist es für den Klienten meist nicht besonders schwer, den vom Schamanen zurückgebrachten Seelenteil sofort wieder in seine Persönlichkeit zu integrieren. Er ist ihm schließlich noch sehr vertraut.

Liegt ein traumatischer oder ein schleichender Seelenverlust aber mehrere Jahrzehnte zurück, basiert also beispielsweise das von Minderwertigkeitskomplexen geprägte unsichere Verhalten eines Klienten auf seelenraubender, allzu strenger Erziehung im frühen Kindesalter, dann kann der Integrationsprozess der See-

Auch macht es einen Unterschied, ob das Trauma durch ein einmaliges Ereignis ausgelöst wurde (beispielsweise einen Unfall) oder ob es um eine lang andauernde seelische Belastung geht.

lenteile mehrere Wochen bis Monate in Anspruch nehmen. Der Erwachsene muss sich in einem solchen Fall erst wieder vorsichtig mit dem kleinen Kind vertraut machen, das er selbst einmal war, das ihm lange Jahre gefehlt hat und das seinerseits einen erheblichen Nachholbedarf im Leben hat.

Die schamanische Arbeit ist häufig sehr viel effektiver als eine Psychotherapie, die Jahre dauern kann. Der Schamane nimmt dem Klienten die Aufgabe ab, die Ursachen für seine Leiden herauszufinden und bringt ihm die verlorenen Teile seiner Seele zurück.

Ein Fallbeispiel

Eine etwa 35-jährige, sehr intelligente Frau gab sich in allen Lebenssituationen ausgesprochen gehemmt und schüchtern. Sie unterstrich das rein äußerlich durch sehr konservatives Verhalten und besonders unauffällige Kleidung. Die schamanische Arbeit mit ihr ergab, dass sie einen schleichenden Seelenverlust als kleines Mädchen erlitten hatte, als ihre Eltern sie in die Rolle der Musterschülerin drängten. Sie erkämpfte sich diese Rolle bereitwillig durch stumpfe Strebsamkeit, denn sie liebte ihre Eltern und wollte sich durch ihr Verhalten deren Liebe erkaufen. Ein Teil der Kinderseele kam dabei nicht auf seine Kosten und verabschiedete sich. Einen weiteren Seelenverlust erlitt die junge Frau im Alter von 17 bis 18 Jahren. Sie erlebte, wie andere Teenager flirteten, Freunde fanden und abends ausgingen. Eigene zaghafte Versuche in dieser Richtung wurden von den anderen verschmäht oder sogar mit Spott quittiert.

Beide verlorenen Seelenteile wurden der jungen Frau durch die schamanische Seelenrückführung gebracht. Schon kurze Zeit später stellte sie ein belustigendes Gefühl der Ratlosigkeit in sich fest. Sie hatte beide Mädchen kennen gelernt, spürte beide in sich und hatte jetzt das Gefühl, drei Menschen mit ihren ganz unterschiedlichen Bedürfnissen zu sein. Während das siebenjährige Mädchen sich flippig anziehen und auf Bäume klettern wollte, bevorzugte der Teenager elegante Kleidung, wollte verführerisch aussehen und wirken, in Konzerte gehen und Kontakte zu anderen Menschen knüpfen. Sie selbst legte auch bereits ein anderes Kleidungsverhalten an den Tag und rätselte darüber, wie sie den Anforderungen der beiden anderen nun Rechnung tragen könne.

Es dauerte einige Monate, bis alle drei Persönlichkeitskomponenten zu einem einzigen, seelisch ganzen Menschen verschmolzen. Die Frau strahlte jetzt eine neue Selbstsicherheit und Persönlichkeit aus. Schließlich durfte sie nun ihre verlorene Kindheit und Jugend emotional doch noch erleben und so ihr Dasein endlich komplettieren.

Wann eine Seelenrückführung nicht sinnvoll ist

Solche Integrationsprozesse sind nicht immer leicht, besonders, wenn sie für den betroffenen Menschen oder auch für einen zurückkehrenden Seelenteil zu Auseinandersetzungen führen können, denen beide nicht gewachsen sind. Das kann so weit gehen, dass sich ein zurückgebrachter Seelenteil sofort wieder verabschiedet. Und dann dürfte er kaum ein zweites Mal zurückzuholen sein. Hat ein Betroffener beispielsweise Seelenverlust erlitten, weil er sich durch Spielleidenschaft ruinierte und ist er inzwischen zusätzlich der Alkohol- oder Drogensucht verfallen, dann ist es äußerst unwahrscheinlich, dass sich ein zurückkehrender Seelenteil bei ihm wohl fühlt.

Überzeugungsarbeit für die Seele

Anders kann es sich in einem nach außen scheinbar ähnlichen Fall verhalten: Ein Klient erlitt einen Seelenverlust aufgrund eines schweren Unfalls, bei dem er geliebte Menschen verlor. Daraufhin begann er zu spielen und später zu trinken. In diesem Fall ist das auslösende Ereignis nicht mit den Problemen des Ist-Zustands identisch.

Der Schamane kann in einem solchen Fall mit der Seele verhandeln. Schließlich ist der zu ihr gehörende Mensch spiel- und alkoholsüchtig geworden, weil seine Seele ihn verlassen hat. Der Schock, der das Verschwinden verursachte, war ein einmaliges Ereignis. So etwas wird ihm und seiner Seele nicht wieder begegnen. Doch der Mensch braucht die Seele jetzt, damit er wieder zu spielen und zu trinken aufhört. Sehr wahrscheinlich kann diesem Klienten mit einer Seelenrückführung entscheidend geholfen werden.

Ein verantwortungsvoll handelnder Schamane bezieht die Lebensbedingungen seiner Klienten mit ein und ist, so gesehen, auch Sozialarbeiter und Seelsorger.

Die Einbindung in ein fürsorgliches soziales Umfeld

Weil aber die Integration der Seele Kraft von einem Schwachen, von einem Süchtigen erfordert, wird er sie allein nur schwer bewältigen. Er braucht Menschen, die sich bei seiner Umorientierung und dem Neustart um ihn kümmern und mit denen er reden kann. Das können Familienangehörige, Freunde, eine Selbsthilfegruppe oder auch psychologische Betreuer sein.

Fehlen jegliche soziale Kontakte, dann ist es auf jeden Fall zu früh für eine Seelenrückführung. Der Schamane muss erst Mittel und Wege finden, seinen Klienten wieder sozial einzubinden, wenn er ihm dauerhaft helfen will.

Nun ist in unserer Gesellschaft das Kontakteknüpfen erheblich schwerer als in den Stammessippen der Naturvölker. Und meist fordert es konkretes Eingreifen in die alltägliche Realität. Sie können beispielsweise mit Arbeitskollegen Ihres Klienten oder mit seinen Nachbarn sprechen, wenn er damit einverstanden ist, und diese um Verständnis bitten. Sagen Sie ihnen ruhig, dass unter ihnen ein Mensch lebt, der einen schweren Schicksalsschlag erlitten hat. Jetzt setzt er alles daran, wieder Boden unter den Füßen zu gewinnen und braucht dazu Hilfe. Erst danach sollten Sie eine Seelenrückführung vornehmen.

Verständigen Sie sich mit Ihrem Klienten bereits im Vorfeld über die Rückführung der Seele in seinen Körper. Das ist von großer Wichtigkeit, denn viele Menschen haben, wenn es um sehr persönliche Dinge geht, große Berührungsängste.

Das praktische Vorgehen

Die Umsetzung dieser Arbeit ist relativ einfach, fordert aber Vertrauen des Schamanen in seine Krafttiere und seine eigene Fähigkeit, schamanisch zu reisen. Besonders Anfänger quält erfahrungsgemäß immer wieder die Frage, ob das Erlebte wirklich oder nur eingebildet ist, ob es sich dabei um saubere schamanische Arbeit oder nur ein Produkt der Phantasie handelt.

Es ist kaum möglich, sich das selbst zu beantworten. Aber seien Sie versichert: Wenn Ihnen Ihr Klient nach der Rückführung bestätigt, dass sich das, was Sie gesehen haben, in seinem Leben tatsächlich abgespielt hat und wenn Sie erleben, was die Seelenrückführung in ihm bewirkt, dann geht es Ihnen wieder besser. Nach dem zehnten Mal beginnen Sie, mehr Vertrauen in die eigene Arbeit zu setzen. Dann wissen Sie, was Sie tun und bewirken. Auch hier macht nur Übung den Meister.

Vorbereitungen

Zunächst erklären Sie Ihrem Klienten, was der Schamane unter Seelenverlust versteht und wie es dazu kommen kann. Vergessen Sie nicht zu erwähnen, dass Seelenverlust ein gesunder Mechanismus ist, und dass eine Rückführung nur dann sinnvoll ist, wenn ein Teil fehlt, das man im täglichen Leben braucht.

Sagen Sie Ihrem Klienten auch, dass Sie ihn – sofern die Rückführung erfolgreich ist – anschließend körperlich berühren werden. Sie werden ihm den Seelenteil in der Gegend seines Solarplexus und in sein Schädeldach einhauchen. Fragen Sie ihn unbedingt, ob er damit einverstanden ist. Schließlich sind Berührungen eine sehr viel Vertrauen erfordernde Geste.

Die Suche nach den Seelenteilen

Wie bei der Krafttiersuche legen Sie sich neben Ihren Klienten auf den Boden und halten Körperkontakt. Dann beginnt die Trommel. Ihre Mission heißt: »Ich reise zu meinem Krafttier (oder zu einem anderen geeigneten spirituellen Helfer) und bitte, mich zum verlorenen Seelenteil von XY zu bringen.«

Die Reise führt Sie durch Raum und Zeit. Vielleicht gelangen Sie in das Heimatdorf oder auf einen anderen Kontinent, auf dem Ihr Klient früher lebte. Vielleicht finden Sie sich aber auch an einem Ort wieder, der auf der Landkarte nicht existiert, sehen aber genau das Elternhaus, die Schule oder den Arbeitsplatz Ihres Klienten. Hier hat sich seine Seele verabschiedet. Es kann auch vorkommen, dass Sie keine Details erkennen. Stattdessen hören Sie beispielsweise einen Wecker schrillen und sehen einen Mann erschreckt aufspringen.

Der Erfolg einer Seelenrückführung hängt maßgeblich von der Integrität des Rückführenden ab, der sich vermittelnd und handelnd zur Verfügung stellt.

Orte, an denen sich die Seelenteile aufhalten können

Die Seele ist in diesen Fällen an dem Platz geblieben, wo Sie Ihren Klienten verließ. Sie werden ihr als Kind oder als Erwachsenem begegnen und können mit ihr sprechen. Misshandelte Kinderseelen sieht der Schamane nicht selten in einer trostlosen finsteren Grotte, die allgemein als Höhle der verlorenen Kinder bezeichnet wird.

War der Seelenverlust nicht an konkrete Ereignisse gebunden, sondern etwa an eine schwere Krankheit oder an ständige quälende Hänseleien, dann müssen Sie oft sehr weit reisen, um das Seelenteil zu finden. Manchmal entdecken Sie es weit draußen im Universum in einem leeren, dunklen Raum.

Gespräche mit der Seele

Wo und wann immer Sie die Seele Ihres Klienten finden, erklären Sie ihr, warum Sie gekommen sind. Sagen Sie ihr, dass der Mensch, zu dem sie gehört, sie braucht und sie erwartet. Zeigen Sie ihr, ob und wie sich seine Situation verändert hat, die zur Flucht der Seele geführt hatte.

Ist die Seele für solche Gespräche unzugänglich, sei es aus Furcht oder Wut, dann nähern Sie sich ihr auf andere Weise. Legen Sie ein Geschenk vor sie, beispielsweise eine leuchtende Kugel oder einen strahlenden Kristall. Gewinnen Sie ihr Vertrauen. Überzeugen Sie sie von Ihrer ehrlichen Absicht. Auf keinen Fall sollten Sie sie überreden oder gar versuchen sie auszutricksen.

Wie Sie die Seele vom Mitkommen überzeugen können

Scheitern all Ihre Bemühungen, bitten Sie Ihr Krafttier, die Arbeit zu übernehmen. So können Sie auch von Anfang an vorgehen. Sie lernen dabei viel über den Umgang mit menschlichen Seelen. Ist die Seele schließlich bereit, mit Ihnen zu kommen, dann fragen Sie sie, ob noch ein wichtiger Seelenteil, den Ihr Klient jetzt braucht, fehlt. Ist dies der Fall, bitten Sie sie, ihn gemeinsam aufzusuchen, um ihn auch zum Mitgehen zu bewegen. Miteinander ziehen Sie dann weiter.

Die Rückkehr

Vor der Rückreise zu Ihrem Klienten bitten Sie unbedingt das Krafttier oder einen anderen Helfer, die Seele zu heilen, falls sie verletzt sein sollte. Achten Sie darauf, wie das geschieht und wie die Seele reagiert. Danach treten Sie sofort den Rückweg an. Vergewissern Sie sich, dass Sie die Seele unterwegs nicht verlieren. Sofort nach der Reise knien Sie sich neben Ihren Klienten und blasen ihm den Seelenteil oder die Seelenteile wie bei der »Krafttiersuche für einen Partner« (siehe Seite 72) in den Solarplexus und in das Zentrum der Schädeldecke. Begrüßen Sie sie mit: »Willkommen daheim!«, und »versiegeln« Sie sie durch kreisförmiges Rasseln über dem Kopf Ihres Klienten.

Mehr als zwei, höchstens drei Seelenteile sollten Sie nicht zurückführen, sonst gestaltet sich die Integration für Ihren Klienten zu schwierig. Selbst wenn noch Wichtiges fehlen sollte, warten Sie bis zur nächsten Rückführung mindestens sechs Monate.

Die Zeit nach der Seelenrückführung

Anschließend fragen Sie Ihren Klienten, wie es ihm geht. Erzählen Sie ihm, wo Sie waren, was Sie erlebt und ihm mitgebracht haben. Ist das von Ihnen Gesehene sehr tragisch, so beginnen Sie Ihren Bericht mit großer Vorsicht. Es ist nicht erforderlich, eine Frau mit einem Vergewaltigungstrauma zu konfrontieren, wenn sie es erfolgreich verdrängt hat. Es genügt, wenn Sie ihr beispielsweise sagen, dass Sie sie als achtjähriges Mädchen gesehen haben, das sehr weinte, weil es offenbar etwas Schreckliches erlebt hat. Sie können auch flunkern, dass Sie nicht gesehen hätten, was genau geschehen ist. Erst wenn Ihre Klientin zeigt, dass sie weiß, was ihr widerfuhr, dürfen Sie weiterberichten. Im Gegensatz zu manchen tiefenpsychologischen Methoden, bei denen das erneute Durchleben eines Traumas die Befreiung von diesem bringen kann, ist das bei der Seelenrückführung nicht nötig.

Arten der Reiseerlebnisse

Bedenken Sie auch, dass das von Ihnen auf der Reise Erlebte zum einen genau die vergangene Lebenswirklichkeit Ihres Klienten widerspiegeln kann, dass diese aber auch parabelhaft dargestellt gewesen sein kann. So haben Sie vielleicht einen 15-Jährigen aus einem brennenden Haus laufen sehen. Das kann durchaus bedeuten, dass dem jungen Mann im seelischen Sinn der Boden unter den Füßen zu heiß wurde und seine Seele Hals über Kopf floh. Ein wirkliches Feuer hat es dabei aber nicht gegeben.

Oft kann der Schamane selbst mit solchen Bildern weitaus weniger anfangen als sein Klient, dem er davon mit dem Hinweis auf den möglichen Gleichnischarakter berichtet.

Es ist wichtig, dem Klienten die Reiseerlebnisse mit Umsicht und Behutsamkeit nahe zu bringen und sie zunächst einmal als Gleichnis zu verstehen zu geben, statt als konkrete Ereignisse.

Fragen beantworten

Nach der Seelenrückführung sollten Sie Fragen Ihres Klienten beantworten. Gehen Sie hier nur soweit, wie Sie aufgrund Ihrer bisherigen Reiseerlebnisse und der Erfahrungen aus Ihrer schamanischen Arbeit wirklich antworten können. Erfinden Sie nichts, und lassen Sie sich auf keinen Fall in die Rolle eines psychologischen Lebenberaters oder eines Freundes drängen. Sie können mit einer solchen Einstellung vieles zerstören. Halten Sie sich in dieser Situation mit Ratschlägen auch dann zurück, wenn Sie Psychologe oder Psychotherapeut sind.

Sollte Ihnen Ihr Klient jedoch verstört und hilflos vorkommen, dann sorgen Sie dafür, dass er sich entspannt, und vertrösten Sie ihn auf die kommenden Tage. In den meisten Fällen stellen sich die richtigen Antworten auf seine Fragen ganz von selbst ein.

Das geschieht nicht nur subjektiv durch »Aha-Momente«, es kann sich auch sehr überraschend anderes in der Außenwelt ereignen. Vielleicht lernt Ihr Klient neue Menschen kennen, die gerade jetzt sein Leben bereichern, oder er findet überraschend einen neuen Arbeitsplatz. Schamanismus ist keine psychologische Arbeit, sondern spirituelle; und diese greift weit über einzelne Personen hinaus.

Noch ein Letztes sollten Sie Ihrem Klienten ans Herz legen: Ein bis zwei Tage nach der Seelenrückführung sollte er allen möglichen Stresssituationen ausweichen. Sind diese schon im Vorfeld abzusehen, dann verschieben Sie die Seelenrückführung. Auch auf den Genuss von Alkohol sollte Ihr Klient während der nächsten 48 Stunden verzichten.

Schamanische Selbstbehandlung

An dieser Stelle stellt sich die Frage, wie es um die Selbsttherapie durch schamanische Arbeit bestellt ist. Es hat sich gezeigt, dass sich eine schamanische Selbstbehandlung wesentlich schwieriger gestaltet als die Arbeit für andere.

Man kann nicht mit Bestimmtheit sagen, warum sich das im Einzelnen so verhält. Vermutlich liegt es im Wesen des Schamanismus selbst begründet. Schließlich beruht er auf Altruismus, Uneigennützigkeit und Miteinander. Fremdheilung ist ein a priori altruistisches Handeln, Selbstheilung dagegen ein eher egoistisches Unterfangen.

Am einfachsten ist es sicher, Sie wenden sich zur Behandlung vertrauensvoll an einen anderen Schamanen. Auch ein Zahnarzt sucht bei Zahnschmerzen schließlich einen Kollegen auf.

Voraussetzung – Veränderungen bei sich selbst zulassen

Es gibt aber noch einen weiteren Gesichtspunkt, den es zu beachten gilt. Wer heilt, darf nicht nur die Symptome einer Krankheit beseitigen, er muss das Übel mitsamt den Wurzeln entfernen. Und das bedingt oft einen körperlichen, wie auch einen seelischen Wandel des Gesundenden. Daraus folgt in der Regel auch eine Umstellung von Alltagsgepflogenheiten und die Revision von bestimmten Weltbildern. Es entspricht nun dem Gesetz der menschlichen Trägheit, dass man sich gegen derartige Veränderungen zunächst einmal wehrt. Behandelt man allerdings einen anderen Menschen, dann kann man diesen Abwehrmechanismus wesentlich leichter durchbrechen, als man das bei sich selbst schaffen würde.

Selbstheilung ist Selbstbeeinflussung – ein Experiment

Bitten Sie einen Freund, eine seiner Hände zur Faust zu ballen und vor sich zu halten. Versuchen Sie dann, mit Ihrer flachen Rechten die Faust fortzudrücken. Das gelingt, wenn Sie stärker als Ihr Gegenüber sind, durch Kraft und bei körperlicher Unterlegenheit einfach durch ruckartiges Schieben.

Jetzt vollziehen Sie dasselbe Experiment mit Ihren eigenen Händen: Drücken Sie Ihre linke Faust mit Ihrer flachen rechten Hand fort. Ist das allein durch Kraft nicht möglich, so versuchen Sie es mit einer Überraschungsattacke.

Sie werden deutlich erkennen, wo eines der Grundprobleme der Selbstheilung, oder sagen wir besser, der Selbstbeeinflussung, liegt. Man benötigt, um in unserem Bild zu bleiben, eine äußere Instanz oder Kraft, die die eigene Faust fortdrückt.

Die Kunst des Bittens

Diese äußere Instanz kann Ihr Krafttier oder Ihr Lehrer sein. Um sich selbst zu behandeln, wenden Sie sich an diese mit der Bitte um Heilung. Die Frage, warum Sie unter einer bestimmten Krankheit leiden und was Sie dagegen unternehmen können, bietet sich nicht an. Bitten Sie stattdessen, dass Ihr Helfer Sie von Ihrer Beschwerde befreit. Seien Sie dabei demütig und vertrauensvoll zugleich, und geben Sie nicht auf, wenn es nicht auf Anhieb klappt.

Vor einer solchen Bitte sollten Sie sich gründlich überlegen, ob Sie auch wirklich gesund werden möchten. Fragen Sie sich, was mit Ihnen schlimmstenfalls geschehen könnte, wenn Sie beschwerdefrei sind. Denn manchmal flüchtet sich der Körper in Krankheitssymptome wie Rücken- oder Kopfschmerzen, um beispielsweise der seelischen Ausnutzung oder Überforderung durch Dritte vorzubeugen. Nicht selten sendet die Seele dem Körper so auch Zeichen, dass es höchste Zeit ist, etwas im Leben zu ändern. So kann sie beispielsweise unbändiges Karrierestreben mit einem Herzinfarkt schnell zunichte machen. Man sieht schnell ein, dass in solchen Fällen nur die Bitte um Heilung von einer Beschwerde ebenso sinnlos wie gefährlich wäre. Schlimmeres könnte die Folge sein. Bitten Sie lieber um persönliche Integrität, Uneigennützigkeit und seelische Kraft und Gesundheit als um körperliche Heilung. Die stellt sich dann meist von selbst ein. Und lernen Sie Geduld; Geduld mit sich selbst und mit anderen. Ungeduld ist ein idealer Nährboden für seelische und körperliche Krankheiten aller Art.

Lernen Sie Geduld; Geduld mit sich selbst und mit anderen. Ungeduld ist ein idealer Nährboden für seelische und körperliche Krankheiten aller Art.

Geduld, Toleranz und Liebe

Bitten Sie Ihre Krafttiere und Lehrer um Geduld, Toleranz und Liebe. Aber verwechseln Sie dabei nicht Geduld mit passiver Leidensbereitschaft, Toleranz nicht mit Gleichgültigkeit und Liebe nicht mit einem Helfersyndrom.

Bitten Sie um Sanftmut, und seien Sie sich gleichzeitig dessen bewusst, dass das Praktizieren von Sanftmut in unserem Kulturkreis oft große Kraft und Ellbogenfreiheit erfordert.

Vermeiden Sie auch Perfektionismus. Den absolut gesunden Menschen gibt es nicht. Streben Sie nicht dieses unerreichbare Ziel an; der hartnäckige Versuch würde Sie erst recht krank machen. Bitten Sie Ihre schamanischen Helfer um Ihren persönlichen Bestzustand, nicht um Perfektion.

Es war bereits davon die Rede, dass Beschwerden auch eine positive Funktion haben können und dass es nicht immer darum geht, auf deren Beseitigung hinzuarbeiten.

Im Blick der Naturwissenschaften

Schamanismus ist keine Esoterik. Unter Esoterik versteht man geheime, mystische, okkulte Lehren, Riten und Gebräuche. Schamanismus ist weder geheim noch mystisch, sondern pragmatisches Wahrnehmen und Handeln im Alltag. Dennoch versuchen viele Esoteriker, den Schamanismus für sich in Anspruch zu nehmen. Wie falsch sie damit liegen, möchte dieses Kapitel erhellen. Wem naturwissenschaftliches Denken nicht liegt, der mag es überblättern. Wer aber mit kritischer Neugier gesegnet ist, wird es wahrscheinlich mit größtem Interesse lesen.

Schamanismus und Wissenschaft

Nach den vorausgegangenen ersten Anleitungen zur praktischen schamanischen Arbeit ist es jetzt an der Zeit, etwas wissenschaftlich fundiertes Hintergrundwissen für die schamanische Arbeit zu vermitteln. Dies geschieht mit dem Gedanken, das Bisherige zu stützen und Tendenzen der Abschweifung in Unglauben einerseits und Aberglauben andererseits vorzubeugen. Schließlich ist die Gefahr besonders für den schamanischen Neuling nicht unbeträchtlich, dass er seine erfolgreiche schamanische Arbeit als logisch unmöglich anzweifelt oder, im anderen Extrem, nun alles in der Welt für möglich hält.

Bei den vergleichenden Religionswissenschaftlern ist in erster Linie der Rumäne Mircea Eliade (1907–1986) zu nennen, der sich in seinen Forschungsarbeiten intensiv mit dem Schamanismus auseinandergesetzt hat.

Zurückhaltung der Naturwissenschaften

Wer Schamanismus und Wissenschaft in einem Atemzug nennt, denkt meistens an die Ethnologie, die Völkerkunde. In der Tat befassten sich bis vor kurzem kaum andere Wissenschaftler als Völkerkundler oder einige vergleichende Religionswissenschaftler mit dem Phänomen Schamanismus. Sie aber begnügten sich mit dessen Beschreibung. Seine Erforschung bleibt den Naturwissenschaftlern vorbehalten.

Physiker, Biologen und auch Mediziner vermieden lange Zeit dieses Thema, das vorschnell als Aberglaube oder Scharlatanerie abgetan wurde. Mir selbst ging es als ausgebildetem Naturwissenschaftler nicht anders. Als ich begann, mich mit der Arbeit neoschamanischer Kreise zu befassen, geschah das in der Absicht, diese systematisch zu widerlegen. Das Ansinnen war zum Scheitern verurteilt. Schon rasch hielt ich Beweise für die unbestreitbare Wirkweise des Schamanismus in den Händen.

Welche Wissenschaften sich zur Erklärung eignen

Um es gleich vorweg zu nehmen: Wir sind heute noch weit davon entfernt, alle Wirkungsweisen und Zusammenhänge schamanischer Arbeit zu begreifen. Das liegt nicht zuletzt im bisherigen Desinteresse der Naturwissenschaften gegenüber dem Schamanismus. Auch die herablassende oder sogar ignorante Haltung der meisten Neoschamanen gegenüber wissenschaftlicher Methodik legte der Erforschung dieser Art der spirituellen Arbeit eher Steine in den Weg. Dabei gehören die Erklärungsversuche dieses Phänomens mit zu dem Aufregendsten, was uns die wissenschaftliche Zukunft bieten kann.

In der Tat fehlt es nicht an entsprechenden Ansatzpunkten. Diese knüpfen meist nicht direkt an den Schamanismus selbst an, sondern stammen in der Regel aus anderen Quellen, wie der Neurologie, Immunologie und Quantenphysik; viele dieser Wissenschaftszweige sind durchaus geeignet, schamanisches Geschehen aus naturwissenschaftlicher Sicht plausibel erscheinen zu lassen.

Komplexe Wirkungsebenen

Jeder naturwissenschaftliche Erklärungsversuch muss von der Frage ausgehen, welches Objekt oder Thema erklärt oder widerlegt werden soll. Schon die Antwort darauf ist hinsichtlich des Schamanismus komplex, denn die schamanische Arbeit hat mehrere Wirkungsebenen.

Die Psyche

Die meisten Neoschamanen erklären, sie würden rein spirituell und nicht psychologisch arbeiten. Das trifft so ganz sicher nicht zu. Gewiss, sie bedienen sich nicht der Methoden der klassischen Schulpsychologie, aber sie nutzen bewusst oder unbewusst eine Vielzahl psychologischer Zusammenhänge und Vorgänge bei ihrer Arbeit. Diese sind immer im seelischen Empfinden und Verhalten des Menschen begründet. So machen sie sich beispielsweise die gleichen Grundsätze zunutze, wie sie etwa Eduard Spranger für das psychologische Gespräch formulierte, wenn sie mit ihren Klienten umgehen. Auch arbeiten sie bis zu einem gewissen Grad suggestiv. Schließlich setzt die schamanische Arbeit in den Klienten – auf welchem Weg auch immer – seelische Selbstheilungskräfte frei.

Das bedeutet nun nicht, dass schamanische Heilerfolge ausschließlich auf seelischen Vorgängen beruhen. Doch sind sie ein Teil der schamanischen Arbeit. Als Psychologe arbeitet hierbei allerdings nicht der Schamane selbst. Es sind die Krafttiere und schamanischen Lehrer, welche über beachtliches psychologisches Geschick verfügen.

Eduard Spranger (1882–1963) wirkte als Philosoph, Psychologe und Pädagoge. Er strebte eine die Gegenwartssituation erhellende Kulturphilosophie und die Ausbildung einer eigenen, durch die Methode des Verstehens gekennzeichneten geisteswissenschaftlichen Psychologie an.

Der Körper

Die zweite wesentliche Wirkkomponente schamanischer Arbeit ist die rein körperliche. Wir wissen heute, auf welche Weise die Schamanentrommel die Gehirnstromtätigkeit beeinflussen kann. So lässt sich nachweisen, dass sich während einer schamanischen Reise der elektrische Hautwiderstand, die Puls- und die Atemfrequenz, der Zellinnendruck und manchmal auch die Körpertemperatur signifikant verändern können. Es ist ebenfalls erwiesen, dass schamanische Reisen den Grundumsatz des Körpers steigern, d.h. das Stoffwechselgeschehen beschleunigen. Und es gibt gute Gründe zu der Annahme, dass sowohl der Trommelklang als auch das schamanische Reisen einen äußerst günstigen Einfluss auf Immunsystem und vegetatives Nervensystem haben.

Die spirituelle Ebene

Nicht immer unterscheidet der Schulpsychologe zwischen Psyche und Seele. Für den Schamanen ist das zweierlei. Die Seele geht weit über das Ego und damit über die Psyche hinaus. Im Sinne C. G. Jungs ist sie transpersonal.

Die dritte schamanische Wirkungsebene ist die bei weitem wichtigste: die spirituelle Ebene. Hier lassen sich messtechnisch keine auffälligen Werte nachweisen. Doch kann der praktizierende Schamane durch eigene Erfahrungen feststellen, was bei einer schamanischen Reise möglich ist und was nicht, und welche Wirkungen sich mit statistisch signifikanter Wahrscheinlichkeit erzielen lassen. Der Naturwissenschaftler kann dann versuchen, diese Beobachtungen mit nachvollziehbaren Hypothesen zu untermauern – oder zu widerlegen.

Geist und Materie

Zunächst ist aber noch einiges zum Themenkreis des körperlichen und seelischen Geschehens zu sagen. Die Schulmedizin stand lange Zeit auf dem Standpunkt, alle Vorgänge im menschlichen Körper ließen sich ausschließlich auf chemische und physikalische Prozesse zurückführen. Viele Ärzte vertreten diese Auffassung auch heute noch.

Die Frage nach dem Wie

Sie müssen sich allerdings fragen lassen, inwieweit sich jeder Vorgang im Organismus zu seinen wirklichen Wurzeln zurückverfolgen lässt. Wenn ein Mensch beispielsweise ein Haus baut, dann sind dafür sowohl geistige wie körperliche Vorgänge erforderlich. Er entwirft einen Plan und macht sich dann mit ganzem Körpereinsatz an die praktische Umsetzung.

Einen derartigen Vorgang kann man sicherlich damit abtun, dass es die Gehirnströme sind, die das Denken und Planen steuern. Und dieselben Gehirnströme sind es auch wieder, die den Muskeln durch Nervenimpulse die Befehle zur Arbeit geben. Gedanken sind so gesehen nichts anderes als Elektronenbewegungen im Gehirn.

Was aber löst diese Bewegungen aus? Was strukturiert sie so, dass sinnvolle Konzepte und Körpersteuerungen daraus resultieren? Hier sind wir an der Schnittstelle zwischen Geist und Materie oder, wenn man so will, zwischen Seele und Leib.

Vielleicht liegt im Folgenden die einzig mögliche Antwort auf diese Fragen: Alles, was durch menschlichen Geist und menschliche Arbeit entstanden ist, wurde auf »telekinetischem« Weg zu Wege gebracht. Schließlich, um auf das obige Beispiel zurückzukommen, hat der Mensch ursprünglich gewollt, dass ein Haus entsteht. Und sein Wille war es, der seinen Körper bewegte, dass dieser ein Haus entwarf und baute.

Psychoneuroimmunologie

Gedanken, die auf ähnlichen Überlegungen gründeten, führten vor ungefähr zehn Jahren neben anderen Ergebnissen zur Begründung der neuen Wissenschaftsdisziplin Psychoneuroimmunologie.

Durch Zufall hatten Neuroanatomen und Immunologen während eines fachübergreifenden Gesprächs erkannt, dass im Nervensystem wie im Immunsystem des Menschen hoch komplexe Eiweißmoleküle vorkommen, deren Rolle weder die einen noch die anderen Experten bisher einzuordnen wussten. Die gemeinsame Diskussion ergab, dass diese Stoffe in bestimmten Strukturen des Gehirns und im peripheren Nervensystem erzeugt werden. Nach ihrer Freisetzung beeinflussen sie als Boten- und Signalstoffe den Dialog zwischen den Körperzellen und damit die Reaktionen des Körpers auf ganz bestimmte subjektive Empfindungen.

Andererseits konnten die Immunologen zeigen, dass die Zellen des körpereigenen Abwehrsystems oftmals gleiche oder ähnliche Signalstoffe bilden wie die Nervenzellen. Der Schluss lag also nahe, dass diese beiden Zelltypen dadurch zu aktiven »Gesprächspartnern« werden können.

Durch die Erkenntnisse der Psychoneuroimmunologie bewegte sich die Schulmedizin einen riesigen Schritt weg vom rein mechanistischen und organbezogenen zum vernetzten Denken. Manche Wissenschaftler behaupten heute sogar, die Forschung stünde kurz vor der Entdeckung des Schlüssels zum Leib-Seele-Problem.

Die Beeinflussung des Körpers durch Geist und Seele

Weitere Untersuchungen bewiesen eindrücklich, dass und auf welche Weise Gemütsbewegungen und das subjektive Denken Körperprozesse beeinflussen. So fand man heraus, dass beispielsweise Angst zur Ausschüttung von Botenstoffen führt, die das Immunsystem schwächen. Man erkannte in diesem Zusammenhang auch, dass beispielsweise das In-sich-Hineinfressen von Gefühlen, die keinen Ausdruck erfahren, den Verlauf vieler organischer Beschwerden negativ beeinflusst. Besonders Gefühle wie Ärger, Wut, Trauer, Angst, Verzweiflung und Hoffnungslosigkeit schädigen den Körper. Positive Emotionen, allen voran Liebe und Lebensfreunde, führen zur Ausschüttung von Botenstoffen, die das Immunsystem stärken und damit raschere Heilung bewirken oder Beschwerden gar nicht erst entstehen lassen.

In Afrika gibt es das vielsagende Sprichwort: »Angst isst die Seele auf.«

Wie Gefühle entstehen

Wir wissen heute, dass die in diesem Zusammenhang wichtigen Botenstoffe Interleukin 1 und 6 insbesondere in den Nervenzellen des limbischen Systems im Gehirn produziert werden. Dieses bezeichnet man auch als Sitz der Gefühle. Noch ungeklärt sind allerdings die Mechanismen, die zu ihrer Freisetzung führen. Und hier sind wir wieder genau an der Schnittstelle zwischen seelischer und körperlicher Ebene.

Doch ist es der wissenschaftlichen Forschung mit dieser Entdeckung zum ersten Mal gelungen, die Existenz dieser Nahtstelle nachzuweisen. Somit gibt es einen Beweis dafür, dass Emotionen Materie beeinflussen und körperliche Prozesse steuern. Auf schamanischem Weg gelingt es nun aber, Emotionen und andere seelische Vorgänge zu beeinflussen. Und dieser Steuermechanismus greift auf die körperliche Ebene durch.

Sind »Wunderheilungen« möglich?

Die Antwort auf diese Frage erübrigt sich aufgrund der obigen Ausführungen. Gefühle wie Stress und Angst können krank machen. Andere hingegen lassen uns schneller gesunden.

Ziel unserer Bemühungen sollte es also sein, statt unliebsamer Traumata gezielt das herbeizuführen, was weiter oben als Iatra bezeichnet wurde, das seelisch positive Gegenstück zum Trauma (siehe hierzu Seite 54). Diese Iatren machen die Seele und über sie den Körper gesund. So funktioniert Schamanismus.

Traumreisen als Medizin

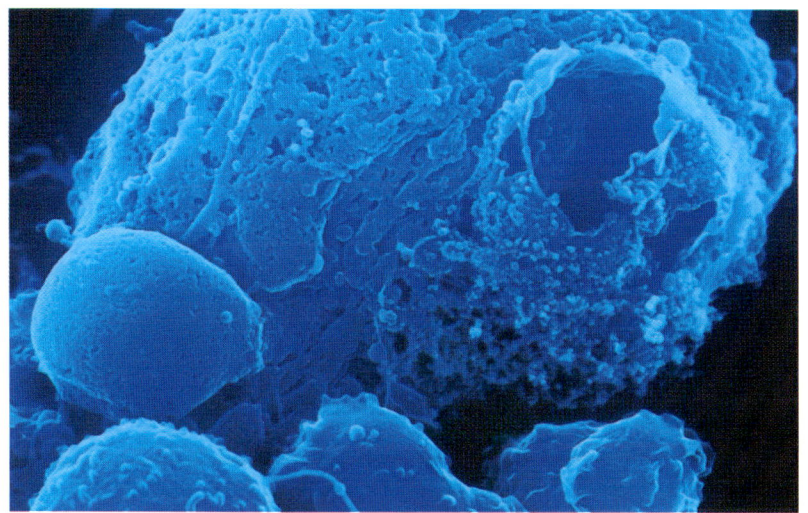

Lymphozyten bekämpfen Krebszellen. Mittels schamanischer Reisen lässt sich die Anzahl dieser körpereigenen Abwehrzellen des Immunsystems nachweislich erheblich erhöhen.

Traumreisen sind schamanische Reisen

Jüngste medizinische Forschungen am Rehabilitationszentrum der Universität Bremen haben zu genau diesen Ergebnissen geführt. Man beginnt dort heute, seelische und durch sie verursachte körperliche Probleme von Kindern und Jugendlichen auf schamanische Weise anzugehen und zu therapieren. Auch wenn die dort tätigen Ärzte und Psychotherapeuten in diesem Zusammenhang lieber von Traumreisen und nicht von Schamanismus sprechen. Mit ihrer Hilfe können sie gestörtem Sozialverhalten ebenso wie Konzentrationsschwäche, Ängsten und Aggressionen begegnen.

Wann geistige Projektionen körperlich wirklich werden

Nicht alle Zusammenhänge, die im schamanischen Alltag auf der körperlichen Ebene eine herausragende Rolle spielen, sind der Medizin und Psychologie heute bekannt. Vieles davon wird erst erahnt.

Vor kurzem erkannten Wissenschaftler eine Region des Gehirns als besonderes Gedächtniszentrum. Dort sind Erinnerungen an Gefühle in Gliedmaßen gespeichert, die abgenommen wurden. Es ist u.a. dafür verantwortlich, dass ein Amputierter Juckreiz oder sogar heftige Schmerzen an seiner nicht mehr vorhandenen Gliedmaße empfinden kann, so genannte Phantomschmerzen. Wie und warum diese Schmerzerinnerungen im Gehirn genau wachgerufen werden, ist noch ungeklärt.

Manche Psychologen unserer Tage halten sich sogar für die Entdecker der »Traumreisenmethodik«. Dabei wurde dieser Weg seit über 30 000 Jahren in allen Kulturen der Welt wieder und immer wieder entdeckt; Schamanen auf allen Kontinenten haben ihn schon längst in jeder Beziehung optimiert.

Phantomschmerzen und psychosomatisch bedingte Leiden

Nun fragt man sich natürlich, ob Schmerzen dieser Art auch in vorhandenen Gliedmaßen oder anderen Körperregionen auftreten können. Das Erinnerungszentrum könnte doch beispielsweise einen Juckreiz oder eine Schmerzempfindung aktivieren und sie an eine Körperstelle übertragen, die momentan keinen Reizen ausgesetzt ist.

Tatsächlich sind derartige Phänomene bekannt. So geht man beispielsweise davon aus, dass ein Großteil der Patienten mit Rückenschmerzen organisch betrachtet kerngesund sind. Das Gehirn erinnert sich lediglich an diese Schmerzen und projiziert sie in den Rücken und seine Muskeln und Nerven. Das geschieht bevorzugt in Stresssituationen. Ähnlich verhält es sich mit manchen Formen von Kopfschmerzen. Und auch ein nicht organisch bedingter erhöhter Blutdruck scheint durch reine Erinnerung hervorgerufen zu werden.

Bei Rückenbeschwerden hat sich beispielsweise auch gezeigt, dass nicht nur rückenfreundliche Bewegungsabläufe, sondern auch insgesamt auf mehr Ausgeglichenheit und Ruhe zielende Maßnahmen die Schmerzen zum Verschwinden bringen können.

Wir haben festgestellt, dass sich seelische Prozesse, die sich im Nervensystem und im Gehirn abspielen, schamanisch beeinflussen lassen. Mit Sicherheit kann man daher auch davon ausgehen, dass sich seelisch bedingte und »erinnerte« Schmerzen und Beschwerden schamanisch behandeln lassen. Die Praxis gibt dieser Schlussfolgerung Recht.

Wie Kommunikation im Körper stattfindet

Ein anderer, wissenschaftlich noch weitgehend ungeklärter Komplex betrifft die Aufnahme von Informationen und Signalen durch die einzelnen Körperzellen. Genau erforscht sind bisher ihre Steuerung und Beeinflussung durch chemische Botenstoffe und elektrische Reizleitungen. Wie aber wirken sich beispielsweise elektromagnetische Felder aus?

Ein Beispiel

Ein einfaches Bewegungsbild mag hier weiterhelfen: Ein trittsicherer Bergsteiger ist beispielsweise in der Lage, mit einer Geschwindigkeit von rund zehn Kilometer pro Stunde bergab durch ein Geröllfeld zu laufen. Dabei erkundet er mit seinen Augen das Gelände vor sich. So entdeckt er beispielsweise einen großen Stein, auf dem sein rechter Fuß beim nächsten Tritt Halt finden kann.

Diese Schlussfolgerung wird von seinem Gehirn gezogen. Also gibt es Befehl, das rechte Bein so zu bewegen, dass der Fuß auf dem Stein landet. Zugleich wird der gesamte Körper so gesteuert, dass er dabei sein Gleichgewicht hält. Der Fuß kommt auf dem Stein an, kippt aber leicht nach links weg. Das Gehirn erhält Rückmeldung und schickt sofort einen weiteren Steuerbefehl nach, den Fuß nach links innen zu kippen und das Körpergewicht entsprechend zu verlagern. Jetzt hat der Fuß durch seine Bewegung den Stein stabilisiert und meldet das dem Gehirn. Dieses informiert zurück, dass der Fuß aus dieser Stellung heraus den Abstoß für den nächsten Schritt vorbereiten soll.

Für die Tatsache, dass ein Bergsteiger ein abfallendes Geröllfeld in der Geschwindigkeit passieren kann, in der er dies tatsächlich tut, gibt es noch keine schlüssigen Erklärungen.

Hypothese und tatsächliche Übertragungsgeschwindigkeit

Analysiert man den Vorgang, so wurde fünfmal eine Information zwischen Gehirn und Fuß bzw. andersherum ausgetauscht. Bei einem Menschen von durchschnittlicher Körpergröße beträgt die Entfernung zwischen Kopf und Fuß rund 170 Zentimeter. Fünfmal Informationsaustausch über diese Länge ergeben eine Strecke von 8,5 Metern.

Nehmen wir für das Bergablaufen eine mittlere Schrittlänge von 60 Zentimetern an, dann stehen bei dem vorgegebenen Tempo für jeden Schritt im Gelände etwas mehr als 0,2 Sekunden Übertragungszeit zur Verfügung. Erfolgt die Informationsübertragung zwischen Gehirn und Fuß über Nervenströme, dann müssten diese davon ausgehen, dass sie in 0,2 Sekunden insgesamt 8,5 Meter zurücklegen. Das entspricht einer Reizleitungsgeschwindigkeit von 42,5 Meter pro Sekunde, wenn man vereinfachend davon ausgeht, dass die Nerven geradlinig vom Gehirn zum Fuß verlaufen.

Diese hypothetische Geschwindigkeit liegt jedoch um ein Vielfaches über tatsächlich messbaren Werten. Nach dem derzeitigen Stand wissenschaftlicher Erkenntnis kann der Bergsteiger das Geröllfeld also nicht so rasch hinunterlaufen, wie er es tut.

Unsichtbare Antennen

Ein anderer Denkansatz hilft hier weiter. Jedes Gehirn erzeugt permanent elektromagnetische Wellen. Diese wiederum rufen elektromagnetische Felder auch außerhalb des Schädels hervor, die sich mit einem Enzephalografen nachweisen lassen. Auf diese Weise strahlt das Gehirn Informationen frei in den Raum ab. Sie breiten sich mit Lichtgeschwindigkeit aus.

Manche Forscher vermuten, dass diese Informationen auch von Körperzellen in anderen Bereichen des Organismus aufgefangen und ausgewertet werden können. Dazu benötigen sie allerdings eine Art Empfangsantenne. Diese könnte man in den gewendelten Strängen der DNA (Desoxyribonukleinazid) sehen. Denn der Träger unserer Erbinformation ist nicht nur in jeder Zelle vorhanden, sondern entspricht in seiner räumlichen Wendelung auch den Längen der Gehirnwellen, so dass sich eine Antennenfunktion nicht ausschließen lässt.

Kehren wir zurück zu unserem Beispiel. Wenn auf diese Weise eine »Gedankenübertragung« durch den freien Raum von Kopf bis Fuß und zurück (der Fuß erzeugt Muskelströme, die ebenfalls ein elektromagnetisches Feld aufbauen) möglich ist, dann wäre das Rätsel um den Bergsteiger, der sicheren Schritts die Geröllhalde hinabläuft, gelöst.

DNA (Desoxyribonukleinazid), bisher als DNS (Desoxyribonukleinsäure) bekannt, ist der Träger der Erbinformation und Hauptbestandteil der Chromosomen.

Jenseits der fünf Sinne

Dass Körperzellen elektromagnetische oder auch magnetische Reize von außerhalb des Organismus empfangen und logisch sinnvoll auswerten, wissen wir heute mit Sicherheit.

Ein in diesem Zusammenhang interessantes Forschungsergebnis hat ein Projekt von Sprachforschern der Max-Planck-Gesellschaft ergeben. Sie fanden heraus, dass sich die Mitglieder mehrerer Völkerstämme in Nordaustralien, der Torres-Straße und dem südpazifischen Raum bei der Ortsbeschreibung von Objekten nicht in einem ich-, sondern einem raumbezogenen Bezugsrahmen bewegen. Bei einer Lagebeschreibung gehen sie also nicht von ihrer persönlichen Position aus (»links von mir, rechts von mir, vor oder hinter mir«), sondern von den Himmelsrichtungen. Nicht »links des Baums steht ein Wasserkrug«, sondern »östlich des Baums«.

Wie unbewusstes Wissen in die Realität umgesetzt wird

Ein derartiger Sprachgebrauch setzt voraus, dass der Sprecher zu jeder Zeit und an jedem Ort genau weiß, wo welche Himmelsrichtungen sind, oder wie er selbst im Raum ausgerichtet ist. Ein zusätzlicher Versuch belegte diese Fähigkeit. Einige Eingeborene wurden nachts in einem Autobus mit abgeklebten Fensterscheiben im Kreis herumgefahren. Sie verloren nicht ein

einziges Mal ihre Orientierung. In jedem Augenblick waren sie sich der Himmelsrichtungen bewusst.
Für die Neurologen war dieses Versuchsergebnis nicht weiter überraschend. Im menschlichen Gehirn gibt es zahlreiche elektrische Dipole. Sie richten sich im erdmagnetischen Feld aus. Das kann sogar auf ganze Körperzellen zutreffen. Die dabei auftretenden Zug- und Druckkräfte geben dem Gehirn eine ganz genaue Lageinformation. Auch vom Erdfeld hervorgerufene elektrische Ströme können dabei eine informative Rolle spielen. Ungeklärt ist allerdings, wie es den Eingeborenen gelingt, sich diese unterschwelligen Informationen bewusst zu machen, die Nachrichten auf Zellebene also in die Sprache des Verstands zu übersetzen.

Dipolmoleküle verhalten sich im Erdmagnetfeld genauso wie winzige Kompassnadeln.

Wenn dieses Wissen verlernt wird

Vergleichsversuche mit niederländischen Studenten haben gezeigt, dass diese dazu nicht in der Lage sind. Doch, so ergaben Forschungsergebnisse, scheint die Information von außen auch bei einem Mitteleuropäer zumindest die Ebene des Unbewussten zu erreichen. Nur hat sein Gehirn den willkürlichen Zugriff auf diese Ebene verloren und muss ihn erst wieder mühsam erlernen. Dass dies möglich ist, zeigte ein Versuch mit einem Pendel. Wenn sich Versuchspersonen fest vornahmen, das Pendel beispielsweise in Nordsüdrichtung schwingen zu lassen, so brachte dies eine weitaus höhere Trefferquote, als der Statistik nach zu erwarten war.

Telepathie und Signale von außen

Zwei wichtige Komponenten schamanischer Arbeit, die wissenschaftlich belegbar sind, kann man jetzt in den folgenden Erkenntnissen zusammenfassen:
- Gefühle und Gedanken lösen organische Reaktionen aus.
- Gefühle und Gedanken können durch Felder beeinflusst werden, die außerhalb des eigenen Körpers liegen.

Führen wir die Überlegungen zu den Grundlagen schamanischer Arbeit nun fort:
Wenn es einem Menschen beispielsweise gelingt, mittels Gehirnwellen Informationen an seinen Fuß zu schicken, dann müsste es auch möglich sein, mit diesen Wellen das Gehirn oder die

Körperzellen eines anderen Menschen zu erreichen. Das kann für diesen unbemerkt geschehen. Vielleicht ist auf diese Weise das Phänomen der Gedankenübertragung erklärbar.

Informative Felder

Offen bleibt dabei die Frage, woher Felder kommen können, die Menschen von außen beeinflussen und welcher Natur sie sind. Wir haben gesehen, dass das Magnetfeld der Erde eine mögliche Quelle sein kann, eine andere vielleicht das Gehirn eines anderen Menschen. Im ersten Fall handelt es sich um ein magnetisches Feld, im zweiten um ein elektromagnetisches. Gibt es weitere Quellen, und gibt es andersartige Felder?

Akausale Koinzidenzen

Hier helfen die Denkansätze des britischen Naturwissenschaftlers Rupert Sheldrake weiter, vor allem aber Gedanken moderner Genetiker und Quantenphysiker. Sheldrake weist, wie mehrere Wissenschaftler vor ihm, darauf hin, dass es ganz offensichtlich nicht nur Verknüpfungen von Ursache und Wirkung in der Natur gibt, sondern auch so genannte akausale Koinzidenzen, in etwa übersetzbar als »unglaubliche Zufälle«.

Solche Koinzidenzen gibt es auf zahlreichen Gebieten. Ein bekanntes Beispiel: Oft erfinden verschiedene Menschen zur gleichen Zeit genau das Gleiche. In der Natur sind ebenfalls zahlreiche voneinander unabhängige Parallelentwicklungen bekannt. Nicht selten fügen sich kausal nicht miteinander verknüpfte Komponenten zu gegebener Zeit so gut ineinander, dass sich daraus wie von selbst funktionsfähige höhere Systeme und Strukturen entwickeln können. Würde einer dieser Faktoren fehlen, wäre die Entstehung des neuen Ganzen allerdings nicht möglich gewesen.

Formgebende Felder

Wir wissen beispielsweise seit kurzem, dass Staubpartikel im Hochvakuum ganz von selbst große räumliche Strukturen bilden, die den Atomgittern in Kristallgefügen ähneln. Und es ist unbestreitbar, dass sich aus ungeordneter anorganischer Materie irgendwann und irgendwie Lebewesen entwickelt haben.

Sheldrake greift zur Erklärung solcher Prozesse, die zwar ohne ursächlichen Zusammenhang, aber durch und durch sinnvoll sind, auf die Existenz morphogenetischer, also formgebender

Der Engländer Rupert Sheldrake wurde 1942 geboren. Er ist nicht nur promovierter Biochemiker, sondern studierte auch Philosophie. Seiner das traditionelle wissenschaftliche Weltbild infrage stellenden Theorien und Experimente wegen ist er so etwas wie das »enfant terrible« seiner Zunft.

Felder zurück. Die Materie ordnet sich, indem sie in eine Art Resonanz mit diesen Feldern tritt. Diese sind nicht starr, sondern stehen in ständiger Wechselwirkung mit dem Entstandenen, das sie rückwirkend wieder beeinflussen.

Sheldrakes kollektives Gedächtnis der Natur

Der Wissenschaftler sieht in diesen Feldern so etwas wie ein kollektives Gedächtnis der Natur. Dieses Gedächtnis ist unglaublich komplex und besteht aus zahllosen gleichzeitig vorhandenen und einander vielfältig überlagernden Feldern. Man kann sich das in etwa so vorstellen wie Hunderte von Rundfunk- und Fernsehprogrammen, die als Wellengemisch gleichzeitig durch den Äther schwirren. Der fein abgestimmte Empfänger fischt aus diesem Gewirr sein Programm nach dem Resonanzprinzip schmalbandig heraus.

Sheldrake glaubt an die Existenz fast unzählig vieler solcher Felder. So gibt es seiner Meinung nach beispielsweise ein Feld Quarzkristall, ein Feld Kaninchen, ein Feld Mensch, ein Feld Tropenwald, ein Feld Düsenverkehrsflugzeug und unzählige andere spezielle Felder mehr.

Sheldrake ist mit seiner Theorie weithin bekannt geworden, weil er populär darüber publizierte. Andere moderne Wissenschaftler treten mit fachlich noch weitaus weniger umstrittenen ähnlichen Hypothesen in Erscheinung, sind aber bisher meist nur aus Fachpublikationen bekannt.

Korrektur des wissenschaftlichen Denkens

Die moderne Gentechnik beispielsweise muss sich in zunehmendem Maß mit morphogenetischen Feldern befassen. Lange Zeit war man der Auffassung, der genetische Kode eines Lebewesens reiche vollkommen zur Beschreibung und Festlegung seines Erscheinungsbildes aus. Heute wissen wir jedenfalls, dass das nicht zutrifft.

Das Missverhältnis zwischen Genkode und Phänotyp, so lautet der wissenschaftliche Begriff für das äußerliche Erscheinungsbild des real existierenden Organismus, ist sogar erstaunlich groß. Dieses Missverhältnis lässt sich mit den Rechenmethoden der Informationstheorie und Datenverarbeitung eindeutig nachweisen.

Seine Denkansätze hat Sheldrake in mehreren Büchern veröffentlicht. In deutscher Übersetzung liegen vor: »Das Gedächtnis der Natur«, »Die Wiedergeburt der Natur« sowie »Denken am Rande des Undenkbaren«.

Schon immer haben kluge Köpfe, die es gewagt haben, neue Wege des Denkens zu beschreiben, Weltbilder revolutioniert. So blieb beispielsweise trotz der inquisitorischen Maßnahmen der katholischen Kirche Galileo Galilei (1564–1642) dabei, dass sich die Erde dreht. Legendär ist sein Ausspruch: »Und sie bewegt sich doch.«

> ## Unzureichender Genkode
>
> Der Mathematiker und Physiker Hermann Haken, Begründer des Wissenschaftsgebiets Synergetik, schreibt dazu: »Die DNA enthält, je nach Lebewesen, einige Dutzende bis viele Millionen solcher Codons (Basentripletts mit der Bedeutung von Kodezeichen des genetischen Kodes).
> Sie können so eine Buchseite, aber auch ein ganzes Buch füllen, wie bei der menschlichen DNA. Zählt man aber nun ab, wie viele Instruktionen oder, um in der Fachsprache zu bleiben, welches Maß an Information nötig ist, um den Organismus aufzubauen, so gelangt man schnell zu einer Zahl, die viel größer ist, als in der DNA überhaupt gespeichert sein könnte. Oder, um wieder den Vergleich der DNA mit einem Buch heranzuziehen, man würde beispielsweise für den Menschen eine riesige Bibliothek brauchen. Die Natur muss also Methoden entwickelt haben, um mit weit weniger Informationen auszukommen und trotzdem ihren Plan durchführen zu können…«
> (aus: H. Haken, »Erfolgsgeheimnisse der Natur – Synergetik«)

Welche Faktoren tatsächlich den Phänotyp bestimmen

Haken steht mit seiner Auffassung nicht alleine da. Zahlreiche Mathematiker, Physiker und Biologen, die an der vordersten Front der Forschung stehen, äußern sich ähnlich. So schreibt der Biologe Sydney Brenner: »Zuerst hieß es, die Antwort auf alle Fragen der Entwicklung werde sich aus der Aufschlüsselung der molekularen Mechanismen der Gensteuerung ergeben. Ich bezweifle, dass irgendjemand das noch glaubt. Die molekularen Mechanismen sind geradezu langweilig simpel, und sie sagen uns nicht, was wir wissen wollen. Wir müssen versuchen, die Prinzipien der Organisation aufzudecken.«

Weil diese aber nachweislich nicht in den Ei- und Samenzellen, den Ursprüngen jedes Lebewesens, liegen, müssen sie von außerhalb des Individuums aus seiner Umwelt kommen. Und deshalb geht heute eine ganze Schule von Biologen, die Organizisten, davon aus, dass die Entwicklung der Gestalt nicht durch die Gene, sondern durch morphologische oder morphogenetische Felder bestimmt wird. Wie aber kommen diese Felder zustande? Was sind sie genau, und welche eigenen Gesetzmäßigkeiten liegen ihnen zugrunde? Und: Lassen sie sich durch uns beeinflussen?

Ist Wirklichkeit messbar?

Hier helfen einige Gedanken aus der Quantenphysik weiter, die schon vor Jahren für Aufregung sorgten. Damals ersann Albert Einstein zusammen mit seinen Kollegen Boris Podolsky und Nathan Rosen einen Gedankenversuch, das so genannte EPR-Experiment. Sein Titel lautete »Kann die quantenmechanische Beschreibung der gegenständlichen Realität als vollständig angesehen werden?«.

Der Physiker David Bohm hat dieses Experiment später leicht abgewandelt und damit auch für den Laien verständlicher gemacht. Hierbei spielt der so genannte Spin von Elementarteilchen eine wichtige Rolle.

Jedem subatomaren Teilchen schreibt die Quantenphysik einen Spin zu. Vereinfacht vorstellen kann man sich ihn als eine Art Drehimpuls – ohne dass es allerdings etwas gibt, das rotiert.

Dem Spin eines Photons ordnet man die Größe 1 zu, während massebehaftete Teilchen wie Elektronen, Positronen oder Neutronen den Spin 1/2 haben. Je nach Achsausrichtung der als »rotierend« aufgefassten Teilchen kann der Spin positiv oder negativ sein. Dabei kommt es in einem System von Teilchen darauf an, ob sie gleichsinnig oder gegensinnig rotieren.

Ein Gedankenexperiment mit Folgen

Ausgangspunkt des Gedankenexperiments ist ein Teilchenpaar, das durch Wechselwirkung derart in Kontakt getreten ist, dass es ein System mit dem gemeinsamen Spin 0 bildet. Beide Teilchen haben also einen gleich großen Spin, aber ihre Rotationsachsen zeigen in entgegengesetzte Richtungen.

Nun lässt sich nachweisen, dass eine Änderung der Achseneinstellung eines der beiden Teilchen durch einen äußeren Eingriff, beispielsweise eine Messung, augenblicklich die entgegengesetzte Achsrichtungsänderung des anderen Teilchens zur Folge hat, ganz gleich, wie weit beide Teilchen inzwischen voneinander entfernt sind.

Wirklichkeit, die unbegreiflich scheint

Vor dem Hintergrund der modernen Physik ist dieses Ergebnis höchst ärgerlich; denn hier muss eine Informationsübertragung mit Überlichtgeschwindigkeit stattfinden. Einstein glaubte, dass zwischen den beiden Teilchen eine bisher unbekannte Kausal-

Ein Photon ist das kleinste Energieteilchen einer elektromagnetischen Strahlung, also z. B. des Lichts.

Spin bedeutet zu Deutsch so viel wie schnell drehen oder herumwirbeln.

verbindung bestehen müsse. Daraus folgerte er, dass die Quantenphysik unzureichend sei, die subatomare Realität zu beschreiben. Mehr noch, er hielt sie mit einem schwer wiegenden, aber unerkannten Fehler behaftet. »Diesem Schlusse kann man nur dadurch ausweichen, dass man entweder annimmt, dass die Messung ›telepathisch‹ … den Realzustand verändert, oder aber dass man Dingen, die räumlich voneinander getrennt sind, unabhängige Realzustände überhaupt abspricht.«

Alles beeinflusst alles

Genau hier liegt der springende Punkt, der nach Einstein bis heute zahlreiche Quantenphysiker beschäftigte. Mehr und mehr macht sich derzeit die Überzeugung breit, dass es so etwas wie einen Realzustand eines Körpers an sich und isoliert betrachtet gar nicht gibt, dass also ständig alles mit allem in Wechselwirkung steht.

Schon der berühmte Physiker Niels Bohr antwortete auf das EPR-Experiment mit den Worten, es habe »nur enthüllt, dass die üblichen Ansichten über Naturphilosophie ungeeignet seien, die physikalischen Phänomene, mit denen sich die Quantenmechanik befasst, zutreffend zu beschreiben«. Er forderte deshalb entgegen Einstein eine »endgültige Ablehnung der klassischen Idee der Kausalität« und eine »radikale Revision unserer Haltung gegenüber dem Problem der physikalischen Realität«. Bohr wurde zu seiner Zeit in der Ablehnung reiner Kausallogik nicht ernst genommen.

»Ich selbst und das Universum sind untrennbar«, »Ich bin eins mit allem«, »Alles ist eins mit mir« heißen die Credos der Schamanen.

Das Ende der physikalischen Kausallogik

Heute wissen wir mehr. 1964 lieferte John S. Bell ein Theorem, das es erstmals gestattete, die bisher rein theoretisch abgeleiteten Aussagen des EPR-Experiments durch physikalische Experimente zu überprüfen und damit den Streit über die Existenz nicht lokaler und akausaler Zusammenhänge zu beenden. Bells Theorem sagt mathematisch exakt voraus, dass und in welcher Weise sich ganz andere Ergebnisse einstellen müssen, je nachdem, ob man räumlich weit voneinander getrennte Teilchen in bestimmten Situationen als selbstständige Elemente der Realität betrachtet oder als nicht lokal miteinander verbunden. Die Versuchsergebnisse sprechen für die zweite Annahme.

Die ganzheitliche Betrachtungsweise der Welt

Das bedeutet nichts anderes, als dass beispielsweise ein Teilchen, das viele Lichtjahre von einem anderen Teilchen im Universum entfernt ist, dieses ohne jeden Zeitverzug physikalisch beeinflusst, wenn ihm etwas zustößt! Das bedeutet auch, dass in jedem Augenblick alles im Universum mit allem in Beziehung steht. Heute lässt sich an dieser Aussage nicht mehr rütteln. Zu viele hoch qualifizierte Physiker haben entsprechende experimentelle Beweise dazu geliefert.

Der Physiker David Bohm brachte es auf den Punkt: »Teile eines Systems können nicht mehr als isoliert betrachtet werden. Das dynamische Gefüge, das sie bilden, hängt auf nicht reduzierbare Weise vom Zustand des Gesamtsystems ab, das wiederum durch den Zustand größerer Systeme und letzten Endes vom gesamten Universum beeinflusst wird. Dies führt zur Vorstellung einer organischen Ganzheit, die mit der klassischen Idee von der Zerlegbarkeit der Welt in getrennte und unabhängig existierende Teile unvereinbar ist.«

Wir werden noch sehen, dass diese Aussage von David Bohm deckungsgleich mit den spirituellen Erkenntnissen nicht nur von Schamanen sondern auch von Mystikern aller religiösen Richtungen ist.

Schneller als das Licht

Elektromagnetische oder andere Felder können diese Erkenntnisse der modernen Quantenphysik nicht erklären, denn sie breiten sich maximal mit Lichtgeschwindigkeit aus. Licht benötigt aber wenigstens 15 Milliarden Jahre, um vom Rand des Universums zu uns zu gelangen. Die Quantenphysik behauptet jedoch, dass alles Geschehen im Weltall augenblicklich alle Teilchen überall im Universum beeinflusst. Also muss es einen Kommunikationsweg geben, der spontan, ohne jeglichen Zeitverzug, arbeitet.

Genau diesen Weg wies 1992 der Kölner Experimentalphysiker Günter Nimtz nach. Ihm und seinen Mitarbeitern gelang es sogar, durch so genanntes Tunneln Mozarts 40. Symphonie mit mehr als vierfacher Lichtgeschwindigkeit zu übertragen. Mehr noch: Im eigentlichen Tunnelabschnitt seines Versuchsaufbaus benötigte die Informationsübermittlung gar keine Zeit; sie lag am Ausgang im selben Augenblick vor, zu dem sie den Eingang erreichte.

Unter »Tunneln« versteht der Physiker die Überwindung eines Hindernisses durch ein Teilchen mit geringerer Energie, als hierzu nach den Gesetzen der klassischen Physik erforderlich wäre.

Unendlich schnelle Informationsübertragung

Inzwischen wurden Nimtz' Versuche weltweit wiederholt und ihre Ergebnisse bestätigt: Informationsübertragung mit unendlicher Geschwindigkeit ist physikalisch und technisch möglich. Der Effekt führt allerdings zu riesigen energetischen Verlusten. Diese resultieren aber interessanterweise nicht aus einer Schwächung des Signals im Tunnel selbst, sondern daraus, dass nur ein winziger Bruchteil der zur Verfügung stehenden Informationsenergie überhaupt bereit ist, zu tunneln.

Fassen wir zusammen: Die Signalübertragung mit unendlicher Geschwindigkeit geschieht verlustfrei. Deshalb erfolgt sie nicht nur beliebig schnell, sie kann augenblicklich auch beliebig große Entfernungen überbrücken. Niemand weiss bisher, wie das möglich ist; aber wir wissen, dass es tatsächlich geschieht.

Die wenigsten von uns sind es gewohnt, sich mit naturwissenschaftlichen Fragen und Erkenntnissen zu befassen, zumal, wenn es um solch abstrakte wie in der Quantenphysik geht. Die Beschäftigung damit ist jedoch gerade im Hinblick auf den Schamanismus wichtig und erhellend.

Quanten und der lebende Organismus

Ein weiteres Steinchen in diesem faszinierenden Mosaik trug Wilhelm H. Westphal bei. In seinem Lehrbuch der Physik formulierte er bereits 1963: »Es darf heute als sicher gelten, dass die spezifischen Lebensvorgänge durch quantenmechanische Zustandsänderungen in Gebilden molekularer Feinheit gesteuert werden, die durch eine Art Verstärkerwirkung makroskopische Reaktionen im Organismus auslösen… Damit überträgt sich die Undeterminiertheit jener Vorgänge auf diese Lebensäußerungen. Hierauf beruht der grundsätzliche Unterschied zwischen einem lebenden Organismus und einer Maschine.«

Quantenprozesse beeinflussen die Gehirntätigkeit

Einzelne Photonen, die beispielsweise die Netzhaut des Auges treffen, können ein sichtbares Nervensignal auslösen. Der Physiker Roger Penrose hält es für durchaus möglich, dass auch im Inneren des Gehirns Zellen existieren, die so empfindlich sind, dass sie auf einzelne Quanten reagieren. Er geht davon aus, dass Quantenprozesse die Tätigkeit des Gehirns beeinflussen.

Sein Fachkollege Pasqual Jordan fügt hier ergänzend hinzu: »Wenn quantenphysikalische Vorgänge makrophysikalische Wirkungen im Verhalten von Lebewesen auslösen, dann sind diese makrophysikalischen Vorgänge undeterminiert, d.h., sie unterliegen nicht äußerer Kausallogik, denn bekanntermaßen unterliegen die quantenphysikalischen Vorgänge selbst keiner kausalen Determinierung.«

> ### Begründungskette
>
> Wir haben damit den dritten Schritt der Erklärung, warum schamanisches Arbeiten einen naturwissenschaftlich realen Hintergrund hat und kein obskurer Aberglaube ist. Die gesamte Begründungskette sieht jetzt so aus:
> **1** Der Organismus reagiert auf Gefühle und Gedanken.
> **2** Diese seelischen Elemente müssen ihre Wurzeln nicht im Menschen selbst haben. Sie können Reaktionen auf informative Felder (Erdmagnetfeld, telepathische Effekte oder morphologische Felder) oder Quantenvorgänge sein, die von außen kommen.
> **3** Alles im Universum steht in jedem Augenblick mit allem anderen in Verbindung. Es existieren nachweislich globale, universelle Informationsfelder, deren physikalischer Charakter allerdings noch nicht erforscht ist. Diese Felder verändern sich mit jedem Vorgang, der sich an irgendeiner Stelle im Universum vollzieht. Greifen die Informationsfelder in die Seele und damit schließlich in die körperliche Ebene eines Lebewesens massiv ein, dann kann andererseits das Individuum durch seine Empfindungen, Emotionen und Handlungen auf die globalen Felder zurückwirken und diese verändern. Damit steht eine neue Information zur Verfügung.

Die Mystiker aller bedeutenden Glaubensrichtungen wussten intuitiv um die jenseits der Zeit existierende Verbindung aller Dinge im Universum.

Schamanismus und Magie

Wo liegt der Unterschied zwischen schamanischer Arbeit und magischen Praktiken? Verändert man beispielsweise bewusst und vorsätzlich Informationsfelder, die bestimmte seelische und letztlich körperliche Reaktionen bei einem anderen Menschen auslösen, dann betreibt man Magie. Nutzt man hingegen die verfügbaren spirituellen Techniken, um existierende Felder heilend sich selbst oder einem anderen Menschen zugänglich zu machen, so betreibt man Schamanismus.

Informationsstrukturen im gesamten kosmischen Feld zeigen sich dem Schamanen als Krafttiere, Helfer oder auch Lehrer. Ich neige zu der Auffassung, dass diese Gestalten auf Quantenebene empfangene, eindeutig objektive Informationen sind. Erst in uns werden sie in eine seelische Bildersprache und damit in wahrnehmbare Krafttiere oder andere Helfer übersetzt. Denn anders könnte der Schamane nicht bewusst mit ihnen kommunizieren.

Kräfte finden und nutzen

Schamanismus ist eine Lebensweise, die jeder von uns für sich einsetzen kann, um das Bestmögliche aus sich und seinen Fähigkeiten zu machen. Neben den Krafttieren, Lehrern und anderen Helfern stehen uns noch einige andere natürliche Gegebenheiten zur Verfügung, um uns auf dem Weg zur spirituellen Weiterentwicklung zu fördern und zu stärken. Kraftorte gehören ebenso dazu wie Kraftlieder; auch das Eingebundensein in die Rhythmen der Natur und nicht zuletzt in den Kreislauf von Werden und Vergehen können uns zum Schamanen reifen lassen.

Orte der Kraft

Es gibt auf der Welt viele mehr oder weniger bekannte Kraftplätze, die seit alters für kultische, religiöse oder spirituelle Handlungen aufgesucht werden. Einer der bekanntesten Kraftorte sind sicher die prähistorischen Menhirreihen von Carnac in der Bretagne.

Ein Diplomingenieur, der mit seiner Frau in den achtziger Jahren dort weilte, berichtete mir von seinen persönlichen Erfahrungen. Auf Anraten eines Einheimischen hatten seine Frau und er sich einen ruhigen Abend ausgesucht, um die Stätte zu besuchen. Er hatte ihnen außerdem empfohlen, langsam durch die Menhirreihen zu schreiten und dabei die Handflächen nach unten zu richten. Warum sie das tun sollten, hatte er ihnen nicht mitgeteilt. An einer bestimmten Stelle in den Steinreihen verspürten beide plötzlich ein Kribbeln in ihren Händen, das sie als »elektrisch« empfanden.

Besondere Empfindungen

Besucher von anderen Orten der Kraft berichten auch von einem Sausen in den Ohren oder einem Summen im Kopf, was sie als spürbaren Energiefluss deuten. Meistens vermitteln die Kraftplätze innere Ruhe, seelische Stabilität, Gelassenheit und Glücksgefühle. Andere Orte werden auch als unangenehm empfunden. Man bekommt eine Gänsehaut und reagiert beinahe automatisch mit einem Fluchtreflex.

Naturwissenschaften und Esoterik

Die Naturwissenschaften lehnten es lange ab, sich mit Orten der Kraft zu befassen. Sie standen ihnen skeptisch oder sogar negativ gegenüber, zuweilen auch verunsichert. In der Regel werden derartige Phänomene von den so genannten exakten Wissenschaften einfach ignoriert. Wie sollen sie schließlich damit umgehen? Wie kann sich ein Mathematiker, Physiker oder Biologe mit den Mitteln seines Fachgebiets einem Forschungsgegenstand nähern, den er als solchen zunächst erst einmal gar nicht ernst nimmt.

Man könnte die Vorbehalte, die die Naturwissenschaften gegenüber bestimmten Phänomenen und Erfahrungen hegen, auch als Berührungsangst deuten. Zu groß ist die Gefahr, dass diese Erscheinungen den bisherigen Erklärungsmodellen trotzen.

Warum die Esoterik als Forschungsinstanz ungeeignet ist

Genötigt, sich mit dem Thema auseinander zu setzen, sahen die Naturwissenschaften sich – peinlicherweise – erst durch die Esoterik. Unglücklicherweise begannen Esoteriker unterschiedlichster Couleur zur Erkundung derartiger Phänomene pseudonaturwissenschaftliche Methoden zu erfinden und selbst anzuwenden. Die ausgesprochene Absicht dahinter lautete, die Existenz von Kraftorten mit dieser äußerst fragwürdigen Art und Weise zu beweisen. Allein die Terminologie, deren sie sich bedienten, löst bei einem Naturwissenschaftler blankes Entsetzen aus.

Fragwürdige Messtechniken und -ergebnisse

Sie versuchen zuweilen sogar, die Radiästhesie, das Auffinden von Wasseradern oder Bodenschätzen mit der Wünschelrute oder dem Pendel, als exakte Messtechnik auszugeben und deren Ergebnisse in Skalen numerisch zu erfassen.

In Wirklichkeit zeigen weder Rute noch Pendel irgendwelche physikalischen Größen an, sondern den Muskeltonus sensibler Menschen, die ihrerseits durchaus eine Art instinktiven Gespürs für Dinge im Erdboden haben können. Radiästhesie als naturwissenschaftliche Messtechnik zu betrachten, ist nichts anderes, als wollte man die körperliche Erregung eines Kunstliebhabers angesichts eines bedeutenden Bildes als Körperzittern erfassen und aus dessen Stärke einen Wertmaßstab für das Kunstwerk ableiten.

Immer wenn in Bereichen der Esoterik mit scheinbar objektiven Messdaten operiert wird, ist eine gehörige Portion Skepsis angebracht.

Von der Zunft der Geomantie

Die Zunft der esoterischen Erdforscher gibt sich selbst den pseudowissenschaftlichen Namen »Geomanten«. Sie spricht von Erdstrahlen als Gegebenheit, ohne in der Lage zu sein, dieses Phänomen überhaupt physikalisch zu definieren. Von kosmischen oder erdgebundenen Energien oder gar Energieströmen ist hierbei die Rede.

Unter Energie versteht die Naturwissenschaft wiederum die potenzielle Fähigkeit, messbare Arbeit zu leisten. Aber welche Arbeit im physikalischen Sinn hätte die von den Geomanten erwähnte Energie jemals geleistet?

Die spirituellen Erdforscher haben sich durch den Anstrich der Naturwissenschaftlichkeit selbst erheblichen Schaden zugefügt und sich – ohne Not – unglaubwürdig gemacht.

Geistige Kraft und ihre Messbarkeit

Welcher Kunstfreund käme auf die Idee, die geistige Kraft, die einem Bild innewohnt, als geheimnisvolle Strahlenenergie auszugeben und diese sogar messen zu wollen? Selbst wenn ihm das gelänge, würde er dadurch nichts gewinnen, sondern viel verlieren. Denn messen bedeutet teilen und zerstückeln. Eine Gesamtwirkung lässt sich niemals messen, auch nicht mit Hilfe der Mittel der Naturwissenschaften. Messen lassen sich immer nur einzelne konkrete physikalische Größen, und die sind stets nur ein kleiner Teil des Ganzen.

Doch zurück zu den Geomanten. Um diese und ihr Forschungsprojekt »Kraftorte« endlich zu widerlegen, zogen einige Naturwissenschaftler aus und kamen mit unerwarteten, sehr verblüffenden Ergebnissen zurück. An vielen dieser alten heiligen Plätze konnten tatsächlich deutliche Abweichungen der durchschnittlichen natürlich vorkommenden geophysikalischen Größen gemessen werden.

Viele Kraftorte in aller Welt zeichnen sich durchaus durch besondere geophysikalische Gegebenheiten aus. Der Beweis, dass es tatsächlich diese Besonderheiten sind, die eine Wirkung auf die Menschen haben, ist damit trotzdem noch nicht erbracht.

Nachweisbare Merkmale von Kraftorten

Unter den Black Hills von South Dakota, die den Lakota Sioux und anderen Indianerstämmen der großen Ebenen in den USA als Stätten der inneren Läuterung und der Vision gelten, lagern bedeutende Uranvorkommen. Die radioaktive Strahlung des Bodens ist hier erheblich höher als anderenorts.

Auch der Ayers Rock, das bedeutendste Naturheiligtum der australischen Aborigines, erhebt sich über einem größeren Uranlager. In Großbritannien fand Paul de Vereux erhöhte Radioaktivität im Bereich einiger steinzeitlicher Menhirkreise. Zahlreiche radioaktive Quellen in aller Welt gelten von alters her als Heilquellen.

Radioaktivität und tellurische Ströme

Das Vorkommen strahlender Nuklide ist nur ein Merkmal mancher Orte der Kraft. Die Physiker fanden noch zahlreiche andere Charakteristika. Das erdmagnetische Feld verursacht dort, wo es im Boden geeignetes elektrisch leitendes Material findet, elektrische Ströme.

Unangenehm trat das beispielsweise beim Bau der Alaska-Pipeline in Erscheinung. Man hatte mit derartigen natürlichen Erscheinungen nicht gerechnet und das lange Stahlrohr über weite Strecken ohne Zwischenisolatoren verlegt. Die Folge waren bei erdmagnetischen Turbulenzen, wie sie auch die Polarlichter auslösen, Ströme von örtlich über 100 Ampere, die zur raschen Korrosion des Edelstahlrohrs führten. Derartige Induktionsströme können an geeigneten Stellen auch in unterirdischen Wasserläufen – die ebenfalls elektrisch leitend sind –, in feuchten Sedimenten oder Erzgängen auftreten. Die Geologie spricht von tellurischen Strömen.

Heilige Berge der Hopi und der Navajos

Im »Bulletin of the Geological Society of America« wird von einem starken regionalen Strom dieser Art im Bereich der San Francisco Peaks berichtet. Dabei handelt es sich um eine Bergkette, die den Hopi und Navajos heilig ist. Welchen Einfluss diese Erscheinung auf biologische Organismen hat, wisse er nicht, schreibt der Autor James Towle; aber er erwähnt, dass die erhöhte geoelektrische Aktivität in diesem Gebiet zu besonders heftigen Gewittern führt, und dass bei trockenem Wetter die Bergspitzen aufgrund elektrischer Entladungen in der Dämmerung manchmal regelrecht glühen.

Elektromagnetische Felder schenken Kraft

In den Gipfeln der Anden sind derartige Entladungen als so genannte Andenlichter bekannt und können meilenweit von Schiffen vor der Westküste Südamerikas gesehen werden. Ein solches Leuchten erscheint bei geeignetem Wetter und entsprechender erdmagnetischer Konstellation an den Gipfeln zahlreicher heiliger Berge in aller Welt. Der Omei in China und der Sorte in Venezuela, beide von der lokalen Bevölkerung als heilig betrachtet, erstrahlen regelmäßig in »mysteriösem« Glimmlicht. Wer sich zu dieser Zeit auf ihrem Gipfel aufhält, empfindet innere Energie, Erregung und Inspiration. Manche Menschen berichten dabei auch von Geräuscherlebnissen. Sie hören ein Knistern oder Summen.

Ungewöhnlich starke elektromagnetische Felder weisen auch manche heilige Orte der Hopi-Indianer auf. Gleichzeitig herrscht dort ein beachtlicher Überschuss negativer Ionen in der Luft vor, die sich auf Geist und Körper beruhigend auswirken. Stark negativ ionisierte Luft findet sich auch in der Nähe zahlreicher Heilquellen in aller Welt.

Elektromagnetische Entladungen sind auch die Sankt-Elms-Feuer an den Mastspitzen von Schiffen, eine elektrische Lichterscheinung, die früher so mancher Seemann mit den Aktivitäten des »Klabautermannes« verband.

Heilquellen und Steinkreise

Das Wasser der als heilsam und als Kraftort bekannten Indian Hot Springs in Westtexas zeichnet sich durch einen ungewöhnlich hohen Anteil gelöster Substanzen aus. Besonders wichtig erscheint die beachtliche Menge von Lithium, das beispielsweise in der Medizin zur Stabilisierung bei geistiger Labilität Verwendung findet. Weil sich diese Quellen längs einer tektonisch unruhigen Grabenzone erstrecken, lassen sich hier zugleich elektrische Entladungserscheinungen erwarten.

Bei Stonehenge und zahlreichen anderen britischen Steinkreisen aus prähistorischen Zeiten wollen Physiker zu manchen Zeiten ein eigenartiges akustisches Phänomen beobachtet und gemessen haben: Im nahen Umfeld der Kreise kann man angeblich starke Ultraschallwellen registrieren, während diese im Inneren der Kreise völlig fehlen.

Es sei die Frage in den Raum gestellt, ob nicht Orte individuell als Kraftorte wahrgenommen werden und dienen können, ohne dass es nötig wäre, deren besondere Wirkung pseudoobjektiv nachzuweisen.

Vorsicht vor Verallgemeinerungen

Alles in allem scheinen die verschiedenen Messdaten die Theorie zu unterstützen, dass sich Orte der Kraft tatsächlich durch geophysikalische Besonderheiten auszeichnen.

Dennoch ist Vorsicht geboten. Zum einen werden zu viele verschiedene physikalische Größen bemüht. Dazu zählt neben radioaktiver Strahlung, elektrischen Strömen und magnetischen Feldern auch das Vorhandensein von unterirdischen Wasseradern, Gold, Edelsteinvorkommen oder etwa von vulkanischem Gestein. Zum anderen gibt es Tausende, vielleicht sogar Hunderttausende von Kraftorten auf der Erde. Wer nur lange genug sucht, wird immer relativ rasch einige solcher Stätten finden, an denen die geomagnetischen Kennwerte deutlich von denen der Umgebung abweichen.

Was die Besonderheit von Kraftorten ausmacht

Die Frage ist, ob das nicht auch für zahllose Plätze zutrifft, die zu keiner Zeit als »heilig« oder als besonders bezeichnet und empfunden wurden. Und selbst wenn der Nachweis erbracht werden würde, dass dem nicht so ist, bedeutet das noch keineswegs mit letzter Sicherheit, dass die unter den heiligen Orten festgestellten physikalischen Anomalitäten direkt auf den Menschen einwirken. Jedes geologische Geschehen hat seine Ursachen. Erhöhte elektrische Induktionsströme sind ebenso an besondere Bodenarten und Gesteine gebunden wie etwa Uranlager. Solche Bindungen prägen aber ihrerseits in charakteristischer Weise das Landschaftsbild.

Sind es wirklich nur die elektrischen und magnetischen Phänomene, die den sensiblen Mensch veranlassen, einen Platz als Ort der Kraft zu empfinden, oder ist es der besondere Zauber einer bizarren Vulkanlandschaft, eines wilden Canyons, einer verwunschen wirkenden Höhle oder eines geheimnisvollen, scheinbar grundlosen Quelltopfs?

Gegen die physikalische Messbarkeit heiliger Stätten spricht, dass es weit mehr Stätten der Kraft gibt, an denen sich keinerlei geophysikalische Anomalitäten feststellen lassen, als solche, für die das zutrifft.

Quelltopf ist in der Geomorphologie und Topografie ein gängiger Ausdruck für das Wasserbecken einer Quelle, die nicht sofort frei abfließt. Der berühmteste Quelltopf in Deutschland ist der Donau-Quelltopf in Blaubeuren, um den sich, wie um andere auch, zahlreiche Mythen und Sagen ranken.

Der Geist des Orts

In den USA gibt es derzeit ein Projekt, das versucht, alte indianische Stammesheiligtümer unter Landschaftsschutz zu stellen. Neuerdings verlangen Kultplatzschützer, das Gesetz solle heilige Orte mit messbaren geophysikalischen Abweichungen einschließen. Dr. Emmett Alui, Leiter des Kaho'olawe Ohana Projekts zum Schutz heiliger Stätten auf Hawaii, wendet sich entschieden gegen dieses Verfahren: »Was passiert, wenn Sie sich an einen heiligen Ort begeben und keine besonderen Luftionen oder chemischen Substanzen finden? Vielleicht ist der Geist des Orts etwas, das sich nicht mit einem Messgerät erfassen lässt.«

Der Geist des Orts, diese Formulierung scheint eine angemessene Charakterisierung für eine Stätte der Kraft zu sein; genau so, wie man vom Geist eines Buchs, etwa vom Geist der Bibel, sprechen kann.

Was eine Kraftstätte tatsächlich ausmacht

Dr. Jörg Purner, Lehrbeauftragter an der Universität Innsbruck für »Randgebiete der Baukunst«, fasst die wohl entscheidenden Gedanken zu Kraftorten so zusammen: »Ich bin selbst viele Jahre hindurch der Versuchung erlegen, die Wirksamkeit von so genannten Reaktionszonen, wie sie auch an Orten der Kraft auftreten können, ausschließlich auf Kräfte im Sinn physikalisch interpretierbarer Strahlungsfelder zurückzuführen… Im Lauf der

Jahre systematischer Erforschung von radiästhetischen Phänomenen sowohl in Form krank machender als auch heilsamer Zonen musste ich allerdings erkennen, dass sich ein Ort der Kraft keineswegs durch besondere Strahlung oder besondere Kräfte im physikalischen Sinn von seiner Umgebung abheben muss, um wirksam zu sein. Vielmehr sehen heilige Orte geophysikalisch meist wie ganz normale Orte aus, und es ist ihnen messtechnisch nicht anzusehen, warum sie heilsam auf Menschen zu wirken vermögen … Vielleicht entdecken Sie eines Tages, dass Ihnen Ihre Mutungsverfahren und Messmethoden zwar sehr hilfreich sein können, einen Ort der Kraft zu entdecken. Aber ein heiliger Ort wird sein wahres Geheimnis nur dann offenbaren, wenn Sie all Ihre forschende Neugier zum Schweigen gebracht haben. Dann werden Sie aus eigener Erfahrung erkennen, dass es vermessen wäre, Kräfte messen zu wollen, weil es nichts mehr zu vermessen gibt!«

Auf das allem innewohnende Göttliche vertrauen

Es ist ein Charakteristikum unseres Kulturkreises, Numinoses beweisen zu wollen. Dieses Verhalten entspringt einem tief wurzelnden Verlangen nach Sicherheit. Es gibt aber keine Sicherheit in numinosen Dingen, denn sie gehören der Welt der Seele an und nicht der Welt des Verstands. Gerade das verzweifelte Streben nach Sicherheit erzeugt eine große innere Unsicherheit und damit Angst. Vertrauen wird dadurch unmöglich.

Der Begriff »Numen« – woraus sich »numinos« ableitet – ist in der modernen Religionswissenschaft als Bezeichnung für ein göttliches Wesen gebräuchlich.

Allgemeine und individuelle Kraftplätze

Gewiss, es gibt weithin berühmte Orte der Kraft. Aber ihre Bekanntheit bedeutet nicht, dass sie in irgendeiner Weise wichtiger oder wertvoller wären als ein der Welt unbekanntes Stückchen Erde auf einem Berg oder in einem Wald. Schließlich beruht die Bekanntheit dieser Stätten in der Regel darauf, dass eine bestimmte Gruppe von Menschen – beispielsweise ein Indianerstamm, ein Mönchsorden oder eine Religionsgemeinschaft – einen solchen Ort würdigt, weil er in der Geschichte dieser Gemeinschaft einmal eine wichtige Rolle spielte, sei es als kultischer Versammlungsplatz, als Ort des Offenbarungserlebnisses eines Religionsstifters oder als Stätte, an der eine oder mehrere Personen Heilung erfuhren.

Warum allgemeine Kraftstätten ihren Zulauf erleben

Es ist, wie oben bereits beschrieben, das Streben nach Sicherheit, das die Masse zu einer Stätte treibt, an der sich einmal spirituell Außergewöhnliches ereignet hat.

In einem solchen Fall braucht man seinen individuellen heiligen Ort nicht mehr selbst zu suchen. Stattdessen wendet man sich einfach an einen verbürgten Kraftplatz, dorthin, wo ein berühmter Stammesschamane seine Initiation erfuhr, wo Hirtenkindern die Jungfrau Maria erschien oder wo ein Prophet eine Offenbarung erhielt.

Doch diese scheinbar verbürgte Sicherheit ist auch trügerisch. Wer weiß schon genau, ob das spirituelle Erleben einer Bernadette Soubirous tatsächlich nur an der Masabielle-Grotte in Lourdes möglich war, oder ob es nicht ausschließlich mit ihrer Person zusammenhing? Wer weiß schon, ob es tatsächlich die kleine Höhle im Djebl Arafat war, die für die Offenbarung des Korans gegenüber dem Propheten Mohammed eine unabdingbare Voraussetzung darstellte? Mohammed selbst beschrieb heilige Orte später ganz anders, als er sagte: »Wo ich bete, ist eine Moschee.«

Die Marienerscheinungen, die die 1844 in Lourdes geborene Bernadette Soubirous hatte, ereigneten sich im Jahr 1858. 1866 trat sie in einen katholischen Orden ein. 1933, 54 Jahre nach ihrem Tod, wurde sie heilig gesprochen.

Die Bedeutsamkeit des individuellen Kraftplatzes

Wer weiß auch, ob ein und derselbe Ort der Kraft für alle gleichermaßen taugt und sie gleichermaßen unterstützten kann? Möglicherweise verhält es sich anders. Der Schweizer Ethnologe, Religionswissenschaftler und Psychologe Marco Bischof be-

Nicht selten liegen Kraftplätze in unmittelbarer Nähe von Wasserfällen oder auf vulkanischem Boden. Hier ist beides gegeben.

merkte sehr zutreffend: »Warum finden Radiästheten (Rutengänger, Pendler) nur im deutschen Sprachraum – wo ein gewisser Hang zum ordentlichen, rechtwinkligen Denken nicht zu leugnen ist – Gitternetze (gemeint ist die angebliche Verteilung von »Erdenergien«), im angelsächsischen aber nicht? Dort werden ganz andere Strukturen festgestellt, die man wiederum bei uns nicht findet. Meine Erfahrungen haben mich gelehrt, dass Erdenergien keine objektive, vom Mensch unabhängige Existenz besitzen und damit nicht in dieselbe Kategorie wie physikalisch messbare elektromagnetische Felder fallen … Wahrnehmung ist ein Auswahlprozess, bei dem der Bewusstseinszustand des Wahrnehmenden über Resonanzphänomene bestimmt, welche Strukturen aus der Totalität der Wahrnehmungsmöglichkeiten ausgewählt und in die bewusste Wahrnehmung gerückt werden.«

Die Rolle der persönlichen Wahrnehmung

Genau hier liegt die Ursache verborgen, warum Bernadette die Mutter Gottes sah, warum aber ein Indianerschamane stattdessen dem Großen Geist begegnet, warum Moses mit einem numinosen brennenden Busch redete und Mohammed ein Engel Gottes erschien.

Wahrnehmung ist ein individueller Auswahlprozess, der vom Bewusstseinszustand des Wahrnehmenden abhängig ist. Genau hier liegt auch der Grund, warum manche Menschen im Urlaub ans Meer fahren und andere lieber ins Hochgebirge, warum manche sich spirituell stärker von dichten grünen Wäldern berührt fühlen und andere von weiten Wüstenlandschaften.

Eigene Wege bei der Kraftplatzsuche

Wenn Sie schamanisch mit Orten der Kraft arbeiten wollen, dann verfallen Sie nicht auf den Fehler, Hunderte von Kilometern weit zu reisen, um einen weithin bekannten Platz wie etwa die Externsteine, Stonehenge oder gar den Fujiyama aufzusuchen. Dort finden Sie keinesfalls die für die schamanische Arbeit erforderliche Ruhe. Dutzende oder gar Hunderte andere Menschen besuchen ebenfalls diesen Ort, von schaulustigen Touristen über abergläubische Esoteriker, unsichere Mitläufer spiritueller Modewellen bis zu Zelebranten schwarzer Messen

Die Externsteine, mehrere hoch in die Luft ragende Felstürme aus Sandstein, befinden sich im Teutoburger Wald in Ostwestfalen. Bedenklich bei dieser als Kraftort bekannten Stätte sollte stimmen, dass auch Neonazis sie in Massen aufsuchen.

Auf der Suche nach dem individuellen Kraftplatz

1 Legen Sie sämtliche Literatur über Kraftplätze beiseite, und gehen Sie allein hinaus in die Natur. Fahren oder gehen Sie nicht dahin, wo Sie keltische Hügelgräber oder die Fundamente einer alten Basilika vermuten, sondern dorthin, wo Sie persönlich sich wohl fühlen.

2 Wenn Sie ein größeres Umfeld gefunden haben, für das dies zutrifft, nehmen Sie Ihre Rassel zur Hand, rufen Sie Ihr Krafttier, und versetzen Sie sich in den schamanischen Bewusstseinszustand. Kneifen Sie die Augen zu Schlitzen zusammen, und singen Sie ein Kraftlied, wenn Sie eines kennen (siehe Seite 166ff.).

3 Lassen Sie innerlich los, und lassen Sie sich führen. Das kann auf sehr verschiedene Weise geschehen. Sie können erkennen, wohin Ihr Krafttier Sie schickt. Aber auch wirklich existierende Tiere wie Schmetterlinge, Vögel o. a. sind in der Lage, Sie zu bestimmten Orten zu rufen. Vielleicht winkt Ihnen auch ein Blatt an einem Baum.

4 Folgen Sie solchen Zeichen rein intuitiv. Ein zitterndes Blatt, das Sie nicht im Innersten berührt, ist nichts anderes als ein zitterndes Blatt. Es hat für Sie keine Bedeutung.

5 Lassen Sie sich Zeit. Die Suche kann Stunden dauern.

6 Glauben Sie schließlich, einen Ort der Kraft gefunden zu haben, dann prüfen Sie ihn sorgfältig. Halten Sie die Hände mit den Handflächen nach unten, und gehen Sie auf dem Platz umher. Spüren Sie etwas? Vielleicht das Gefühl von Wärme in den Händen, oder ein »elektrisches« Kribbeln? Ist Ihnen diese Empfindung angenehm?

7 Ein geeigneter Kraftplatz sollte Sie anregen, aber nicht aufregen, und er sollte Sie beruhigen, aber nicht schläfrig machen.

8 Ist alles stimmig, dann schreiten Sie den Platz ab und beobachten, wo Ihre spezifischen Gefühle für diesen Ort aufhören. Meist wird sich auf diese Weise ein Gebiet zwischen ungefähr 10 und 30 Quadratmetern (etwa ein Kreis mit rund drei bis sechs Metern Durchmesser) ergeben. Stellen Sie sich in seinen Mittelpunkt, und zeichnen Sie mit der Rassel die äußere Grenze, seine Umrandung nach.

9 Nicht selten steht im Mittelpunkt derartiger Kraftplätze ein Baum, oder der Platz grenzt unmittelbar an einen. Ist das der Fall, dann begrüßen Sie ihn. Berühren oder umarmen Sie den

Sich auf die Suche nach einem eigenen Kraftort zu begeben, erfordert oft sogar weniger Engagement und Arbeit, als eine lange Reise zu einem der quasi allgemein anerkannten Platz zu unternehmen.

> **Auf der Suche nach dem individuellen Kraftplatz**
>
> Baum, und bitten Sie ihn, in seiner Nähe bleiben zu dürfen. Vollziehen Sie alles im schamanischen Bewusstseinszustand. Vielleicht wird Ihnen der Baum Interessantes berichten.
>
> **10** Nach diesem ersten Kontakt mit Ihrem persönlichen Kraftplatz prüfen Sie, ob Sie seine positiven Energien mit in den Alltag nehmen können. Denn wenn Sie wirklich sinnvoll schamanisch arbeiten wollen, dürfen Sie gelegentliche Rituale und Alltagsleben nicht voneinander trennen. Dazu schließen Sie die Augen und entfernen sich einige Meter vom Kraftkreis. Empfinden Sie dabei, dass der Kreis hinter Ihnen wie tot bleibt, oder können Sie ihn energetisch mitnehmen? Nur wenn das Letztere der Fall ist, können Sie nachhaltig von diesem Ort der Kraft profitieren. Lässt sich die Energie nicht mitnehmen, suchen Sie sich einen anderen Platz.

Viele Menschen können auf Anhieb einen oder auch mehrere Orte benennen, zu denen sie sich besonders hingezogen fühlen. Es ist einen Versuch wert, solche Plätze zu suchen und zu prüfen, ob sie sich auch als Kraftorte im schamanischen Sinn eignen.

und anderer unguter Machenschaften. Sie überdecken den Platz mit eigenen, oft widersprüchlichen Energien und machen ihn für den ernsthaften Umgang mit Kräften der Natur ungeeignet. Und selbst wenn Sie an einem solchen Platz vollkommen allein sein sollten: Woher wissen Sie, ob dessen Energie die für Sie optimale Kraft ist? Gehen Sie andere, eigene Wege. Schamanen suchen und finden selbst Orte der Kraft, und Sie sind schließlich angetreten, um ernsthaft schamanisch zu arbeiten.

Die spirituelle Begegnung

Ihr Kraftplatz muss sich auch als solcher bewähren, wenn Sie körperlich dort nicht anwesend sind.

Lassen Sie es zunächst mit dem Kennenlernen des Platzes bewenden. Beginnen Sie dort nicht sofort mit schamanischer Arbeit. Merken Sie sich stattdessen den Ort genau. Sie müssen ihn zu einem späteren Zeitpunkt wiederfinden.

Reise in die Mittelwelt

Zu Hause gehen Sie auf einer schamanischen Mittelweltreise zu dem Platz zurück. Nehmen Sie dabei Ihr persönliches Krafttier mit, und fragen Sie: »Wie sieht mein Kraftplatz in der nicht alltäglichen Realität aus?« Das Ergebnis kann dann vollkommen unterschiedlich ausfallen. Vielleicht erscheint Ihnen der Baum auf Ihrem Platz personifiziert als alter Mann, als weise Frau oder als ein Tier und redet mit Ihnen. Oder Sie geraten unvermittelt in eine Art Zeitreise und sehen, wie Ihr Kraftort vor Jahrtausenden aussah.

Unterwegs in die Vergangenheit des Kraftorts

Solche Einblicke in vergangene Zeiten stimmen oft mit historischen Dokumenten überein. Vor einiger Zeit führte ich selbst eine Frau auf ihren Wunsch zu einem Kraftplatz im österreichischen Hagengebirge. Dort verbrachte sie eine Nacht allein in einer tiefen Höhle. Als ich sie am folgenden Morgen abholte, erzählte sie mir, dass sie zahlreiche Frauen in Fellkleidung gesehen habe, die Babys und Kleinkinder auf ihren Armen getragen hätten. Über die tatsächliche prähistorische Besiedlung dieses nördlichen Kalkalpengebiets wusste die Frau zu diesem Zeitpunkt nachweislich nichts. Experten der Felsbildforschung fanden heraus, dass es im Hagengebirge – in der Nachbarschaft besagter Höhle – prähistorische Quellenheiligtümer gab, an denen Bronzezeit-Frauen um Fruchtbarkeit beteten und Mütter ihre kleinen Kinder weihen ließen.

Gegebenheiten alter Zeiten als mystische Erfahrung

Ähnliches berichtet der amerikanische Psychologe Jim Swan von der Universität Michigan. Er erwähnt, dass Bergwanderer, die im Ranger Canyon in Texas unterwegs waren, dort selbst oder auch später in ihren Träumen nicht selten einen majestätischen, silbernen Wolf sahen. Das stimmt mit alten Sagen über dieses Gebiet überein, die ebenfalls von einem solchen mystischen Tier berichten.

Swan erzählt noch von anderen Übereinstimmungen an indianischen Kraftorten: »Wären das nur einige wenige, isolierte Vorkommnisse, dann könnte man sie übersehen, aber im Verlauf mehrerer Jahre habe ich mit mehr als 100 Menschen gesprochen, die spezielle Erlebnisse an Orten hatten, von denen sie erst später erfuhren, dass sie als heilig oder »besonders« galten. Im Bereich einer Gruppe von 22 heißen Quellen in Texas – sie heißen Indian Hot Springs – verzeichnete der Volkskundler Pat Taylor bei Probanden zahlreiche sehr lebhafte Träume, die sie während eines Aufenthalts dort in der Nähe durchlebten. Besonders interessant ist, dass in vielen Träumen groß gewachsene dunkelhäutige, fast nackte Menschen und Herden wilder Pferde vorkommen...«

Sich eine Nacht ganz allein der Natur zu überlassen und dort im veränderten Bewusstseinszustand schamanische Erfahrungen zu sammeln, kann sehr bereichernd sein.

Die Bindung an den eigenen Kraftplatz herstellen

Erleben oder erblicken Sie auf Ihrer Reise zum nicht alltäglichen Aspekt Ihres eigenen Kraftplatzes Außergewöhnliches, dann forschen Sie später ruhig in örtlichen Archiven nach, ob es dafür wirklich historische oder prähistorische Hintergründe gibt. Es ist oft der Fall.

Der Kern Ihrer schamanischen Arbeit mit Plätzen der Kraft ist das allerdings nicht. Fragen Sie auf Ihrer Reise auch danach, wie Sie mit oder an Ihrem Platz arbeiten können, und bitten Sie um ein persönliches Ritual, das sie später an dem Platz ausführen sollen. Es wird Sie enger mit dem Ort verbinden. Dabei kann es sich um einen einfachen Tanz handeln, das Singen eines Lieds, das Sprechen eines Gebets oder das Vergraben eines bestimmten Gegenstands.

Sinn und Zweck einer Begleitung an Ihren Kraftort ist, die Ernsthaftigkeit Ihres schamanischen Arbeitens zu vertiefen. Es kann Ihnen aber auch passieren, dass Sie hierdurch an Grenzen stoßen und erkennen, dass dies doch nicht Ihr Weg der spirituellen Entwicklung ist.

Arbeiten am Kraftplatz

1 Nach der Reise zum nicht alltäglichen Aspekt Ihres Kraftplatzes besuchen Sie diesen wieder; diesmal aber nicht allein. Nehmen Sie eine vertraute Person als Begleiter mit, die weiß, warum Sie den Platz aufsuchen.

2 Bitten Sie sie, Sie zumindest während der letzten 100 Meter vor dem Platz nicht mehr anzusprechen. Gehen Sie auf diesem Weg schon mit Ihrer Rassel in den schamanischen Bewusstseinszustand.

3 Teilen Sie Ihrem Begleiter schon vorher mit, dass Sie an Ort und Stelle einen Kreis um sich herum rasseln werden, den er nicht betreten darf, und dass Sie dann ein sehr persönliches Ritual durchführen werden. Er kann Ihnen dabei zusehen oder sich auch abwenden, ganz wie er es möchte. Wichtig ist nur, dass Sie nicht bestimmen, wie er sich verhält. Führen Sie dann Ihr Ritual an Ihrem Kraftplatz aus.

4 Danach setzen oder legen Sie sich auf den Platz und bitten um Kraft, Heilung, Belehrung oder was immer Sie momentan bewegt.

5 Auf dem Rückweg wird Ihr Begleiter, sofern er auch nur etwas feinfühlig ist, von selbst erspüren, ob und inwieweit Sie mit ihm über Ihr persönliches Erleben sprechen wollen. Und auch Sie werden wissen, was Sie Ihrem Begleiter von Ihren persönlichen Erfahrungen berichten wollen.

Warum der Begleiter wichtig ist

Sicherlich können Sie sich auch allein auf den Weg zu Ihrem Kraftplatz machen. Es ist nicht unabdingbar, dass ein Begleiter dabei ist. Doch Sie bringen sich damit um sehr wichtige, wundervolle zwischenmenschliche Erfahrungen.

Schamanismus ist keine Geheimlehre. Er ist eine Lebensweise für den Alltag. Selbstverständlich wird ein ernsthaft arbeitender Schamane deshalb nicht jeden Zeitgenossen in seine Praktiken mit einbeziehen, gleich ob dieser will oder nicht. Aber er wird sich vor einem vertrauten Menschen auch nicht ängstlich damit zurückhalten, wenn er beispielsweise an einem Kraftplatz ein bestimmtes, sehr persönliches Ritual ausführt. Nur wenn er in der Lage ist, eine solche Handlung auch vor einem Zeugen zu vollziehen, steht er wirklich hinter dem, was er tut. Schamanische Praktiken, derer man sich schämt, sind verlogen oder zumindest nicht ernst gemeint. Nicht ernst gemeinte Spiritualität wiederum ist keine Spiritualität, sondern eine recht primitive Form der Selbstbeschwichtigung.

Der Umgang mit dem Kraftplatz

Nicht selten suchen angehende Schamanen ihren ersten persönlichen Kraftplatz im Rahmen eines Seminars oder an einem Urlaubsdomizil. Zum Lernen ist das ausgezeichnet. Denn auf Seminaren und im Urlaub hat man Zeit und Muße für eine Arbeit, die keine Hektik duldet. Der einzige Nachteil: In der Regel sind die bei solchen Gelegenheiten gefundenen Kraftplätze weit vom eigenen Zuhause entfernt. Wenn man sie später einmal braucht, erreicht man sie nicht, ohne größere Anstrengungen zu unternehmen.

Die Begleitung zum Kraftplatz ist nur ein einziges Mal erforderlich. Weitere Besuche Ihres Kraftplatzes nehmen Sie dann allein vor.

Kraftplätze in Ihrer Nähe

Sie sollten deshalb unbedingt auch wenigstens einen Kraftplatz in Ihrer nächsten Umgebung kennen. Ihn können Sie aufsuchen, wann immer Sie Kraft, Ruhe, Ausgeglichenheit, innere Motivation oder einen Anstoß zur spirituellen Weiterentwicklung benötigen. Besuchen Sie diesen Kraftplatz bevorzugt in der Dämmerung am frühen Morgen oder am späten Abend. Dann ist seine positive Wirkung erfahrungsgemäß am größten. Nehmen Sie seine Energien für den kommenden Tag.

Kräfte finden und nutzen

> ### »Sitting Out«
>
> - Ein besonderer Umgang mit seinem Kraftplatz ist es, dort eine ganze Nacht zu verbringen.
> - Nehmen Sie eine feste Unterlage in Form einer Isoliermatte oder Luftmatratze und einen Schlafsack mit hinaus, der sie vor Kälte schützt. Auch ein Regenschutz ist sinnvoll. Zum Schlafen sollte der Schlafsack Sie allerdings nicht verleiten.
> - Überlegen Sie vor einer solchen Nacht in der Natur auf jeden Fall sorgfältig, was Sie sich davon erwarten. Schicken Sie zu diesem Zweck eine Mission voraus, eine Frage, die Sie klären wollen, oder eine Bitte, die Sie haben.
> - Lassen Sie sich dann von einem Bekannten kurz vor Sonnenuntergang zu Ihrem Platz begleiten, und bitten Sie ihn, Sie kurz nach Sonnenaufgang dort wieder abzuholen.
> - Die Nacht verbringen Sie sitzend oder liegend allein, und zwar ohne Uhr, ohne Taschenlampe, ohne Zigaretten, ohne Speisen und Getränke. Den von Ihnen gerasselten Kreis verlassen Sie nur, wenn Sie unbedingt austreten müssen, sonst auf keinen Fall. Bitten Sie Ihr Krafttier und auch die personifizierten Kräfte des Platzes, nachts bei Ihnen zu bleiben und Ihnen zu helfen, Ihrem gesteckten Ziel näher zu kommen.
> - Gut ist es, wenn Sie sich schon vor einem solchen Sitting Out geistig und körperlich vorbereiten. Manche nehmen ein bis drei Tage zuvor nur Getränke oder leichte Kost zu sich. Andere unternehmen eine oder zwei schamanische Reisen, um die Frageformulierung oder Bitte vorab genauer zu fassen. Beraten Sie sich hinsichtlich solcher Vorbereitungen mit Ihrem Krafttier oder spirituellen Lehrer.

Nehmen Sie Ihr Vorhaben ernst, denn es hat eine sehr tief gehende Dimension. Haben Sie aber auch keine Angst vor dem Unterfangen. Seien Sie sicher: Sie werden nicht allein sein. Auch wenn Sie das zuvor nicht glauben wollen, Sie werden es erleben.

Die Visionssuche

Ein Sitting Out ist so etwas wie der kleine Bruder der Visionssuche. Diese unternehmen angehende Schamanen vieler Völker zu bestimmten Gelegenheiten. Eine solche Suche führt sie oft tagelang in die freie, einsame Natur hinaus.
Der wichtigste Anlass für die Visionssuche ist der Übergang vom Kind zum jungen Erwachsenen. So wird der Jugendliche etwa um das Pubertätsalter herum an einen besonderen Kraftort in der Wildnis gebracht.

Manchmal dauert der Weg zum Kraftort mehrere Tage und ist sehr anstrengend. Dort wird der junge Mensch meist etwa drei Tage und Nächte lang allein gelassen, ohne zu essen und zu trinken. Ziel seiner Reise ist es, in einer Vision seine Lebensaufgabe gezeigt zu bekommen. Diese verdeutlicht ihm ein Geist. Der kann in Gestalt eines Ahnen auftreten oder in der eines schamanischen Lehrers, er kann ein Naturgeist sein oder auch ein numinoses, göttliches Wesen.

Erkennen der Lebensaufgabe

Wenn der Suchende am Ende seiner Visionszeit wieder abgeholt wird, dann ist er oft völlig erschöpft und entkräftet, und er befindet sich nicht selten in einem deliriumartigen Zustand. Manchmal muss man ihn auf dem Rückweg stützen oder gar tragen. Zu Hause und wieder bei Kräften, berichtet er von seiner Vision. Damit ist sein Lebensweg in der Stammesgemeinschaft vorgezeichnet. Er weiß nun, ob er Handwerker oder Krieger, Händler oder Schamane wird. Und nicht nur er weiß davon. Der ganze Stamm ist unterrichtet und unterstützt den jungen Menschen auf seinem beruflichen Werdegang.

Lebensinhalte in der Wildnis finden

In unserem Kulturkreis wird wohl kaum jemand einen derartigen Weg wählen, um sich bereits in jungen Jahren einer Lebensaufgabe zu stellen. Eine mehrtägige Visionssuche in der Wildnis kann allerdings auch eine große Chance für Erwachsene bedeuten, die noch immer keinen Lebensinhalt gefunden haben, denen es an einer wirklichen Aufgabe fehlt.

- Lassen Sie sich dazu von Freunden hinaus bringen, oder machen Sie sich allein auf den Weg in möglichst unberührte Natur. Ihr hausnaher persönlicher Kraftplatz mag im benachbarten Stadtwald oder sogar im eigenen Garten liegen; für eine wirkliche Visionssuche sind solche Orte aber nicht geeignet, dazu sind sie für Sie zu alltäglich.
- Wenn Sie keinerlei Naturerfahrung haben, kann ein mehrtägiger einsamer Aufenthalt im Hochgebirge weit abseits von Wegen, Almen oder Berghütten eine unüberschaubare Gefahr bedeuten. Bitten Sie in einem solchen Fall einen routinierten Bergsteiger, möglichst mit Alpenvereinsausbildung, oder auch

Max Reisch, ein deutscher Abenteurer, der bereits 1933 allein mit dem Motorrad nach Indien fuhr, berichtete über sein Erleben in der Wüste: »Es scheint, dass keine andere Umwelt eine so tief gegründete Frömmigkeit erzeugt. Ich bin ganz allein durch die Dünen gewandert, und nur Gott war mein Begleiter.«

Der Reisende Marco Polo notierte: »Wenn Reisende in der Nacht auf dem Marsch sind und einer von ihnen zurückbleibt oder einschläft und dann versucht, seine Reisegesellschaft wieder einzuholen, hört er Geister sprechen … Auch am Tage hört man die Geister sprechen, bisweilen soll man die Töne einer Menge verschiedener Musikinstrumente vernehmen und noch öfter den Klang von Trommeln.«

einen ausgebildeten Bergführer, ein für Ihre Visionssuche geeignetes, abgeschiedenes Fleckchen auszusuchen. Ähnliche vorbereitende Maßnahmen gelten für alle freien Naturlandschaften wie Wüsten, Eisflächen, Vulkangegenden oder ausgedehnte Moorlandschaften.

● Nehmen Sie alles mit, was Sie dort zum sicheren Überleben brauchen, aber nicht mehr. Vor allem auf Zigaretten, Lektüre, Walkman, Taschenlampe oder ähnliche Zivilisationsutensilien sollten Sie gänzlich verzichten. Auch Proviant sollten Sie beim Packen ganz oder zumindest weitgehend weglassen. Allerdings sollten Sie ausreichend reines Wasser zum Trinken dabei haben. Schließlich wäre für uns, im Gegensatz zu den Angehörigen vieler Stammesvölker, die solche Reisen ohne Flüssigkeitszufuhr überstehen, eine dreitägige oder womöglich noch längere Trinkpause lebensbedrohlich.

● Es ist zur Visionssuche nicht unbedingt erforderlich, dass Sie sich die ganze Zeit nur an einem Ort aufhalten. Wenn Sie mit Naturgelände vertraut sind, können Sie durchaus weglos etwa ein größeres Bergmassiv durchqueren, sofern sichergestellt ist, dass Sie unterwegs niemandem begegnen werden.

● Wichtig ist, dass Sie sich vor einer visionären Unternehmung vollkommen über Ihr inneres Ziel im Klaren sind und es deutlich formulieren. »Wer bin ich im Alltagsleben, und wer sollte ich eigentlich sein?« kann eine solche Fragestellung beispielsweise lauten. Aber halten Sie sich nicht an Vorgaben. Finden und formulieren Sie Ihr Anliegen selbst.

Wer in der Einsamkeit schamanische Visionen sucht, findet z.B. in Wüsten oder in Vulkanregionen eine geeignete Umgebung.

Beispiele für spirituelles Erleben aus heiligen Schriften

Von spirituellen Erlebnissen während des Alleinseins in der unberührten Natur, vor allem in Extremlandschaften, berichten auch die heiligen Schriften der Hochreligionen. Das alttestamentarische Buch Jesaja beispielsweise verheißt dem Stamme Israel die Begegnung mit Gott in der Wüste. Rund fünf Jahrhunderte später zog Johannes der Täufer, Sohn einer Jerusalemer Priesterfamilie, schon im Kindesalter aus der Stadt hinaus in die Wüste, wo ihn als erwachsenen Mann seine prophetische Berufung traf. Moses bestieg einsame Berggipfel, um mit Gott zu sprechen. Und von Christus sagt der Evangelist Lukas: »Jesus aber, voll des Heiligen Geistes, ging weg vom Jordan und ward vom Geist in die Wüste geführt.« Dort soll er 40 Tage lang gefastet und sich den Versuchungen des Teufels erwehrt haben, bevor er als Messias an die Öffentlichkeit trat. Auch andere Religionsstifter, wie Mohammed, bereiteten sich in der Wüste auf ihre große Aufgabe vor und erhielten auch dort ihre Prüfung und ihre Offenbarungen.

Extremlandschaften verändern Denkstrukturen

Warum sind längere, einsame Aufenthalte vor allem in öden Extremlandschaften wie Hochgebirge, Wüsten, Vulkan- und Eisregionen für Visionserlebnisse so förderlich, blühende Landschaften jedoch weniger? Die Erfahrung hat gezeigt, dass sich die Denkstrukturen des Menschen in der Einsamkeit der Öde ändern; seine Gedankengänge finden keinen festen Halt mehr in sprachlichen Formulierungen und reiner Verstandesarbeit. Stattdessen beginnen Empfindungen und Gefühle die Herrschaft über die gesamte Persönlichkeit zu übernehmen. Und dann – urplötzlich – ist da nur noch die numinose Erfahrung, die für den Wanderer zur unveränderlichen und sein zukünftiges Leben prägenden Tatsache wird.

Doch nur das Alleinsein in der Urnatur liefert keine Erklärung für die tiefen Inhalte der visionären Erfahrungen. Es schafft lediglich die seelische Grundlage für die Entstehung von Visionen und Leitbildern. Die Bereitschaft eines Menschen, spirituell zu sehen, zu hören und zu erleben, wächst in einem natürlichen Umfeld. Aber das Gesehene, das Gehörte, das Erlebte, die visionäre Offenbarung entstammt anderen, tieferen Quellen. Die Extremlandschaft stellt in gewissem Sinn nur das geeignete Sprechzimmer dar.

Dass in extremen Landschaften die spirituelle Erlebnisfähigkeit gesteigert ist, rührt daher, dass fast alles aus dem Alltag Vertraute fehlt und sogar die Lebensbasis sehr dürftig ist.

Die Seele singt

Rhythmen sind ein zentrales Vehikel schamanischer Kräfte, gleich ob es sich dabei um den Rhythmus der Trommel oder von Naturzyklen handelt. Trotz dieser großen Bedeutung für die schamanische Arbeit sind sie aber im Grunde nicht mehr als Träger von Kräften und Taktgeber. Vergleichbar ist das mit den Trägerfrequenzen von Funk und Fernsehen. Die eigentliche Ton- und Bildinformation hat mit diesen Frequenzen nichts zu tun, sie überlagert sie. Das Individuelle, Einzigartige lässt sich nicht als fester Rhythmus ausdrücken.

Rhythmen sind Trägerwellen

Im Bereich der Musik liegt die Aussage allein in der Melodie. Bloßer Rhythmus ist leere Form ohne Inhalt, aber er ist lebenswichtig. Es handelt sich bei ihm um eine Energieform und einen möglichen Träger von Inhalten. Wer immer eine Information formulieren oder weitergeben möchte, benutzt dafür Rhythmen als Vehikel. Unsere Sprache beispielsweise erhält ihren Rhythmus durch unsere schwingenden Stimmbänder. Sie wird von ihnen getragen. Und auch unsere schamanische Arbeit bedient sich der Rhythmen als wichtige Träger.

Viele Schamanen sind eng mit ihrer rhythmusgebenden Trommel oder Rassel verbunden. Sie wissen, dass sich diese Instrumente umso besser für ihre Arbeit eignen, je länger sie damit umgehen.

Schamanische Lieder

Sobald diese Arbeit aber konkret wird, geht es um Inhalte und damit auch um Melodien. Erst Rhythmus und Melodie gemeinsam machen die Musik aus.

Wie stark die Bindung zwischen Musik und schamanischer Arbeit tatsächlich ist, beweisen die schamanischen Lieder und Gesänge. Es gibt keine Schamanismus betreibende Kultur, die sie nicht kennt. Wer einmal einen Schamanen sein Kraftlied singen hörte, weiß, dass es hier nicht um einfache musikalische Kompositionen geht, sondern um den unmittelbaren spirituellen Ausdruck. Kaum ein erfahrener Schamane wird von sich ernsthaft behaupten, dass er sänge. Das entspräche auch nicht der Wahrheit. Es ist vollkommen anders: »Es« singt – und der Schamane ist nur das Instrument.

Die Grundbedeutung schamanischer Gesänge

Schamanische Lieder haben viele Funktionen. Zunächst sind sie ein Merkmal für die schamanische Berufung. Schlägt ein Mensch den Lebensweg des Schamanen ein, so wird er früher oder später von selbst sein Kraftlied zu singen beginnen. Und so sehr sich schamanische Lieder je nach Kulturkreis voneinander unterscheiden mögen, auf eine bestimmte, tiefere Weise klingen sie alle gleich. Der erfahrene Hörer erkennt sie auf Anhieb als schamanisch.

Empfindungen statt Worte

Viele Schamanen sprechen von einem regelrechten inneren Zwang, singen zu müssen. Bemerkenswert sind die folgenden Äußerungen von erfahrenen Schamanen zur Bedeutungstiefe ihrer Gesänge:

»Was soll ich denn angesichts eines Bergs machen, der so mächtig ist, dass ich nicht zu ihm sprechen kann? Ich singe zu ihm.«
»Wie soll ich denn Menschen heilen? Ich singe zu ihnen.«
»Was kann ich denn angesichts des Todes tun oder sagen? Ich fühle meine Ohnmacht und beginne zu singen.«

Es ist ein ganz wesentlicher Zug des Schamanen, zu singen, wenn sich seine Empfindungen nicht in Worte fassen lassen. Gewiss, es gibt so genannte Kraftlieder, die eine andere Funktion haben, beispielsweise solche, die eine Gruppe von Menschen in ihrer schamanischen Arbeit vereinen. Neoschamanen stimmen sie ebenso an wie die Mitglieder eines Stammesvolkes, wenn sie sich auf ihr gemeinsames Tun vorbereiten oder nach Abschluss desselben.

Schamanengesänge setzen weder eine besondere Musikalität noch eine irgendwie geschulte Stimme voraus. Die Theorie der Gesangspädagogik würde eher stören, wenn die Seele singt.

Lieder, die verbinden und Kraft spenden

Einige dieser Lieder sind heute in schamanischen Kreisen international bekannt: »I circle around…«, »I have spirits…«, »Earth my body…« u.v.m. Sie sind kraftvoll und harmonisch zugleich, in gewissem Sinn beschwörend und gehen einem oft nicht mehr aus dem Sinn.

Es ist schön und bereichernd, gemeinsam in einem Kreis Gleichgesinnter solche Lieder zu singen, die gleichzeitig verbinden und in jedem Einzelnen persönlich etwas zum Schwingen bringen. Daneben können solche Gesänge besondere Funktionen erfüllen, etwa das Herbeirufen hilfreicher Kräfte oder den Ausdruck von Dank.

Wenn die Seele singt

Individuelle Kraftlieder aber sind weit mehr als solche kollektiven Gesänge. Nur wenn ich mein Kraftlied singe, habe ich das Gefühl, es singt, meine Seele singt.

Persönliche Kraftlieder können ganz allgemeiner aber auch besonderer Natur sein. Ein allgemeines Kraftlied ist ein Lied, das einen immer begleitet, das ein Teil von einem selbst geworden ist. Man kann es singen, wenn man glücklich oder traurig ist, wenn man Ruhe oder Bewegung sucht, wenn man helfen oder wenn man danken will. Man kann nicht sagen, ob ein solches Lied für einen Zuhörer jedes Mal anders klingt, aber man selbst empfindet es jedes Mal anders, wie es auch jedes Mal etwas anderes bewirkt.

Ein besonderes Kraftlied kann sich aus einer bestimmten Situation heraus entwickeln, beispielsweise aus einer Heilungszeremonie. Es ist gleichsam »maßgeschneidert« für diesen Anlass, hilft spontan und gerät oft ebenso rasch wieder in Vergessenheit, wie es aufgetaucht ist. Selbstverständlich sind die Übergänge zwischen allgemeinen und besonderen schamanischen Gesängen fließend.

Manche Kraftlieder sind nur sehr kurz und völlig textlos. Andere Schamanengesänge können sich über Stunden erstrecken und komplexe Zusammenhänge schildern.

Wie man sein Kraftlied bekommt

Es ist schwer, mehr über Kraftlieder zu sagen, als diese wenigen allgemeinen Sätze. Kraftgesänge an sich lassen sich nicht beschreiben, man muss ihre Macht erleben. Kraftlieder sind Gefühle der Seele, die sich akustisch Ausdruck verschaffen.

Wirklich gute Kraftlieder lassen sich auch nicht gezielt aneignen. Es sind Geschenke, die man eines Tages bekommt, wenn man lange genug darum bittet, wenn man sie am dringendsten benötigt oder gerade dann, wenn man überhaupt nicht damit rechnet.

Einiges Grundsätzliche lässt sich aber dennoch mitteilen, das den Erwerb von Kraftliedern oder den Umgang mit ihnen betrifft.

Wo man Kraftlieder findet

Von großer Bedeutung ist meines Erachtens der Ort, an dem man ein Kraftlied bekommt. Es hat sich in der Erfahrung immer wieder gezeigt, dass die Kraft eines ganz besonderen Platzes oder auch einer Landschaft mit in ein persönliches Kraftlied einfließt. Gewiss kann man auch bei einem Heilungsritual beispielsweise im engen Raum einer Wohnung ein sehr hilfreiches Kraftlied oder Heilungslied erfahren, doch wird dieses eher aufgabenorientiert sein und sich generell als machtvolles persönliches Kraftlied erweisen.

Wer sein individuelles Lied sucht, sollte sich daher möglichst an Orte und in Gegenden begeben, die tief in seinem Inneren etwas zum Schwingen bringen. Lieder sind Schwingungen.

Für die weitere Suche kann es keine verbindlichen Empfehlungen geben. Der eine wird sich in der grenzenlosen Wüste richtig innerlich frei fühlen, ein anderer auf einem Schiff, das über die Weiten des Ozeans gleitet, und wieder ein anderer in der nordischen Waldlandschaft der Taiga. Der eine empfindet den tropischen Nebelwald als zutiefst vertraut, der andere dunkle Schluchten oder tiefe Höhlen.

Weil wir den »kultivierten« Umgang mit unserer Stimme gewöhnt sind, kann es durchaus sein, dass zunächst Sperren überwunden werden müssen, bevor sich die Seele stimmlich artikulieren kann.

Das Gefühl der inneren Freiheit

Gehen Sie dorthin, wo Sie sich innerlich völlig frei fühlen. Aber setzen Sie Ihre Ansprüche nicht zu niedrig an. So dürfte sich beispielsweise ein viel besuchter Ausflugsberg im Schwarzwald kaum für eine Kraftliedsuche eignen, es sei denn, Sie befänden sich in einer gewittersprühenden Sturmnacht allein auf seinem Gipfel. Und die viel besuchten Blumenrabatten der Insel Mainau sind diesem Zweck ebenso wenig dienlich, ganz gleich, ob Sie sich davon bezaubert fühlen.

Die innere Bereitschaft erwecken

Neben dem Ort spielt die innere Bereitschaft bei der Kraftliedsuche eine wesentliche Rolle. Es hat wenig Sinn, den für Sie eindrucksvollsten Platz der Welt aufzusuchen, sich dort hinzustellen und gleichsam ein Kraftlied »anzufordern«. Setzen Sie sich nicht unter (Zeit)druck. Halten Sie sich stattdessen in einer für Sie geeigneten Landschaft auf, stundenlang oder auch tagelang, wenn es sein muss. Schicken Sie diesem Aufenthalt lediglich den Wunsch nach einem Kraftlied voraus. Denken Sie dann nicht weiter daran. Irgendwann wird es da sein. Mein mächtigstes Kraftlied stellte sich während einer Autofahrt durch die weite Hochfläche Mittelskandinaviens ein.

Die innere Bereitschaft, ein Kraftlied zu haben, bedeutet, es zu erkennen, wenn es kommt und ihm sofort die Möglichkeit zu geben, sich zu artikulieren.

Wie man sein Kraftlied zulässt

Will es sich artikulieren, geht dies am besten, wenn Sie einfach Ihren Mund locker öffnen und den Unterkiefer regelrecht fallen lassen. Zuerst entsteht dann meist nur ein einziger Ton, danach vielleicht ein Tonintervall, das sich öfter wiederholt. Es kommt ein dritter Ton hinzu. Jetzt singen Sie diese drei Töne wieder und wieder, bis sich ein vierter, fünfter, sechster Ton anschließen. Und plötzlich ist die gesamte Melodie da. Mag sein, dass sie auf Anhieb noch nicht ganz rund ist, vielleicht ändert sie sich noch ein wenig, wenn Sie sie mehrmals singen. Eine solche Änderung kann sich relativ rasch einstellen. Sie kann manchmal aber auch ein oder zwei Tage auf sich warten lassen.

Sie können auch jemanden, der des Notenschreibens kundig ist, bitten, ihr Kraftlied schriftlich für Sie festzuhalten.

Der Umgang mit Kraftliedern

Hat sich ein Kraftlied eingestellt, dann singen Sie es wieder und immer wieder zu allen Gelegenheiten, die sich Ihnen bieten. Wiederholen Sie es so lange, bis Sie sicher sind, es nicht mehr zu vergessen. Wer nicht gerade sehr musikalisch ist oder sein neues Kraftlied in Notenschrift notieren kann, der tut sich oft schwer mit dem Behalten, denn die Melodien mancher Kraftlieder sind recht eigenwillig. Am sichersten gehen Sie, wenn Sie Ihren Gesang mit einem Kassettenrekorder oder einem Diktiergerät aufnehmen. Sonst kann es allzu leicht geschehen, dass die Melodie anderntags verschwunden ist.

Die Zeitlosigkeit von Kraftliedern

Nicht jedes Kraftlied besitzt einen Text. Doch auch bei Liedern, zu denen ein Text gehört, erfahren Sie diesen manchmal erst Tage oder Wochen nachdem sich die Melodie eingestellt hat. Versuchen Sie nicht, sich um jeden Preis selbst als Dichter zu betätigen. Ebenso wie man Kraftlieder nicht selbst komponiert, so textet man sie auch nicht selbst. Sie sind Geschenke.

Die meisten Stammesschamanen sind der Meinung, Kraftlieder entstünden bei ihrer Suche gar nicht neu oder werden neu erfunden. Sie sind einfach seit eh und je vorhanden und werden nur wiederentdeckt durch einen Schamanen, der sich ihre Information bewusst macht. Diese Auffassung teile ich voll und ganz. Wohl jeder, der eine solch zeitlose Melodie in sich aufsteigen fühlte, empfindet so.

Der richtige Gebrauch des Kraftgesangs

Haben Sie ein persönliches Kraftlied kennen gelernt, dann singen Sie es so lange, bis es einen festen Platz in Ihrer Persönlichkeit eingenommen hat, bis es gleichsam ein Teil von Ihnen geworden ist.

Doch danach gehen Sie respektvoll mit Ihrem Kraftlied um. Trällern Sie es bitte nicht einfach wie einen beliebigen Schlager. Singen Sie es auch nicht bei einer Routinearbeit vor sich hin wie einen Ohrwurm, den Sie im Radio gehört haben. Ihr Kraftlied könnte sich durch diese Art des Gebrauchs abnutzen und seinen Zauber verlieren.

Singen Sie es wirklich nur dann, wenn Sie es ernsthaft benötigen. Und dann tun Sie es ganz bewusst. Gründe dafür gibt es unzählige: Ihre schamanische Arbeit; Kraftschöpfen in Zeiten der Anstrengung, der Schwäche oder der Krankheit; Mut fassen in schwierigen Situationen; Kreativität aufbauen; Wut, Ärger, Neid und andere Negativgefühle schlagartig auflösen u.v.a. Der Kraftgesang wird so zu einem Begleiter für Sie, der Ihr Leben bereichert und es Ihnen leichter macht.

Respekt und Liebe helfen bewahren

Wie Krafttiere, so sind auch Kraftlieder nicht nur Werkzeuge, die für Sie da sind, um Ihnen das Leben zu erleichtern. Auch diese Lieder verdienen gebührenden Respekt und Liebe, und die Arbeit mit ihnen beruht auf Gegenseitigkeit. Sie stehen in einer symbiotischen Beziehung mit Ihnen.

Vergleichen wir es mit dem Umgang mit Krafttieren. Diese erwarten, dass Sie ihnen mit Ihrer Körperlichkeit Ausdruck auf Ihrer alltäglichen Realitätsebene verleihen. Auch Ihr Kraftlied ist für sich allein nicht in der Lage, sich in der sinnlich wahrnehmbaren Welt zu artikulieren. Es benötigt dazu Ihre Stimme. Singen Sie es also auch dann, wenn Sie damit keine gezielte Anwendung verbinden, sondern wenn Sie das Gefühl haben, das Kraftlied möchte aus Ihnen herauskommen.

Stimmen Sie Ihr Kraftlied aus Freude an, aus Dankbarkeit, aus Liebe zur Natur, zur allgegenwärtigen Schöpfung und zum Schöpfer. Singen Sie es an einem stürmischen Tag auf einem Berggipfel, in einer Vollmondnacht auf einer Waldwiese, inmitten eines stillen Hochmoors im Novembernebel. Dann werden Sie erfahren, was es bedeutet, wenn ein Schamane sagt: »Meine Seele singt.«

Das Singen des eigenen Kraftliedes ist sehr gut dazu geeignet, schnell in einen veränderten Bewusstseinszustand zu gelangen und mit seinen spirituellen Helfern in Kontakt zu treten.

Rhythmen der Natur

Denken Sie in einer ruhigen Stunde einmal darüber nach, aus welchen Bestandteilen Ihr gesammeltes Wissen besteht. Ganz gleich, ob es sich dabei um den Satz des Pythagoras oder die Vorstellung vom Aufbau eines Atoms handelt, ob Sie Kenntnisse über die Gentechnik besitzen oder die Werke Shakespeares gelesen haben, ob Sie sagen können, wie die Hauptstadt von Chile oder der höchste Berg Afrikas heißt, ob Sie sich in den Amouren von Hollywoodschauspielern, den Intrigen an Königshöfen und den politischen Machtkämpfen des In- und Auslands auskennen. Kurz, lassen Sie einfach alles, was Sie wissen, vor sich Revue passieren.

Dann stellen Sie sich die Frage: »Woher weiß ich das alles?« Die Antwort darauf ist erschütternd: Sie haben es gelesen, erzählt bekommen, in der Schule gelernt, in den Fernsehnachrichten aufgeschnappt. Nur, selbst erlebt, selbst erfahren haben Sie kaum zehn Prozent dessen, was Sie als Ihr Wissen bezeichnen! Alles andere haben Sie vertrauensvoll geglaubt, vieles vielleicht sogar kritiklos angenommen.

In der heutigen Zeit überbordender Informationen wird es immer schwieriger, die für unser persönliches Leben bedeutsamen Dinge von jenen zu unterscheiden, mit denen wir uns nur unnötig belasten.

Eigene und fremde Erfahrungen voneinander trennen

Dieses blinde Vertrauen in fremde Informationsquellen geht in unserem Kulturkreis so weit, dass wir ihnen hörig sind und ihren Aussagen mehr Bedeutung zumessen als unseren persönlichen Erfahrungen.

Nun mag es in einem weitgehend technisierten Umfeld zwar durchaus sinnvoll erscheinen, in manchen praktischen Fragen des Lebens einen Experten zurate zu ziehen – eine von Laien verlegte Elektroinstallation beispielsweise kann lebensbedrohlich sein. Doch lassen sich viele Menschen freiwillig auch auf spirituellem Gebiet bevormunden. Damit verkaufen sie ihre freie Seele in die Sklaverei, wo sie verkümmert.

Es ist wichtig, sich dieser Bevormundung und spirituellen Einengung immer dort bewusst zu werden, wo der zivilisatorische und gesellschaftliche Lebensraum das Erleben einer eigenen Spiritualität tabuisiert oder ihr sogar widerspricht. Das trifft in der westlichen Zivilisation besonders auf den Umgang mit nahezu allen natürlichen Rhythmen zu.

Zyklen in Natur und Zivilisation

Es gibt eine Vielzahl natürlicher Rhythmen. Ich möchte hier nur einige davon erwähnen: atomare Schwingungen; der schamanische Trommelrhythmus, der dem inneren »Atem«rhythmus der Erde gleicht; der Herzschlag; unser Atemrhythmus; der Tag-und-Nacht-Rhythmus; der Mond- und damit der Gezeitenrhythmus sowie der Menstruationszyklus; der Wechsel der Jahreszeiten; der elfjährige Sonnenfleckenzyklus; der astronomische Saros-Zyklus (18 Jahre und elfeindrittel Tage); das kosmische Jahr (etwa 200 Millionen Sonnenjahre).

Wer von uns, die wir in einer wissenschaftlich aufgeklärten Welt leben, kennt die Zusammenhänge subatomarer Schwingungen, weiß um die physiologischen Wirkungen der Schamanentrommel, die Kräfte der Menstruation, die Auswirkungen des Sonnenfleckenzyklus auf den irdischen Energiehaushalt? Wer hat schon jemals vom Saros-Zyklus gehört? Und hinsichtlich des Einflusses so unübersehbarer Phänomene wie der Tages- und Jahreszeiten auf lebende Organismen steckt sogar die Wissenschaft noch weitgehend in den Kinderschuhen bzw. kann vieles noch nicht ausreichend erklären.

Wie unser Leben mit diesen Zyklen zusammenhängt

Schamanismus betreibende Stammesvölker kennen die Bedeutung all dieser Rhythmen auf Lebewesen seit Jahrtausenden und leben sie bis heute. Manches davon ist allerdings im Lauf der Zeit in Vergessenheit geraten, obwohl es nach wie vor von großem Einfluss auf das Leben, Werden und Vergehen auf Erden ist. Den alten Babyloniern beispielsweise war der Saros-Zyklus, der u.a. die periodische Wiederkehr von Sonnen- und Mondfinsternissen erklärt, ebenso geläufig wie den keltischen Erbauern von Stonehenge und anderen prähistorischen Megalithanlagen.

Das ganze Leben ist zutiefst von zyklischen Energieflüssen geprägt und von ihnen abhängig. Unsere Gesellschaft ignoriert diese Tatsache fast vollständig. Mit elektrischem Licht machen wir die Nacht zum Tag und schaffen damit technisch bestimmte, unnatürliche Zyklen. Schlafens- und Wachzeiten werden von den Arbeitszeittakten in Industrie und Wirtschaft, Schule und Büro bestimmt – oder durch die Sendeplätze von verschiedenen Fernsehprogrammen.

Die Vertrautheit mit allen natürlichen Zyklen und der gelebte Respekt davor ist ein deutliches Zeichen für die enge Verbundenheit vieler Stammesgesellschaften mit der Erde und dem Kosmos.

Jahreszeitliche Unterschiede in der Arbeitstageslänge oder der Leistungsanforderung sind ebenfalls weitgehend unbekannt. Die weibliche Regel, der Fruchtbarkeitszyklus, der jede Frau begleitet und ihr Frausein prägt, wird nachgerade als störend und die Lebensqualität mindernd herabgewürdigt.

Allenfalls der Spitzensport hat sich auf die jahreszeitlichen Rhythmen besonnen, weil man herausfand, dass ein jahreszeitlich wechselndes Trainingsprogramm zu weitaus höheren Leistungen befähigt, als ein stets gleichbleibendes Pensum.

Biologische Uhren

Aus schamanischer Sicht sind all diese Verhaltensweisen höchst naturwidrig. So ist es kaum verwunderlich, dass diese auch seelisch und körperlich krank machen. Dass diese Aussage keine überspannte Annahme, sondern ein ernst zu nehmendes Faktum ist, bestätigen seit kurzem auch die Naturwissenschaften. Einige Forschungsergebnisse sollen das belegen.

Ein Beispiel aus der Pflanzenwelt

Schon seit längerem ist bekannt, wie unglaublich präzise die so genannte biologische Uhr arbeitet. Ein schönes Beispiel hierfür ist der Fortpflanzungszyklus der Braunalgenart Dictyota dichotoma. Sie entlässt ihre weiblichen und männlichen Geschlechtszellen nur an bestimmten Stunden des Tages. Gesteuert durch einen inneren Sonnenkalender gibt sie die Fortpflanzungszellen nur im Spätsommer frei. Schließlich wird der Vorgang auch noch durch einen inneren Mondkalender beeinflusst: Nur zweimal innerhalb eines Mondzyklus, im Abstand von 14 bis 15 Tagen, werden die Geschlechtszellen abgegeben.

Alle drei Grundbedingungen fallen äußerst selten zusammen, und so kommt es, dass diese Algenart nur an wenigen Stunden im Jahr ihre Fortpflanzungszellen ausschwärmen lässt. Die Chance, dass männliche und weibliche Zellen sich treffen und vereinigen können, ist in der so genau festgelegten, kurzen Periode viele zehntausend Male so groß, als wenn die Entleerung beider Zellarten zeitlich nicht so strikt zusammengedrängt wäre. Aber das ist noch nicht einmal der Hauptvorteil dieser minutiösen Vermehrungsplanung. Sie garantiert obendrein, dass die Fortpflanzung immer bei Ebbe geschieht, und zwar nur zur so genannten Nipptide, wenn der Wasserstand sehr niedrig ist. Dann sind die Fortpflanzungsbedingungen am günstigsten. Auch der Gezeitenwechsel wird schließlich durch den Mondumlauf gesteuert.

Rhythmen in der Natur zeigen sich u.a. in Wellen, sei es im Wasser oder auch im Sand. Mond und Sonne sind die innere Uhr der Natur.

Innere Zeitgeber

Dass die Pflanzen sich allerdings nicht einfach die direkte Sonnen- und Mondbeobachtung zunutze machen und abwarten, bis der Schein der Gestirne die für ihre Zwecke günstigste Stellung dieser Himmelskörper signalisiert, ließ sich in Laborversuchen nachweisen. Die Algen beispielsweise verfügen sowohl über eine innere Uhr als auch über einen inneren Kalender, die beide die Fortpflanzung sichern.

Doch wissen wir seit kurzem, dass diese inneren biologischen Zeitgeber nicht vollkommen starr festgelegt sind. Sie müssen – wie jede Uhr – hin und wieder durch äußere Einwirkung gestellt werden, um die Lebensfähigkeit des Organismus auf bestmögliche Weise zu erhalten bzw. Änderungen in den natürlichen Abläufen zu berücksichtigen.

Das ist umso wichtiger, je höher entwickelt ein Lebewesen ist. Funktioniert die innere Uhr bei Algen und auch bei niederen Tieren über lange Zeiträume noch recht taktgenau, so sind die möglichen Gangabweichungen bei Säugetieren und vor allem bei Menschen weitaus größer. Umso wichtiger ist die regelmäßige Synchronisation mit äußeren natürlichen Gegebenheiten. So gilt die Faustregel, dass man wenigstens zweimal pro Woche seinen Lebensrhythmus den tatsächlich gegebenen natürlichen Rhythmen anpassen sollte. Diese Maßnahme stabilisiert seelisch wie körperlich, beugt Beschwerden vor und ist ganz allgemein gesundheitsfördernd.

Das Bedürfnis, sich wieder mehr an natürliche Zyklen zu binden, kommt in der großen Popularität von Mondkalendern zum Ausdruck. Es sei dahingestellt, wie sinnvoll es ist, solche Dinge wie Haare- oder Fingernägelschneiden nur bei bestimmten Mondkonstellationen zu erledigen.

Körperfunktionen im Zeittakt

Wir kennen heute Dutzende erstaunlicher Mechanismen mit biologischer Zeitsteuerung. Beim Menschen sind u. a. die körperlichen und seelischen Leistungszyklen, der Kreativitätszyklus, der Hunger- und Verdauungszyklus, die Herz-Kreislauf-Aktivität einschließlich des Blutdrucks, das Nervenstromniveau, die Körpertemperatur oder der Entgiftungszyklus der Leber im Tagesrhythmus zeitgesteuert.

Die innere Uhr überlagernd wirken äußere Signale wie Helligkeit und Dunkelheit, Wärme und Kälte sowie andere Reize auf viele unserer Körperfunktionen ein. Laufen innere Uhren und äußere Signale nicht synchron, so kommt es zu Störungen der empfindlichen organischen Regelkreise und damit zu psychischen und organischen Störungen.

Wenn man gegen den natürlichen Rhythmus lebt

Jeder Mensch hat seine individuelle biologische Uhr. Hat man beispielsweise eine innere Uhr, die einem 23- oder 26-Stunden-Rhythmus folgt, weil man sie niemals neu »stellt«, lebt aber nach einem strengen technischen 24-Stunden-Tagesplan, dann wird man beschwerdeanfällig. So kann etwa die zyklisch schwankende Leistungsfähigkeit des Kreislaufs zeitlich mit den rhythmischen Schwankungen der Körpertemperatur auseinander laufen, was wiederum zu Fehlfunktionen anderer, beispielsweise nervlicher Regelkreismechanismen führt.

Der Mensch reagiert darauf mit Unausgeglichenheit, Gereiztheit oder auch Antriebslosigkeit und Lustlosigkeit – je nach der Phasenlage der außer Tritt geratenen Körperfunktionen. Häufig sind erhebliche Depressionen die Folge.

Um die Zusammenhänge zwischen biologischer Uhr und Krankheitsanfälligkeit weiß die traditionelle chinesische Medizin (TCM) seit Jahrtausenden. Sie werden in ihren Heilverfahren gebührend berücksichtigt.

Wie man seine innere Uhr stellt

Wie kann es geschehen, dass die innere Uhr und äußere Zeitgeber nicht im Gleichtakt arbeiten? Wir wissen, dass die innere Uhr von Zeit zu Zeit gestellt, also mit den äußeren Tageszeiten synchronisiert werden muss. Das betrifft die aktuelle Zeit ebenso wie die Ganggeschwindigkeit der inneren Uhr.

Viele Menschen erleben heute, dass ihre innere Uhr einem 23-Stunden-Rhythmus folgt. Sie werden dann abends entsprechend rasch müde und sind am nächsten Morgen hellwach, bevor der Wecker klingelt. Menschen mit einen inneren 26-Stunden-Rhythmus haben es noch schwerer: Sie kommen morgens nicht aus den Federn und empfinden das Weckerklingeln fast wie eine seelische Folter.

Der Tag-und-Nacht-Rhythmus

Wenn sich nun die innere Uhr einfach durch den äußeren Tagesablauf stellen ließe, dann würde es niemals zu derartigen Missverhältnissen kommen. Unlängst haben wissenschaftliche Forschungen ergeben, dass dieses Uhrstellen in technischem Umfeld gar nicht so unkompliziert ist. Wichtig ist in diesem Zusammenhang beispielsweise der morgendliche und abendliche Wechsel zwischen Hell und Dunkel. Er muss jedoch ganz bestimmten Spielregeln folgen. Allein die Tatsache, dass es hell ist oder nicht, beeinflusst die innere Uhr überhaupt nicht.

Das hat sich entwicklungsgeschichtlich als durchaus sinnvoll erwiesen. Unsere prähistorischen Vorfahren beispielsweise lebten vielfach in Halbhöhlen und versteckten sich vor drohenden Gefahren im Höhleninneren, wo es dunkel war. Und auch zum Mittagsschlaf zieht man sich gerne ins Dunkle zurück. Würde der plötzliche Lichtwechsel, entweder weil man Schutz oder Ruhe sucht, die innere Uhr mit dem Tag-Nacht-Rhythmus synchronisieren, dann käme es ständig zu Fehleinstellungen.

Die Umstellung der Zeit, die seit einigen Jahren zweimal jährlich vorgenommen wird (Sommer- und Winterzeit) ist ein Willkürakt und verursacht immer wieder Anpassungsschwierigkeiten.

Welche Faktoren die Uhreinstellung veranlassen

Wir wissen heute, dass die innere Uhr für ihre Synchronisation unbedingt eine Dämmerungsphase benötigt. Diese muss mindestens eine Viertelstunde dauern, darf aber eine bestimmte Zeitdauer auch nicht überschreiten. Die Umgebungshelligkeit muss dabei auf Werte von etwa einem Zwanzigstel bis zu einem Hundertstel des Tageslichts absinken, nicht aber auf völliges Dunkel. Diese Einschränkungen verhindern, dass beispielsweise eine vorübergehende starke Bewölkung als Dämmerung wirkt.

Man könnte nun annehmen, dass es Blinden unmöglich ist, ihre innere Uhr durch die Abend- und Morgendämmerung zu synchronisieren. Weit gefehlt. Nicht nur in der Netzhaut des Auges befinden sich lichtempfindliche Zellen, die diese Uhreneinstellung veranlassen, sondern auch in gewissen Hautregionen. Vor allem in der Stirnregion scheint das der Fall zu sein, also ganz besonders dort, wo spirituell arbeitende Menschen den Sitz des so genannten dritten Auges annehmen.

Bewegung hilft die innere Uhr synchronisieren

Noch ein zweiter Mechanismus bringt die innere Uhr mit dem Tagesrhythmus in Einklang: körperliche Bewegung unmittelbar nach der Morgendämmerung. Es muss allerdings schon Frühsport sein, am besten eine leichte Ausdauerbewegung wie ein morgendlicher Spaziergang. Der tägliche Fußweg zum Arbeitsplatz oder die Radtour dorthin tragen viel zur Synchronisation der inneren Uhr bei.

Lichttherapie als Antidepressivum

Jüngst haben Versuche mit Lichttherapien bewiesen, dass durch gezieltes Triggern der inneren Uhr mittels Dämmerungsreizen selbst schwere Depressionen behoben werden können. Dazu ist selbstverständlich das Erleben der Dämmerung in freier Natur am besten geeignet. Doch auch Kunstlichtquellen mit Tageslichtspektrum, die abends und morgens über einen automatischen Dimmer allmählich ihre Helligkeit ändern, bringen hervorragende Erfolge.

Wem diese Methoden zu aufwändig sind, der kann vor dem Schlafengehen für etwa 20 Minuten das elektrische Licht durch eine oder zwei Kerzen ersetzen. Das sollte jeden Abend zur gleichen Zeit und etwa in Übereinstimmung mit der tatsächlichen Tagesdauer geschehen. Es ist wenig sinnvoll, seine innere Uhr alle paar Tage völlig umzustellen.

Wo die natürliche Einstellung der inneren Uhr fehlt

Das fliegende Personal von Luftfahrtgesellschaften weiß von Flügen, die mit Zeitverschiebungen einhergehen, wie problematisch sich diese auf Leib und Seele auswirken können. Kaum eine Stewardess hat eine regelmäßige Periode. Neuerdings sind manche Ärzte der Auffassung, dass eine jahrelange Tätigkeit als Flugbegleiterin sogar negative Auswirkungen auf Leib und Seele von deren Kindern haben kann.

Elektrisches Licht gibt es in den meisten Haushalten etwa seit den zwanziger Jahren des 20. Jahrhunderts. Seither nahmen Depressionen und andere Neurosen rapide zu, ebenso wie Immunsystemschwächen und Allergien.

Sind diese seelischen und körperlichen Symptome Alarmzeichen für eine fehlende natürliche Synchronisation der inneren Uhr und damit Grund für die Destabilisierung zahlreicher körperlicher Regelkreise? An Indizien dafür fehlt es nicht.

Beobachten Sie einmal, wie oft am Tag Sie auf Ihre Armbanduhr schauen. Wer eine Weile keine Uhr mehr bei sich trägt, bekommt bald wieder mehr Gefühl für die eigene innere Uhr.

Der weibliche Zyklus

Haben wir schon Tages- und Jahreszeitrhythmen aus unserem zivilisierten Leben verbannt, so wurden die weiblichen Menstruationsrhythmen regelrecht tabuisiert. Nicht nur die Werbung vermittelt der Frau, ihre Regel sei störend oder gar peinlich. Ohne die Anwendung bestimmter Produkte, so die Werbebotschaft, würde sie sich unwohl fühlen und könne dann nicht unbeschwert am alltäglichen Leben teilnehmen. Man solle die Periode am besten gar nicht wahrnehmen.

Verteufelung durch die Kirche

Auch die kirchliche Auffassung tut das ihre dazu: Menstruationsblut gilt ihr seit jeher als unrein. Das liegt in der Geschichte begründet. Jede neue Religion versucht, ältere Glaubensrichtungen als Irrwege zu kritisieren. Alles, was den Alten heilig war, ist zu verteufeln.

Die Schlange beispielsweise, die unsere Vorfahren als Gesundheitsbringer verehrten und die auch in vielen Naturvölkern als heilig gilt, setzte zunächst die jüdische und später die christliche Religion mit dem Teufel gleich. Viele ehemals heilige Berge, wie etwa der Pilatus in der Schweiz oder der Pic Canigou in den Pyrenäen, wurden zum Sitz von bösen Geistern, Dämonen und Drachen umgedeutet. Auch das Menstruationsblut, das einst als heilig galt, wurde in diesem Zusammenhang verteufelt und als unrein abgestempelt.

Mittelalterlicher Aberglaube

Bezeichnenderweise war selbst der Mond, dessen Zyklus in engem Zusammenhang mit der weiblichen Periode steht, zumindest der mittelalterlichen christlichen Kirche nicht geheuer und wurde zuweilen sogar als Gestirn des Satans bezeichnet. Schamanen und Schamaninnen, für deren Arbeit die Mondperioden seit jeher von großer Bedeutung waren, verfolgte man als Hexenmeister und Hexen.

Der antike Philosoph und Naturforscher Plinius verbreitete zudem das Märchen, dass in Gegenwart einer menstruierenden Frau Milch und Wein sauer würden, Messer verrosteten und Pflanzen nach der Berührung durch sie dahinkümmerten und sogar eingingen. Im Volksglauben hat sich diese Auffassung bis ins 20. Jahrhundert erhalten.

Viele Frauen verspüren vor allem zu Beginn ihrer Periode, einer Zeit starken Bewusstseins für das eigene Frausein, das Bedürfnis, sich zurückzuziehen. Auch das ist in unserer modernen Leistungsgesellschaft nicht erwünscht.

Der Fruchtbarkeitszyklus

Das alles führte dazu, dass die meisten Frauen heute ihrer Regel gegenüber negative Gefühle entwickelt haben. Genau da beginnt das eigentliche Problem.

Die Monatsblutung ist Teil eines Fruchtbarkeitszyklus und hat als solcher etwas mit Energien zu tun. Derartige Kräfte, gleich ob es sich dabei um die Gezeitenkräfte des Monds handelt, die Wucht von Meereswellen oder Stürmen oder eben die spirituellen Energien der weiblichen Periode, lassen sich nicht einfach ignorieren.

Frauen, die versuchen, sie zu ignorieren, müssen dazu ebenso starke Gegenenergien aufbringen. Nur Barrieren aufzustellen, genügt nicht. Sie würden großen Kräften standhalten müssen und nähmen bei ihrem Widerstand meist selbst Schaden. Eben das erleben viele Frauen, die sich ihrer Regel mit negativen Gefühlen in den Weg stellten. Sie leiden unter Schmerzen, fühlen sich gerädert und erschöpft. Denn sie kämpfen unnütz gegen natürliche Energien an, statt positiv mit ihnen zu arbeiten.

Wichtig für das eigene Erleben der Periode ist auch, wie die erste Regelblutung wahrgenommen wurde. Hat die Umgebung sie als etwas vermittelt, womit eine Frau nun einmal zu leben hat, oder wurde die positive Dimension der einsetzenden Fruchtbarkeit und des Frauseins betont?

Umgang mit zyklischen Energien

Was hat das alles mit Schamanismus zu tun? Im Grunde genommen ist Schamanismus nichts anderes als die Kunst, mit den Energien der Natur spirituell in Kontakt zu treten, um sinnvoll mit ihnen zusammenzuarbeiten, nicht um sie zu bekämpfen oder zu unterjochen.

Die Energie der weiblichen Regel eignet sich dafür ganz besonders gut, denn sie ist primär eine spirituelle, Lebens spendende Energie, die einen besonders starken körperlichen Ausdruck findet. Sie ist ein Geschenk der Natur und gleichsam eine besondere Einladung an alle Frauen, schamanisch zu arbeiten.

Schamanische Arbeit während der Monatsblutung

Die Erfahrung zahlreicher schamanisch arbeitender Europäerinnen belegt sehr eindrücklich, dass ihnen gerade die Zeit ihrer Regel die kraftvollste Arbeit ermöglicht und ihnen zu den tiefsten emotionalen und spirituellen Einsichten verhilft, wenn sie dieses Geschenk der Natur annehmen und nicht ablehnen. Verhalten Sie sich auf diese Weise, dann schwinden auch mögliche Regelbeschwerden.

Vergleich mit dem Verhalten von Stammesvölkern

In manchen Stammesvölkern dürfen menstruierende Frauen allerdings an schamanischen Ritualen nicht teilhaben. Untersucht man deren Sozialstrukturen näher, dann findet man hierfür zwei unterschiedliche Motive. Zum einen gibt es auch bei Stammesvölkern das Patriarchat. Hier bestimmen die Männer die Regeln des Zusammenlebens. Sie sind von der schamanischen Kraft menstruierender Frauen verunsichert und fürchten Konkurrenz. Bei anderen Völkern geschieht die Tabuisierung aber auch ohne den Vorwand der Unreinheit, sondern mit der entgegengesetzten Begründung: Die menstruierende Frau ist heilig. Sie besitzt numinose Kräfte und ist deshalb ebenso unberührbar wie etwa ein tabuisierter heiliger Ort. In diesem Fall darf und soll sie sogar schamanisch arbeiten, allerdings nicht im Rahmen von Gruppenritualen.

Die Energie der Periode für schamanische Arbeit nutzen

Wenn Sie mit der Kraft Ihres weiblichen Zyklus schamanisch arbeiten möchten, dann folgen Sie dabei keinen fremden Anweisungen. Diese Kraft ist Ihre ureigene, höchst persönliche Quelle, und nur Sie können lernen, für sich selbst richtig damit umzugehen. Beginnen Sie mit Reisen zu folgenden oder ähnlichen Themen:
- »Zeige mir die positiven Aspekte meiner Regel und lehre mich, mit ihnen sinnvoll zu arbeiten.«
- »Zeige mir ein Ritual zur Begrüßung meiner Regeltage.«
- »Sage mir, was mich meine Regel lehren kann und wie ich diese Erfahrungen konkret nutzen kann.«

Dazu, dass Frauen sich heute der spirituellen Stärke ihrer Weiblichkeit insgesamt doch bewusster sind als früher, hat die Frauenbewegung viel beigetragen. Andererseits setzt sie die Frauen aber auch unter einen verstärkten Leistungsdruck.

Die eigene spirituelle Entwicklung fördern

Die Ergebnisse derartiger Reisen können sich rasch zeigen. Vielleicht erleben Sie schon Ihre nächste Menses vollkommen anders als bisher. Es kann aber auch eine langwierige Entwicklung eingeleitet werden, die Ihnen über Jahre hinaus immer neue Erfahrungen bereiten wird. Sind Sie so weit gekommen, dass Sie Ihre Regel als positive Kraft erleben, dann arbeiten Sie in diesen Phasen verstärkt schamanisch. Sie werden erkennen, wie machtvoll Ihr Tun dann ist. Sie sehen, hören und erfahren wesentlich intensiver, Ihre Heilungserfolge verstärken sich, Ihre persönliche spirituelle Entwicklung macht in diesen Zeiten ganz besonders gute Fortschritte.

Ruhe und Dynamik

Jeder natürliche Zyklus besitzt den Charakter einer periodischen Schwingung.

Zwar kreist der Mond mehr oder weniger regelmäßig um die Erde, doch die von ihm ausgelösten Gezeiten bewegen sich wie ein Pendel zwischen Ebbe und Flut. Zwar rotiert die Erde um ihre eigene Achse, doch empfinden wir die Folgen für uns als einen rhythmischen Wechsel zwischen Tag und Nacht. Zwar wandert die Erde ständig um die Sonne, doch erleben wir den Jahreskreis mehr als ein Hin- und Herschwingen der Natur zwischen Sommer und Winter, zwischen Wachstums- und Ruhephasen mit fließenden Übergängen, die Frühling und Herbst bilden.

Auch der weibliche Zyklus stellt einen solchen Wechsel zwischen Energieansammlung im körperlichen Umfeld des Eies und Energiefreisetzung zum Zeitpunkt des Eisprungs dar, wenn das reife Ei aus dem Eierstock gestoßen wird.

Die Äskulapnatter gilt bis heute als Symbol der Heilkunde und wird als Symbol für Heilwissen gebraucht.

Die Schwingungen eines Pendels

Derartige natürliche Schwingungsprozesse lassen sich am einfachsten anhand eines Pendels verdeutlichen und verstehen. An jedem Endpunkt seines Ausschlags steht es für einen Augenblick still, bevor es sich in die andere Richtung bewegt. Bei dieser Bewegung nimmt seine Geschwindigkeit zunächst fortwährend zu, um dann nach einem Maximum wieder stetig abzunehmen und schließlich am anderen Bewegungsextrem wieder auf Null abzusinken.

Die Bedeutung der Schwingungspunkte

So lassen sich während einer Schwingung vier besondere Punkte definieren: die beiden Umkehr- oder Stillstandspunkte und die beiden Punkte maximaler Geschwindigkeit.

An den Umkehrpunkten liegt die gesamte Systemenergie als so genannte potenzielle Energie (Lage- oder Ruheenergie) vor, an den Punkten maximaler Geschwindigkeit als reine kinetische Energie (Bewegungsenergie).

Das ganze System zeigt also während eines einzigen Zyklus zweimal größte Ruhe und zweimal höchste Bewegung. In allen Zwischenphasen liegen keine reinen Energieformen, sondern Mischungen vor.

Jahreslauf und Tageslauf

Die Pendelbewegung lässt sich sehr gut anhand des Jahreskreises verdeutlichen: Die Zeiten der Winter- und der Sommersonnenwende stellen die Ruhepunkte des Pendels dar. Um diese Daten herum verändern sich die Längen von Tag und Nacht äußerst langsam. Und auch die Natur ruht. Die Zeiten der Tag- und Nachtgleiche hingegen sind die dynamischsten Zeiten des Jahres. Die Längen von Tag und Nacht ändern sich täglich um bis zu zehn Minuten, und die Natur ist am aktivsten. Mit dem Frühjahr setzt plötzliches Wachstum ein. Mit dem Herbst beginnt nicht nur die Zeit der Reife, sondern vor allem eine innere Umstrukturierung aller Lebewesen.

Ähnliches zeigt uns der Tageslauf: Die Ruhepunkte um Mitternacht und Mittag gelten auch für den Menschen im Allgemeinen nicht als Abschnitte hektischer Betriebsamkeit. Am lebhaftesten hingegen sind die Morgen- und Abendstunden. Am spürbarsten ist dieser Zyklus selbstverständlich in der Natur.

Wie die Zyklen unser Leben beeinflussen

Alle vier Punkte, jene der Ruhe und jene der maximalen Bewegung, sind bei den natürlichen Zyklen von ausgeprägtem schamanischem Interesse. Doch nicht jeder Mensch reagiert in gleicher Weise auf diese Punkte.

Nehmen wir als Beispiel den Einfluss des Monds: Manche Menschen werden um den Vollmond herum besonders unruhig. Sie schlafen schlecht, träumen besonders lebhaft, sind zerstreut und vielleicht sogar aggressiv oder auch depressiv. Morde und Selbstmorde häufen sich um diese Zeit. Zum Vollmond kommen auch mehr Babys zur Welt als zu irgendeiner anderen Mondphase. Andere Menschen reagieren stärker auf den Neumond. Oft sind das besonders sensible Naturen, die dann eine scheinbar unerklärliche innere Unruhe verspüren.

Zu beachten sind auch die Phasen maximaler »Geschwindigkeit« im Zyklus, die des zunehmenden und abnehmenden Halbmonds. Sie werden oft seelisch nur deshalb weniger wahrgenommen, weil sich hier nichts staut. Alles fließt, alles ist aktiv, die Kräfte strömen, die Arbeit geht wie von selbst.

Um sein persönliches Leben in diesem natürlichen Rahmen bestmöglich einzurichten, ist es empfehlenswert, auf einer schamanischen Reise entsprechende Fragen in Bezug auf den Mondzyklus und alle anderen Zyklen der Natur zu stellen.

Dem Bedürfnis nach Ruhe, das sich um die Mittagszeit einstellt, gehen die wenigsten Menschen nach. Oft ist der Arbeitsalltag auch so strukturiert, dass dies gar nicht möglich ist. Doch wie erholsam ist eine halbe Stunde Mittagsschlaf.

Die zwei Zyklen des Monds

Wenn wir vom Mondzyklus sprechen, müssen wir uns immer vergegenwärtigen, dass es nicht nur einen, sondern im schamanischen Sinn zwei bedeutsame Mondzyklen gibt, die uns tagtäglich beeinflussen. Diese Tatsache ist heutzutage den wenigsten Menschen bewusst. Unsere Urahnen in der Steinzeit hingegen wussten sehr wohl darum, denn sie lebten mit der Natur und ihren Zyklen.

Der synodische und der siderische Monat

Dass Frauen sich häufig als »unnormal« empfinden, wenn ihr Monatszyklus nicht genau 28 Tage beträgt, liegt an den starren Normen, die die Schulmedizin vorgibt. Sie misst der Abhängigkeit des Zyklusgeschehens vom Mondzyklus noch immer zu wenig Bedeutung bei.

Von Neumond bis Neumond vergehen 29,53 Tage. Astronomen nennen diese Zeitspanne den synodischen Monat. Es gibt aber auch den siderischen Monat von 27,32 Tagen Länge. Nach dieser Zeit steht der Mond jeweils an derselben Stelle des gestirnten Himmels. Der synodische und der siderische Monat sind bedeutsam für die schamanische Arbeit.

Die in der Astronomie außerdem bekannten tropischen (27,32 Tage), drakonitischen (27,21 Tage) und anomalistischen (27,55 Tage) Mondmonate sind als Naturzyklen im schamanischen Sinn weniger wichtig.

Welchem Monat man selbst zugeordnet ist

Dass sich die Periodenblutung vieler Frauen nach den Mondzyklen richtet, ist bekannt und auch wissenschaftlich akzeptiert. Interessant in diesem Zusammenhang ist, dass sich der Fruchtbarkeitszyklus bei manchen Frauen nach dem synodischen, bei anderen nach dem siderischen Monat richtet.

Bei nicht wenigen Frauen ist die Regel sogar einer Überlagerung beider Zyklen unterworfen. Das führt dann zu einer ungleichmäßigen Stärke der Menstruation und gelegentlich auch zu leichten Zwischenblutungen.

Beobachten Sie an sich selbst durch Vergleiche mit dem Mondkalender, zu welchem Typ Sie gehören, und fragen Sie Ihre Krafttiere und spirituellen Helfer, aus welchen Gründen sich das so verhält.

Auf diese Weise können Sie vieles über sich selbst erfahren und sich unter Umständen auch mögliche Phasen innerer Unausgeglichenheit, die Ihnen bisher immer wieder zu schaffen gemacht haben, besser erklären. Es lohnt sich also, diesen Fragen einmal auf den Grund zu gehen.

Schlüsselpunkte im Schwingkreis

Auf jeden Fall lernen Sie, gezielter mit den Zyklen der Natur umzugehen und ihre Kräfte sinnvoll in Ihre schamanische Arbeit einzubeziehen. Nicht alles muss dabei allerdings immer einem vorgefassten Schema entsprechen oder formulierten Regeln unterworfen sein. Lassen Sie auch Ihrer Intuition freien Lauf, und hören Sie auf Ihre innere Stimme.

Zeiten des spirituellen Chaos

In jedem Schwingkreis gibt es auch Momente, in denen er für Störungen ganz besonders anfällig ist. Meist sind das die Augenblicke der Ruhe, und nicht die der maximalen Bewegung. Die zwölf dunklen Nächte im Jahr liegen um die Zeit der Wintersonnenwende. Zu dieser Zeit herrscht dem Volksglauben nach spirituelles Chaos.

Vergleichbar ist das mit der Zeit der weiblichen Menstruation. Auch hier lässt sich die Spiritualität nicht kanalisieren oder exakt berechnen. Aber ausgerechnet in einem spirituellen Chaos liegt ein ungeheures Potenzial an Kreativität, liegt die Möglichkeit, kraftvoll Fesseln zu sprengen und dynamisch neue Wege zu beschreiten.

Fürchten Sie sich nicht vor dieser chaotischen Kraftfülle, nutzen Sie sie für sich und Ihre Arbeit. Reiten Sie auf den Wellen, statt sich ihnen widersetzen zu wollen, wenn Sie nicht von ihnen zerstört werden wollen.

Die enge Verbindung zwischen Mond- und weiblichem Monatszyklus schlägt sich auch sprachlich nieder. Der Begriff »Monat« leitet sich von Mond her, die lateinische Bezeichnung für Monat lautet Mensis (Plural: Menses). Der Begriff »Menses« wiederum wird in der Bedeutung von Menstruation verwendet.

Ebbe und Flut – wie in diesem Gezeitenwasserfall in Lappland – sind periodische Zyklen der Natur. Ihre Kräfte werden in der schamanischen Arbeit gezielt genutzt.

Den besten Zeitpunkt für die eigene Arbeit herausfinden

Alle vier herausragenden Punkte eines natürlichen Zyklus, die beiden Ruhepunkte und die beiden Punkte maximaler Bewegung, bieten besonders gute Möglichkeiten für schamanische Arbeit. Finden Sie heraus, welche Art der Tätigkeit Sie zu welchem Zeitpunkt am besten erledigen können.

Experimentieren eignet sich zu diesem Zweck ebenso gut wie gezieltes Befragen Ihrer Krafttiere und spirituellen Lehrer. Sie können auch beides miteinander verbinden: Verbringen Sie je eine Nacht zu den Sonnenwenden und den Tagundnachtgleichen im Freien, und fragen Sie Ihre Helfer nach den besonderen Kräften dieser Zeitpunkte. Beobachten Sie auch sorgfältig, wann Sie selbst die reichsten spirituellen Erfahrungen gewinnen können.

Grundsätzlich sind es diese wichtigen Punkte im natürlichen Zyklus des Jahreslaufs, die Ihnen sehr gute Zugänge in andere Wirklichkeitsbereiche eröffnen und Ihre schamanische Arbeit dadurch deutlich erleichtern.

Eigene Erfahrungen vermitteln immer tiefere Einsichten als es durch die Übernahme fremder Erkenntnisse möglich ist.

Optimale Zeiten für das spirituelle Leben finden

Gleiches gilt für den Tageslauf. Nicht von ungefähr schreibt beispielsweise der Islam feste Zeiten für das tägliche Ritualgebet vor. Die größte Bedeutung wird dabei der Morgen- und Abenddämmerung beigemessen.

Aus diesen Gründen wurden auch die großen spirituellen Feste so gut wie aller prä- und protohistorischen Kulturen von den europäischen Megalithbauern bis zu den Inkas an den Tagen der Tagundnachtgleichen sowie der Sonnenwenden gefeiert. Um diese möglichst genau zu bestimmen, scheute man keine Mühe. Man baute zu diesem Zweck so aufwändige astronomische Beobachtungsanlagen wie Stonehenge, Machu Picchu und Tausende anderer. Sie dienten in erster Linie der Errechnung schamanisch wichtiger Daten im Jahreskreis.

Entdecken auch Sie diese für Ihre Arbeit bedeutsamen Schlüsselpunkte der natürlichen Zyklen wieder. Aber folgen Sie dabei nicht Gebrauchsanweisungen, etwa in Form von Biorhythmustabellen, sondern sammeln Sie Ihre persönlichen Erfahrungen. Was hilft Ihnen ein noch so gut dokumentiertes keltisches Sonnenwendritual, das Sie nachvollziehen möchten, wenn die für Ihre schamanische Arbeit günstigsten Kräfte zur Zeit der Herbst-Tagundnachtgleiche strömen?

Verborgene Zyklen

Natürliche Zyklen können wie Tag und Nacht, die Mondphasen oder die Menses deutlich erkennbar sein, sie können sich aber auch verdeckt abspielen. Trotzdem haben auch sie ihre Wirkung auf den Organismus. So erlebt beispielsweise ein Mann zwar keine Regelblutungen, doch unterliegt er sehr wohl emotional gleichen zyklischen Schwankungen wie eine Frau. Hier spielen die beiden Mondzyklen eine wichtige Rolle.

Menopause und periodische Kräfte

Gleiches gilt für Frauen jenseits der Menopause. Die zyklischen Kräfte, die auf Körper und Seele wirken, sind auch in dieser Lebensphase keinesfalls schwächer, selbst wenn man dafür keine unmittelbaren Anzeichen mehr sieht. Eine Frau fortgeschrittenen Alters, die ihre zyklisch aufgebauten Kräfte nicht mehr durch Regelblutungen entlädt, verliert sie nicht. Die Energien bleiben ihr erhalten, und sie kann mit ihnen spirituell arbeiten. Stellt sie sich ihnen ablehnend gegenüber und versucht, sie zu unterdrücken, dann suchen sie sich ein anderes Ventil: fliegende Hitze, Nachtschweiß oder Phasen innerer Unruhe. Stattdessen sollte sie diese Kräfte annehmen und ihre spirituellen Helfer fragen, wie man sie positiv nutzen kann.

Das spirituelle Potenzial wächst

Die Naturvölker bezeichnen ihre weiblichen Mitglieder jenseits der Zeit ihrer Regel nicht als alt und unfruchtbar, sondern als reif und weise. Frauen in diesem Alter verfügen über spirituelle Potenziale, die eine jüngere Geschlechtsgenossin, die noch Kräfte für Schwangerschaften und Geburten bereitstellt, nicht nutzen kann.

In vielen Völkern erfolgt die Berufung der weiblichen Schamanin grundsätzlich erst nach der Menopause. Der natürliche Zyklus besteht fort, aber seine Kraft lässt sich dann anders und wahrscheinlich weitaus tiefer spirituell nutzen.

Hat man nicht gelernt, mit dieser Kraft sinnvoll umzugehen, dann kann diese Haltung zu der in zivilisierten Gesellschaften sattsam bekannten Midlifecrisis führen. Sie betrifft Männer ebenso wie Frauen. Denn das ganze menschliche Leben ist ein natürlicher Zyklus, dessen wandelbaren Kräften man sich nicht ungestraft in den Weg stellen darf.

Seit einigen Jahren ist bekannt, dass auch Männer so etwas wie Wechseljahre erleben. Es stellt sich das Bedürfnis ein, sich von Altem zu verabschieden. Die Zeit der größten Leistungsfähigkeit geht zu Ende, und es besteht der Wunsch nach neuen Perspektiven.

Sterben und Tod

Bewusstes Leben ist dem Schamanen ebenso wichtig wie bewusstes und waches Sterben. Der Tod ist im Schamanismus kein Tabuthema. Er gehört zum Leben wie die Geburt, wie die verschiedenen Wirklichkeitsebenen, zwischen denen der schamanisch Reisende lebt. Auch stirbt jeder Schamane vor oder bei seiner wirklichen Initiation mehrere Tode, um damit umgehen zu lernen. Aufgabe des auf diese Weise befreiten Schamanen ist es, für andere da zu sein, ihnen zu helfen, sie zu heilen, sie weiterzubringen auf ihrem Weg. Dazu gehört auch eine aktive spirituelle Begleitung, die dem Sterbenden die Reise in jene andere Welt deutlich erleichtert.

Sterbebegleitung

Im zehnten Kapitel seines Werks »Der Staat« erzählt der Philosoph Platon die Geschichte von Er. Er ist ein Soldat, der von seinen Kriegskameraden für tot erklärt wird und auf dem Schlachtfeld liegen bleibt. Später trägt man ihn zusammen mit anderen Leichen auf einen Scheiterhaufen. In dem Moment, wo man das Feuer entfacht, steht Er auf und berichtet, was ihm widerfahren war. Er war ins Jenseits gereist und zurückgekommen. Seine Seele hatte sich gemeinsam mit denen anderer gefallener Soldaten in einem Hochtal auf einem Pass wiedergefunden. Frei seien sie durch die Luft geflogen. Göttliche Wesen seien ihnen begegnet und hätten jeder Seele ihr vergangenes Leben noch einmal gezeigt. Diese Prozedur glich einem Urteil. Ihm jedoch sagten die göttlichen Wesen, Er solle in die Welt zurückkehren und erzählen, was Er erlebt habe.

Platons Geschichte – ein Nahtodesbericht

Niemand kann sagen, woher Platon den Stoff dieser Erzählung hatte. Fest steht, dass sie in vielen Einzelheiten mit anderen heute bekannten Nahtodesberichten übereinstimmt. Sehr wahrscheinlich waren derartige Erlebnisse auch den alten Griechen bekannt. Diese Schilderungen von Zeitgenossen über ihre Nahtodeserlebnisse waren so beeindruckend und schön, dass sich sogar mystische Schulen bildeten, die versuchten, sie gezielt herbeizuführen.

Moody und die Nahtodesforschung

Nur wenige Philosophieprofessoren unserer Zeit behandeln im Rahmen ihrer Vorlesungen die Er-Erzählung Platons. Ende der sechziger Jahre widmete sich ihr der amerikanische Universitätslehrer Raymond Moody und brachte damit eine Lawine ins Rollen. Studenten berichteten ihm von Nahtodeserfahrungen Bekannter oder Verwandter, die mit der von Er übereinstimmten. Mehrere unabhängige und weitgehend übereinstimmende Berichte dieser Art schließlich ließen in Moody einen Entschluss heranreifen. Er gab seine Professur auf und begann im Rahmen eines Psychologiestudiums Nahtodesberichte zu sammeln und zu untersuchen. Moody arbeitete 16 Hauptmerkmale heraus:

Wir wissen heute nicht mehr viel über diese alten Geheimlehren. Aber Altertumsforscher glauben, dass im Rahmen der so genannte orphischen Rituale junge Menschen derart in Schrecken versetzt wurden, dass sie den Tod figürlich auf sich zukommen sahen. Man wollte ihnen zu Todeserlebnissen verhelfen.

Gemeinsamkeiten der Nahtodesberichte

1 Alle »Überlebenden« berichteten, ihre Erlebnisse ließen sich mit Worten nicht schildern. Die bedingungslose Liebe, der sie begegneten, sei unbeschreibbar.

2 Der im Koma Liegende oder klinisch Tote hört, dass er für tot erklärt wird und ist darüber zunächst sehr erstaunt. (Klinisch tot bedeutet, dass nicht nur Herz und Atmung ausgesetzt haben, sondern dass auch die Gehirntätigkeit eingestellt ist).

3 Sobald er sich jedoch mit seinem Tod abgefunden hat, erfüllt ein Gefühl von Frieden und Ruhe den Betroffenen.

4 Der klinisch Tote nimmt im Inneren ein Geräusch wahr. Manche beschreiben es als Gong, andere als eine Art Klappern. Es kann als angenehm, zuweilen aber auch als erschreckend empfunden werden.

5 Der Betroffene erlebt, wie er seinen Körper verlässt und kann seinen leblosen Leib von einem mehr oder weniger entfernten Ort aus beobachten. Er sieht auch alle diejenigen, die sich um ihn bemühen; manche Berichte beschreiben, wie der klinisch Tote vergeblich versucht, mit Ärzten, Krankenschwestern und anderen Anwesenden Kontakt aufzunehmen.

6 Die meisten berichten, dass ihr Sehvermögen und ihre fliegende Art der Fortbewegung einer Art Zoommechanismus entsprechen. Sie brauchen sich nur auf einen Gegenstand oder eine Person zu konzentrieren, dann fokussiert sich ihr Gesichtssinn wie ein Teleobjektiv darauf, oder sie gelangen blitzschnell selbst dorthin. Die Betroffenen haben das Gefühl, sich mit beliebiger Geschwindigkeit fortbewegen zu können. Zudem sind sie in der Lage, alle Geräusche um sich herum wahrzunehmen.

7 Nach einiger Zeit im Nahbereich ihres klinisch toten Körpers fühlen die Betroffenen, wie sie sich in rasendem Tempo durch einen dunklen Tunnel bewegen: eine Höhle, einen Brunnen, einen Schacht oder eine Art Wellrohr, manchmal auch durch einen windhosenähnlichen Wirbel.

8 Schon in diesem Tunnel erscheinen andere Wesen: Unbekannte, wohl aber auch früher verstorbene Angehörige oder Freunde, zuweilen Tiere. Sie erweisen sich als Führer für den Sterbenden.

9 Am Ende des Tunnels strahlt ein helles, kristallklares oder goldenes Licht, das aber nicht blendet. Es ist intensiver als alles, was sich der menschliche Geist vorstellen kann, und es vermittelt ein starkes Gefühl allumfassender Liebe.

Ein Student Moodys erzählte von einer Komavision seiner Schwester. Sie glaubte, sich durch eine dunkle Leere, eine Art Tunnel bewegt zu haben, an dessen Ende sie von einem intensiv strahlenden, aber nicht blendenden Licht erwartet wurde. Sie hatte dabei das Gefühl, mit dem Licht zu verschmelzen, »im Paradies zu sein«.

Moody veröffentlichte ein Buch zum Thema Nahtodeserlebnisse: »Life after Life« (der deutsche Titel heißt: »Leben nach dem Tod«). Wenig später nahm eine »International Association for Near-Death-Studies« (ANDS) ihre Arbeit auf. Eines ihrer ersten Untersuchungsergebnisse betraf Nahtodeserfahrungen wieder belebter klinisch toter Selbstmordkandidaten: Sie weisen bei weitem nicht so positive Elemente auf!

10 Schon der erste Kontakt mit dem Licht lässt den Betroffenen sein ganzes irdisches Dasein noch einmal lückenlos durchleben. Dieses Wiedererleben wird von einer inneren Stimme kommentiert, ernsthaft aber zugleich durchaus humorvoll.

11 Plötzlich erscheint vor dem Sterbenden eine Art Barriere, die er nicht überwinden kann. Es ist ihm unmöglich, weiter in das Licht einzudringen. Die Sperre kann gegenständlich sein und als Schranke, Hecke, Fluss oder Nebel erscheinen. Sie kann aber auch nur rein gefühlsmäßig existieren: Es geht hier nicht weiter. Die Sperre zwingt zur Rückkehr zum irdischen Körper.

12 Die Rückkehr ins Leben wird von den meisten Betroffenen zunächst als unangenehmer Zwang, als Rückkehr in die Schwere und Begrenztheit empfunden. Einzelheiten der Rückkehr in den eigenen Körper werden selten wahrgenommen.

13 Wieder bei Bewusstsein, hat der ins Leben Zurückgerufene einen dringenden Wunsch. Er möchte sofort von seiner Reise erzählen. Und hier stellen sich in der Regel ernsthafte Probleme ein. Niemand will es hören. Und wer aus Höflichkeit dennoch lauscht, hält den Bericht für Halluzinationen im Koma. Ärzte und Verwandte wollen zuweilen trösten, dass das Erlebte glücklicherweise vorbei sei und man sich bald sicher nicht mehr daran erinnern werde. Eine solche Reaktion belastet jedoch ganz im Gegenteil den Betroffenen sehr und wird als äußerst deprimierend empfunden. Er hat das Gefühl, mit seinen neuen Erfahrungen allein auf der Welt zu sein.

14 Das Erlebnis hat seine Nachwirkungen. Die Betroffenen ändern ihr Leben, werden reifer, leben bewusster, sind ruhiger, konservativer und zugleich sensibler. Die Interessen verschieben sich. Manche widmen sich philosophischen oder religiösen Studien. Sie freuen sich über Kleinigkeiten wie das Grün der Wiese oder den Flug eines Vogels. Einige werden hellsichtig, erkennen die Gedanken ihrer Mitmenschen und haben Vorahnungen.

15 Es gibt keine Angst vor dem Tod mehr. Das gilt für 100 Prozent aller Fälle. Alle Betroffenen sind fest davon überzeugt, eine Art Generalprobe erlebt zu haben.

16 Wann immer ein zurückgekehrter klinisch Toter Dinge aus dem Nahbereich beschreibt, etwa bestimmte Handlungen von Ärzten oder Krankenschwestern, aber auch Begebenheiten außerhalb seines Krankenzimmers, des Unfallorts oder seiner nächsten Umgebung, dann erweisen sich die Berichte als den Tatsachen entsprechend.

Todesrituale bei Stammesvölkern

Was Moody mit seinen Arbeiten zum Thema »Nahtoderlebnisse« der westlichen Welt wieder bewusst machte, war in den Kulturkreisen, in denen Schamanismus zum Alltag gehört, niemals in Vergessenheit geraten. Wie in den orphischen Ritualen der alten Griechen, so führen auch die Schamanen zahlreicher Stammesvölker bei ihren Schülern Nahtoderlebnisse gezielt herbei.

Herbeigeführte Nahtoderlebnisse

Der Grund hierfür ist in einigen Punkten zu suchen, die wir aus Moodys Bericht kennen. So erfahren die Schamanenschüler angesichts des Todes die allgegenwärtige, göttliche Liebe und verlieren ihre Furcht vor dem Sterben. Sie werden innerlich frei. Dieses Erlebnis ist entscheidend für ihr ganzes weiteres Leben. Um das Nahtoderlebnis zu erreichen, greifen manche Völker zu recht drastischen Maßnahmen. Manche Eskimos beispielsweise bringen ihre zukünftigen Schamanen durch wochenlanges Hungern und Dursten bei gleichzeitigem Aufenthalt in der arktischen Kälte in Komazustände oder ertränken sie, um sie danach wieder zu beleben.

Die Angehörigen von Naturvölkern sind sich bewusst, was der Tod ist und was nach ihm kommt. In unseren zivilisierten Breiten verfügt meist nur der über solche Kenntnisse, der beispielsweise nach einem Unfall oder nach schwerer Krankheit klinisch tot war. Und er findet im Allgemeinen niemanden, mit dem er über die tiefste Erfahrung seines Lebens sprechen kann.

Orphische Rituale wurden vor dem Hintergrund der Orphik durchgeführt, einer Lehre, die sich mit dem jenseitigen Geschick der Seele befasste und mit der Frage, wodurch sie Erfüllung im Jenseits erfährt.

Todeserlebnis oder Halluzination?

Selbst die meisten Psychiater neigen dazu, Nahtoderlebnisse als reine Halluzination abzutun, die durch die Ausschüttung endogener Opiate im Augenblick des Todeskampfes ausgelöst wird. Aber sogar wenn es sich so verhalten sollte, zählt doch wohl nur das Ergebnis, also die Auswirkung auf das ganze weitere Leben der Betroffenen. Sie alle sind innerlich befreit, frei von negativen Gefühlen wie Hass und Missgunst, frei von übertriebenen materiellen Bindungen, frei von jeglicher Daseinsangst.

Angst vor dem Tod haben nur diejenigen, die nicht in der Lage sind, über die materielle Seite ihres Körpers hinauszusehen und sich vor deren Zerstörung fürchten.

Sterben und Tod

Der Umgang mit Sterbenden

Wer sich allerdings ernsthaft mit dem Thema »Sterben und Tod« auseinander setzen will, der darf keine Scheu davor haben, den Tod selbst kennen zu lernen. Dazu gibt es schamanische Wege. Denn niemand kann glaubwürdig einen Sterbenden begleiten, der jenes Land nicht selbst besucht hat, sondern nur aus der Literatur oder vom Hörensagen davon weiß.

Wir alle werden einmal sterben. Wo jedoch sind in unserem Kulturkreis die Gesprächspartner, die uns auf diese bedeutende Reise wirklich vorbereiten können? Es sind kaum mehr als jene wenigen, die auf Nahtodeserlebnisse zurückblicken können. Für einen Sterbenden jedoch gibt es kaum ein schöneres Geschenk, als mit solchen Menschen reden zu können.

Es gibt viele Menschen, die bis weit in ihr Erwachsenenalter noch keinen Toten gesehen haben. Wie sind hier Ihre Erfahrungen und die Ihrer Freunde?

Wie wir mit dem Sterben umgehen

Wir alle können sehr überraschend in die Situation kommen, einen uns nahe stehenden Menschen auf seinem letzten Weg begleiten zu müssen. Da in unserer Kultur der Tod für den Lebenden und Gesunden als Schrecknis oder als Tabuthema behandelt wird, herrschen in einem solchen Fall meist völlige Ratlosigkeit und auch Verzweiflung. Beides ist für den Sterbenden ganz und gar nicht hilfreich.

Vor allem resultieren aus der eigenen Unsicherheit unter Umständen Fehlhandlungen, die einen sterbenden Menschen noch zusätzlich belasten. Eine Formulierung wie »Hab' nur ein bisschen Geduld, du wirst schon wieder gesund« erkennt ein Todkranker, der um seinen Zustand meist intuitiv weiß, ganz richtig als Furcht seines Gesprächspartners, sich den unvermeidlichen Tatsachen zu stellen.

Verunsicherung und zwanghaftes Festhalten

Schlimmer noch sind Klagen wie: »Verlass' uns nicht, wir brauchen dich doch noch!« Ein Mensch, dessen Seele gehen will, dessen Geist seine Mitmenschen aber mit Gewalt festhalten, muss zwangsläufig unter fürchterlichen inneren Konflikten leiden. Der Todkranke verliert somit die Möglichkeit zu letzten erhellenden Gesprächen. Denn über das, was ihn tief im Inneren wirklich bewegt, lässt sich mit einem verunsicherten Menschen oder einem, der versucht, ihn auf Gedeih und Verderb festzuhalten, nicht reden.

Tod ist für Schamanen kein Tabuthema. Er hat für ihn viele Gesichter, und nicht selten erlebt der Schamane seinen eigenen Tod auf einer Reise.

Wie also kann man sich angesichts des nahen Todes eines Menschen richtig verhalten? Es ist nicht möglich, diese äußerst komplexe Frage verbindlich und erschöpfend zu beantworten.
Aus schamanischer Sicht lassen sich jedoch zahlreiche Hinweise geben, die eine gute Grundlage für den Umgang mit Sterbenden bilden und dabei helfen, Fehler zu vermeiden.

Tod – kein Tabuthema

Wenn Sie ernsthafte Sterbebegleitung betreiben wollen, haben Sie zunächst keine Scheu, das Kind beim Namen zu nennen. Todkranke können mit Heuchelei wenig anfangen und achten auch nicht gern auf die Spielregeln so genannter gesellschaftlichen Takts, dass man vom Tod nicht spricht. Sie beschäftigen sich meist ernsthaft mit wichtigen spirituellen Themen, und wenn sie das noch nicht tun, so wird es höchste Zeit, sie behutsam, aber bestimmt an das Thema »Sterben und Tod« heranzuführen. Am besten ist das Gespräch mit einem Menschen, der auf Nahtoderfahrungen zurückblicken kann. Sprechen Sie mit Freunden, Bekannten, Geschäftskollegen über Nahtoderlebnisse. Sie werden sich wundern, wie schnell Sie von Menschen erfahren, die beispielsweise nach einem Unfall schon im Jenseits waren. Bitten Sie diese, mit Ihrem Todeskandidaten zu sprechen. Ein ehemaliger Betroffener weiß, wovon er spricht, und er verfügt über die Selbstsicherheit und die Kenntnis, Gespräche zu führen, die einem Sterbenden helfen können.

Oft ist es der Sterbende selbst, der ein von Unsicherheit und Zögerlichkeit geprägtes Gespräch wendet und seinem Gegenüber ermöglicht, offen und ehrlich zu sein. Er hat sich bereits mit dem Tod vertraut gemacht.

Eigene Nahtoderfahrungen sammeln

Noch besser ist es natürlich, wenn Sie selbst wissen, was uns nach dem Tod erwartet. Sie brauchen sich zu diesem Zweck jedoch weder vor ein Auto zu werfen noch von einem Eskimoschamanen ertränken zu lassen. Es geht auch einfacher.

Unternehmen Sie eine schamanische Reise zu Ihrem Lehrer, und stellen Sie ihm die Frage: »Was geschieht mit mir unmittelbar nach meinem Tod?« Bitte fragen Sie nicht: »Was geschieht mit mir, wenn ich sterbe?« Im letzteren Fall werden Sie kaum über das Erlebnis des eigenen Ablebens hinauskommen. Bei der zuerst genannten Mission gelangen Sie aber wirklich in Nahbereiche des Jenseits.

Ihre Berichte über eigenes Erleben und auch über die Erkenntnisse vor allem von Moody, Elisabeth Kübler-Ross und aus anderen Veröffentlichungen auf diesem Gebiet können die erste wichtige Hilfe sein, sich mit dem Schritt aus dem irdischen Leben zuversichtlich auseinander zu setzen.

Schamanische Reisen ins Jenseits

Tausende von Reiseberichten aus Schamanismusseminaren für Fortgeschrittene zu diesem Themenkreis zeigen, dass die meisten Erlebnisse denen klinisch toter und wieder belebter Patienten recht genau entsprechen und zum Teil sogar über diese hinausgehen.

Allerdings ist bei den schamanischen Reiseerfahrungen die Erlebnistiefe trotz gleichen Inhalts im Allgemeinen geringer als bei tatsächlichen Nahtoderlebnissen. Derartige Reisen bewirken nicht mit gleicher Nachdrücklichkeit jenen kompletten Wandel der bisherigen Lebensführung.

Doch in anderer Hinsicht sind sie durchaus hilfreich: Sie nehmen uns die Furcht vor dem eigenen Tod, und sie machen uns zu kompetenten Gesprächspartnern für Sterbende und deren Angehörige.

Maßnahmen, um die Rückkehr zu gewährleisten

Doch Vorsicht: Unternehmen Sie eine schamanische Reise über die Schwelle Ihres Todes hinaus niemals allein! Vergewissern Sie sich, dass jemand bei Ihnen ist, der Sie auch dann zurückholt, wenn Sie es selbst nicht mehr möchten. Nennen Sie Ihrem Partner zuvor wenigstens zwei gute Gründe, warum Sie unbedingt von dieser Reise zurückkehren wollen; besser noch: Notieren Sie die Gründe schriftlich. Es geschieht zwar selten, dass jemand wirklich auf der anderen Seite bleiben möchte, aber es kommt durchaus auch bei Menschen vor, die nicht gerade mit Selbstmordgedanken spielen.

Wie weit man bei einer solchen Reise abdriften kann, zeigen viele Beobachtungen von Reisenden. Hin und wieder gibt es Kandidaten, die innerhalb von rund einer Viertelstunde nicht nur leichenblass werden, sondern auch deutlich herabgesetzte Körperfunktionen aufweisen, wie einen stark verlangsamten Puls, langsame und flache Atmung oder sinkende Körpertemperatur. Bitten Sie Ihren Partner, Sie zu berühren oder auf andere Art und Weise vorsichtig zurückzuholen, wenn er solche Anzeichen an Ihnen beobachtet, spätestens aber, nachdem die Trommel das Rückrufsignal gegeben hat.

Weitere Empfehlungen

Was Sie auf einer solchen Reise erleben können, erfahren Sie am besten selbst. Es würde Sie nur ungut beeinflussen und festlegen, wenn Sie hier eine Auflistung von »Standarderlebnissen« finden würden.

Wer allerdings den geringsten Zweifel hegt, ob er einer derartigen Mission im Alleingang gewachsen ist, dem sei dringend zu einem Seminar über Tod und Sterbebegleitung aus schamanischer Sicht unter erfahrener Leitung geraten. Schließlich geht es hier um nicht weniger als um die Erfahrung von Grenzbereichen Ihres Daseins. In einem solchen Seminar werden Sie auch mehrere vorbereitende Erfahrungen sammeln können. Beispielsweise setzen Sie sich spirituell mit der Frage auseinander, was Leben überhaupt bedeutet, bevor Sie sich mit dem Sterben, also dem Ableben, befassen.

Erfahrungen weitergeben

Verfügen Sie durch schamanische Reisen oder andere Grenzerfahrungen über eigene Nahtodeserlebnisse, dann sprechen Sie mit dem Sterbenden, den Sie begleiten wollen, darüber. Vielleicht stoßen Sie dabei bereits auf offene Türen. Nicht wenige Menschen wissen angesichts ihres nahen Tods sehr wohl um die Bedeutung spiritueller Jenseitserfahrungen.

Ist der Sterbende noch nicht bereit für diese Inhalte, so überfluten Sie ihn nicht mit Ihrem Wissen. Bedenken Sie auch: Wir alle erleben unseren Tod zwar im Prinzip ähnlich, in Details allerdings oft recht unterschiedlich. Das hängt beispielsweise stark mit dem eigenen religiösen Hintergrund zusammen.

Zwar hört man immer wieder von Menschen, die Probleme haben, aus der geistigen Welt zurückzukehren – das gilt nicht nur für die Auseinandersetzung mit dem Tod. Meist handelt es sich dabei aber um psychisch labile Menschen, die zudem mit den Methoden und Techniken des schamanischen Reisens nicht ausreichend vertraut sind.

Wie Sie das Gespräch richtig einleiten

Deuten Sie zu Beginn nur an, dass Sie mehr über das Thema »Sterben« wissen als manche andere Menschen. Wenn sich danach vonseiten Ihres Gesprächspartners Fragen ergeben, so beschränken Sie sich ausschließlich auf deren Beantwortung. Manchmal ist ein Sterbender oder Todkranker noch keineswegs so weit, diese Welt wirklich zu verlassen. Und auch wenn er tatsächlich kurz vor seinem letzten Weg steht, so muss er das persönlich noch gar nicht akzeptiert haben. Bedrängen Sie ihn in einem solchen Fall nicht mit Gesprächen über den Tod. Vermeiden Sie dieses Wort aber auch nicht ängstlich.

Das Sterben begreifen und den Tod akzeptieren

Lassen Sie dem Sterbenden Zeit, seine Situation zu begreifen. Meist geschieht das in drei Phasen:
1 Widerspruch (Dieser kann je nach Temperament von schlichtem Nicht-wahrhaben-Wollen einer klinischen Diagnose bis zu tobender Wut über den eigenen Zustand reichen.)
2 Tiefe Resignation
3 Bewusstes Annehmen des Bevorstehenden, Klarheit und seelische Freiheit

Gefragt ist Ihre aktive Hilfe besonders in der zweiten Phase, in der der Todkranke bereits ahnt oder sogar weiß, dass es kein Zurück mehr gibt, in der er sich mit dieser Tatsache aber noch nicht auseinander setzen will. Geben Sie ihm ein Zeichen, dass er, wenn er mit Ihnen über den Tod reden will, es Sie wissen lassen soll. Vermitteln Sie ihm das Gefühl, dass Sie für ihn da sind.

Reisen lehren

Sucht der Sterbende das ernsthafte Gespräch, so sollten Sie ihm auch anbieten, ihn schamanisch reisen zu lehren. Tun Sie das vor allem auch dann, wenn er sich noch sehr skeptisch gegenüber dem von Ihnen Erzählten zeigt. Eigene Erfahrungen sind bestens geeignet, solche Zweifel zu zerstreuen.

Lehren Sie den Menschen, den Sie durch den Tod hindurch begleiten wollen, die untere und die obere Welt kennen zu lernen, machen Sie ihn mit seinem Krafttier und seinem Lehrer bekannt, und schlagen Sie ihm eine Reise mit der Mission vor: »Was geschieht mit mir unmittelbar nach meinem Tod?« Spätestens nach diesem Schritt wird die größte Angst vor dem Sterben verschwunden sein.

Es kommt auch vor, dass ein zum Sterben bereiter Mensch erst dann schamanische Hilfe wünscht, wenn nur noch der Geist dazu bewegt werden soll, seine irdische Hülle zu verlassen.

Arbeiten erledigen und Probleme lösen helfen

Doch damit ist Ihre Arbeit der Sterbebegleitung keineswegs zu Ende. Zwar wird der Mensch, den Sie begleiten, den Tod nun nicht mehr fürchten, aber vielleicht ist er noch immer nicht bereit, die Erde zu verlassen. So wie jemand, der beispielsweise für ein Jahr in ein fernes Land ziehen soll, das er keineswegs fürchtet, die Reise dorthin aber dennoch ablehnt, weil er seine Familie nicht allein lassen will. Angesichts eines bevorstehenden Todes werden irdische Bindungen oft übermächtig: »Was macht mein Ehepartner ohne mich?«, »Wer erzieht meine Kinder?«, »Wer sorgt für meine Firma?«

Es ist Ihre Aufgabe als Sterbebegleiter, diese Probleme lösen zu helfen. Sprechen Sie mit dem Ehepartner, mit den Kindern oder mit der Belegschaft des Betriebs. Erklären Sie ihnen die Situation, die sie wahrscheinlich nicht wahrhaben wollen. Teilen Sie ihnen mit, dass dieser Mensch bald sterben wird, und bitten Sie sie, ihm den unvermeidlichen Schritt nicht dadurch noch schwerer zu machen, dass sie sich mit aller Gewalt an ihn klammern. Wenn er wirklich geliebt wird, so müssen die anderen bereit dazu sein, seine Seele loszulassen. Alles andere wäre wohl nur Selbstmitleid und Egoismus.

Seelenbindungen lösen

Begleiten Sie Ihre Gespräche mit dem Sterbenden schamanisch mit ähnlichen Reisen, wie sie im Kapitel über Seelenrückführung beschrieben sind (siehe Seite 116ff.). Entkoppeln Sie dabei die Seele des Sterbenden von den Seelen seiner Lieben. Erklären Sie ihr, dass sie keine Schuldgefühle haben muss, wenn sie jemanden »verlässt«. Und zeigen Sie den Seelen der Zurückbleibenden, dass sie den Sterbenden belasten, wenn sie sich an ihn hängen.

Das alles ist gewiss nicht einfach. Aber unwiderrufliche Abschiede sind niemals leicht.

Wirkliche Schamanen arbeiten nicht allein auf der Ebene der nicht alltäglichen Realität. Sie stehen mit beiden Beinen im Alltag. Helfen Sie dem Sterbenden dabei, sich von den Aufgaben dieser Welt zu befreien. Fragen Sie ihn, was Sie oder ein anderer für ihn erledigen können, gleich ob es sich um die Bestellung eines Notars für ein Testament handelt, um den Abschluss einer Ausbildungsversicherung für seine Kinder oder die Suche nach einem neuen Geschäftsführer für die Firma.

Die Aufgabe des schamanisch Arbeitenden ist es, die Loslösung vom irdischen Dasein in praktischer wie spiritueller Hinsicht zu ermöglichen.

Wenn die Zeit zur Vorbereitung fehlt

Alle bis hier beschriebenen Schritte der Sterbebegleitung sind nur möglich, wenn Sie einen Menschen begleiten, der seinen nahen Tod bewusst vor Augen hat. Sehr alte Menschen und Todkranke gehören hierher. Anders verhält es sich bei Patienten, die – etwa nach einem schweren Unfall – im Koma liegen und nicht direkt ansprechbar sind, oder bei Unfallopfern, die völlig unerwartet aus dem gesunden Leben herausgerissen wurden und schwerstkrank sind.

Auch bei Menschen, die sich im Zustand tiefer Bewusstlosigkeit befinden, gibt es Möglichkeiten, unterstützend in den Sterbeprozess einzugreifen.

Die Begleitung von Komapatienten

Aus schamanischer Sicht ist der Unterschied nicht sehr groß, ob ein Sterbender unmittelbar ansprechbar ist oder im Koma liegt. Im Umgang mit seinen Angehörigen gelten die obigen Empfehlungen. Manchmal bietet es sich in einem solchen Fall an, auch sie schamanisch reisen zu lehren, wenn sie dazu bereit sind. So können sie einen Eindruck davon gewinnen, wie der von ihnen gehende Mensch sich unter Ihrer Führung auf schamanischem Weg auf den Tod vorbereitet.

Wie Sie mit dem Patienten sprechen können

Reden Sie den Sterbenden direkt an, auch wenn er wie tot im Bett liegt und Ihnen keine Antwort geben kann. Seine Seele nimmt Sie wahr und hört alles, was Sie sagen. Halten Sie seine Hand liebevoll, oder streicheln Sie ihn, und erklären Sie ihm in ganz normaler Lautstärke, wohin seine Reise wahrscheinlich bald geht.

Der zweite Weg, den Sie parallel dazu beschreiten sollten, erlaubt eine beidseitige Kommunikation. Unternehmen Sie gemeinsam mit Ihrem Krafttier eine Reise zur Seele des Todkranken. Fragen Sie, wohin diese gehen möchte. Unter Umständen hat sie noch gar nicht die Absicht, die Erde zu verlassen, und der Patient wird – um eine wertvolle Erfahrung reicher – eines Tages wieder aus dem Koma erwachen. Wenn die Seele die Erde aber verlassen möchte, fragen Sie sie, wie Sie ihr dabei helfen können. Informieren Sie sich wie im Gespräch mit einem hellwachen Menschen, welche Arbeiten von ihm noch unerledigt sind und ob Sie oder jemand anderer diese übernehmen können. Entkoppeln Sie seine Seele von der seiner Vertrauten wie bereits beschrieben.

Der Moment des Sterbens und die Zeit danach

Ihre nächste Aufgabe betrifft den Augenblick des Sterbens, vor allem aber die Zeit unmittelbar danach.

Ganz gleich, ob Sie den Moment des Todes des Sterbenden direkt miterleben oder nicht, gehen Sie kurz danach in den schamanischen Bewusstseinszustand, und beobachten Sie, was mit der Seele des Verstorbenen geschieht. Meist hat sie Schwierigkeiten, den Platz des Geschehens zu verlassen. Das ist normal. Findet sie aber nach mehreren Tagen noch immer keinen Weg aus dem Nahfeld der Lebenden, dann helfen Sie ihr weiter. Sie übernehmen jetzt die Funktion des Seelenführers.

Wie Sie die Seele führen können

Erklären Sie der Seele des Verstorbenen, dass sie nun nichts mehr an die Erde bindet, und führen Sie sie durch den Tunnel oder auch auf direktem Weg ins Licht.

Ist das nicht möglich, weil die Seele auf gewisse Weise noch zu schwer ist oder festhängt, dann suchen Sie nach den Ursachen dafür. Meist ist in solchen Fällen noch eine Seelenrückführung für den Verstorbenen erforderlich, oder seine Seele muss von den Seelen Zurückgebliebener gelöst werden.

Teilnehmer einer schamanischen Reise durch den eigenen Tod berichteten auch, dass sie dem ganzen Geschehen wie ein teilnahmsloser Beobachter gegenübergestanden hätten. Es habe sie nicht berührt, was mit ihnen geschehen sei.

Sterbebegleitung, eine der sinnvollsten Aufgaben

Es gibt viele sehr überzeugende Gründe dafür, warum die hier beschriebene Sterbebegleitung sinnvoll ist und Gutes bewirkt. So habe ich selbst erlebt, wie ein über 80-jähriger schwerstkranker Mann, der von Furcht vor dem Weiterleben wie auch von Todesangst geplagt wurde, und der vor allem fest davon überzeugt war, seine Familie werde ihm seinen Fortgang nicht verzeihen, genau in dem Augenblick starb, als auf den Wunsch seiner Tochter mehrere Schamanen in einer Trancereise die Seele des alten Mannes von den Seelen der restlichen Familienmitglieder entkoppelten. Er selbst wusste nichts von diesem Ritual und befand sich zur Zeit seines Ablebens im Ausland. Die Schamanen hatten seine Seele von ihren irdischen Bindungen befreit.

Sterbebegleitung ist gewiss nicht einfach. Aber wenn Sie mit dieser Aufgabe konfrontiert werden, entziehen Sie sich ihr nicht. Jeder mir bekannte Mensch, der sich ihr verantwortungsbewusst stellte, bestätigte nach der oft langen schweren Zeit, dass die Erfahrungen, die er dabei machen durfte, zu den wertvollsten und tiefsten seines Lebens gehören.

Der schamanische Tod

»Kinalik war eine noch recht junge Frau, sehr intelligent, warmherzig, sauber und gut aussehend, und sie sprach offen und ohne Scheu. Igjugarjuk war ihr Schwager und war ihr Lehrer in Sachen der Magie gewesen. Ihre eigene Einweihung war hart gewesen: Man hatte sie an ein Paar in den Schnee gesteckte Zeltstangen aufgehängt und sie fünf Tage lang dort hängen lassen. Es war mitten im Winter, die Kälte war schneidend, die Schneestürme waren häufig, aber sie fühlte die Kälte nicht, denn der Geist beschützte sie. Als die fünf Tage um waren, nahm man sie herunter und trug sie ins Haus, und Igjugarjuk wurde aufgefordert, sie zu erschießen, damit sie durch die Schau des Todes innige Vertrautheit mit dem Übernatürlichen erlangen möge. Das Gewehr wurde mit richtigem Pulver geladen, aber anstelle einer Bleikugel musste ein Stein genommen werden, damit ihr das Band zur Erde bewahrt blieb. Igjugarjuk feuerte im Beisein der versammelten Dorfbewohner den Schuss ab, und Kinalik stürzte bewusstlos zu Boden. Am folgenden Morgen, gerade als Igjugarjuk sich daran machen wollte, sie wieder ins Leben zu rufen, erwachte sie aus der Ohnmacht...«

Knud Rasmussen (1879–1933) wurde auf Grönland geboren. Als Teilnehmer einer Expedition lebte er zwei Jahre lang bei den Polareskimos, weitere Expeditionen führten ihn in die Arktis bis zur Beringstraße. Er suchte sämtliche Inuit-Stämme auf und erforschte ihre kulturellen Gemeinsamkeiten.

Initiationsrituale der Eskimos

Knud Rasmussen, Ethnologe und intimer Kenner der Eskimos, schilderte die Einweihung der jungen Schamanin zu Beginn des 20. Jahrhunderts in seinem Buch »Across Arctic America«.

Zunächst könnte man bei der Lektüre dieses Berichts auf den Gedanken kommen, die junge Frau sollte den Tod kennen lernen, um später als praktizierende Schamanin Sterbende aus eigener Erfahrung auf ihrem schweren Weg in jene andere Welt glaubwürdig und verlässlich begleiten zu können.

Doch das zählt allenfalls zu den untergeordneten Aspekten einer schamanischen Ausbildung. Es geht in dieser Geschichte und bei diesem Ritual der Initiation um weit mehr. Knud Rasmussen erkennt die tiefe Bedeutung des ungewöhnlichen Geschehens ganz richtig, wenn er die Absicht, die dahinter steckt, folgendermaßen beschreibt: »... damit sie durch die Schau des Todes innige Vertrautheit mit dem Übersinnlichen erlangen möge«.

Angesprochen ist hier nicht in erster Linie das Thema »Tod«, sondern die persönliche spirituelle Entwicklung der angehenden Schamanin. Dazu gehört als einer der wichtigsten Schritte die absolute Angstlosigkeit. Sie ist keinesfalls mit Heldenmut zu verwechseln. Die Freiheit von Angst muss gegenüber dem Schlimmsten und Schmerzhaftesten bestehen, das einem in der sinnlich erfassbaren Welt geschehen kann.

Von Angst und Furcht

Angst und Furcht sind zwei verschiedene Zustände, auch wenn sie einander äußerlich ähneln können. Natürlich darf man vor dem unmittelbar drohenden Tod Furcht empfinden. Sie ist durchaus begründet. Furcht hat Gründe und fungiert als Warnung vor realer Gefahr. Angst aber ist verschwommen. Sie packt den Menschen, macht ihn planlos und handlungsunfähig. Der Zustand Angst verträgt sich nicht mit Vertrauen. Sie verleitet zur Flucht statt zur bewussten und wohl überlegten Auseinandersetzung mit einem akut drohenden Problem. Wer den eigenen Tod unbeschädigt überlebt hat wie Kinalik, der hat die Angst durchlebt und überwunden.

Das Übersteigen der Alltagsrealität

Doch auch die seelische Komponente der Todeserfahrung ist nur ein Aspekt. Wie Rasmussen betont, gehört auch das Vertrautwerden mit dem Übernatürlichen dazu, das Überschreiten der Grenzen des sinnlich Erfassbaren und damit des vertrauten alltäglichen eigenen Lebens. Dabei spielt es keine Rolle, ob ein Mensch tatsächlich biologisch stirbt oder nicht. Es geht hier wieder einmal nicht um Alltagsrealitäten, sondern um Realitäten der Seele. Sie muss den Tod erleben, nicht der Körper. Kinaliks Seele hat den Tod erlebt, und damit ist sie über ihr Alltagsleben weit hinausgewachsen; hinein in übernatürliche Bereiche. Zugleich hat sie auf dieser Reise wichtige Kontakte in der spirituellen Welt geknüpft.

Die Techniken, einen Schamanenanwärter an den Rand des Todes zu bringen, variieren bei den Stammesgesellschaften. Oft darf über einen langen Zeitraum hinweg nichts gegessen und nichts getrunken werden, oder es werden Schockerlebnisse herbeigeführt.

Die zweite Geburt des Schamanen

Weltweit ist diese seelische Todeserfahrung als »Tod des Schamanen« bekannt. Viele Schamanen betrachten derartige Initiationserlebnisse als ihre zweite Geburt.

Der Weg zu dieser einschneidenden Todeserfahrung ist von Stammesvolk zu Stammesvolk unterschiedlich. Bei weitem nicht alle Ethnien bedienen sich derart drastischer Methoden wie die Eskimos und manche südamerikanischen Indianer. Trotzdem gibt es wohl keinen erfahrenen Schamanen, der seelisch nicht schon gestorben wäre.

Wie der »Tod des Schamanen« sich ankündigt

Oft kommt der »Tod des Schamanen« von selbst. Lehrer und Führer in anderen Realitätsebenen sind es, die den werdenden Schamanen damit konfrontieren. Wer sich ernsthaft schamanischer Arbeit widmet, wird früher oder später seinen eigenen Tod kennen lernen.

Manchmal geschieht das als wirklich empfundenes Erlebnis, etwa durch eine lebensbedrohliche Krankheit oder einen Bergunfall im Urlaub. Dabei braucht es durchaus nicht zu schweren Verletzungen, zu einem Krankenhausaufenthalt oder gar zum Koma oder klinischen Tod kommen. Ein folgenloser ungesicherter Beinaheabsturz in eine 300 Meter tiefe Gletscherspalte, Panik in einer scheinbar ausweglosen Situation, wie ein plötzlicher Wettersturz in der Gipfelregion bei mangelnder Ausrüstung und der Unmöglichkeit eines sicheren Rückzugs, können manchmal bereits genügen.

Viele Menschen sind nicht gewillt – beispielsweise nach einem Beinaheautounfall –, sich tatsächlich damit zu konfrontieren, dass sie dem Tod ganz nahe waren. Es gilt aber, diese Erfahrung im schamanischen Sinn produktiv umzusetzen.

Zergliederungsreisen

Oft aber geschieht gar nichts Derartiges. Dafür findet man sich irgendwann recht unerwartet mitten in einer jener schamanischen Reisen, die wir als Zergliederungsreisen (engl.: dismemberment journeys) bezeichnen.

Haben Sie keine Angst, wenn Ihnen bei einer schamanischen Reise, die Sie unternehmen, plötzlich dergleichen widerfährt. Brechen Sie die Reise auf keinen Fall ab, wenn Sie beispielsweise jemand umbringen will, sondern lassen Sie es einfach geschehen. Sie werden dabei wertvolle Erfahrungen machen, die sich in der Fülle Ihrer spirituellen Auswirkungen auf Sie mit Worten nicht beschreiben lassen. Es ist seelisches Erleben.

Fast jeder Mensch, der durch eine Zergliederungsreise gegangen ist, beschreibt sie im Nachhinein als nicht besonders schlimm, sondern eher als recht angenehm.

Wie der Tod erlebt wird

Die Skala der Möglichkeiten, seinen eigenen Tod auf einer schamanischen Reise zu erleben, ist sehr groß. Sie reicht vom Verschluckt- und Verdautwerden über Verbrennen, Zerstückelung, Gekochtwerden, Lebendig-begraben-Sein bis zu Geier-, Ratten- oder Insektenfraß.

Immer schließt sich daran aber ein Regenerationsvorgang an. Und der neue Mensch, der dabei entsteht, unterscheidet sich recht positiv von dem, der er vorher war. Manchmal ist dieser Prozess nicht mehr als eine gründliche Reinigung. Bisweilen erhält man dabei sogar nur einzelne neue Organe: ein neues Herz, neue Augen oder eine neue Leber. Gelegentlich sind es auch zusätzliche Organe, etwa ein drittes Auge über der Nasenwurzel auf der Stirn oder ein leuchtender Kristall im Solarplexus.

Voraussetzung ist die innere Bereitschaft

Zuweilen gehen eigentlichen Zergliederungsreisen schon lange zuvor Reisen voraus, bei denen der angehende Schamane zwar nicht seinen eigenen Tod erlebt, sondern bei denen Organe lediglich gereinigt oder ausgetauscht werden. Auch das hat oft bereits tief greifende seelische Veränderungen zur Folge.

In Fortgeschrittenenseminaren habe ich die Teilnehmer gelegentlich dazu ermutigt, ihre Krafttiere oder Lehrer gezielt um das Erlebnis einer Zergliederungsreise zu bitten. Grundsätzlich ist das allerdings nicht erforderlich. Wer innerlich noch nicht für ein solches Erlebnis bereit ist, erreicht mit dieser vorsätzlichen Reisemission nichts, wie sich zeigte.

Den Zeitpunkt auf sich zukommen lassen

Lässt man die Dinge einfach auf sich zukommen, so ereignet sich die Zergliederungsreise früher oder später ohnehin, dann aber genau zum bestmöglichen Zeitpunkt. Erzwingen Sie sie also nicht unnötig. Weichen Sie aber in keinem Fall aus, wenn eine solche Reise auf Sie zukommt. Sie gewinnen viel dabei.

Außerdem sind Sie in guter Gesellschaft, wenn Sie an all die alten Mythen und Märchen denken, in denen höhere Wesen Menschen in ihre Einzelteile zerlegen und danach wieder zusammensetzen. Oder erinnern Sie sich an den biblischen Jonas, der drei Tage und Nächte im Magen eines großen Fisches zubrachte, nachdem dieser ihn verschluckt hatte. All diese Berichte gehen auf schamanische Erfahrungen zurück.

*»Ich schrie aus dem Rachen des Todes, und du hörtest meine Stimme.
Du warfest mich in die Tiefe, mitten ins Meer,
dass die Fluten mich umgaben.
Alle deine Wogen und Wellen
gingen über mich (…).
Wasser umgaben mich und gingen mir ans Leben,
die Tiefe umringte mich, Schilf bedeckte mein Haupt.
Ich sah hinunter zu der Berge Gründen, der Erde Riegel schlossen sich hinter mir ewiglich.«
(Aus Jonas Gebet an den Herrn; Jona 2,4)*

Schamanische Kreativität

Schöpferische Kraft und Schamanismus bilden im Grund eine Einheit. Genauso wie jeder bildende Künstler eigentlich ein Schamane ist, so ist dieser ein Mensch, der gestaltend in seine Umwelt eingreift. Das Ziel, das ihn dabei beseelt und das seine Arbeit vorantreibt, ist Harmonie. Harmonie mit sich selbst und allem, was lebt und im Universum besteht. In diesem Kapitel wird gezeigt, dass Kreativität der Weg zu einem erfüllten Leben ist. Sie ist eine zentrale Aufgabe des schamanischen Daseins.

Vom Schöpfergeist

Von so etwas wie schamanischer Kreativität zu sprechen, ist in gewisser Weise ein »weißer Schimmel«. Denn Kreativität und Schamanismus sind im Grund bedeutungsgleich. Was aber ist Kreativität überhaupt?

Schöpferische Menschen, Künstler, sprechen bei ihrer Arbeit von Inspiration. Das Wort entstammt dem lateinischen »spiritus« und bedeutet Geist oder Seele, aber auch Atem und damit Leben schlechthin. Im englischen Begriff »spirit« (deutsch: Geist) ist diese Wurzel unmittelbar erhalten geblieben. Inspiriert sein bedeutet daher, eine Erfahrung durch den Atem eines Geistes erlangt zu haben. »Die Muse hat mich angehaucht«, hieß es in früheren Zeiten häufig bei einem Dichter, einem Maler oder auch einem Schriftsteller.

Gleiches gilt für geniale Erfinder, für Ärzte und Heiler, für herausragende Staatsmänner u. v. a. In dem Moment, wo ihre Intuition die Basis für ihre Tätigkeit ist, kann sie auch immer mit der eines Schamanen verglichen werden.

Leben bedeutet sich ausdrücken

Das Wort »Kreativität« leitet sich vom lateinischen »creare« ab, was soviel heißt wie »erschaffen, ins Leben rufen«. Es ist eng verwandt mit dem Verb »crescere« (deutsch: »wachsen, wachsen machen«). Der Künstler schöpft also aus geistigen, aus spirituellen Quellen und verleiht seiner von dort bezogenen Inspiration Ausdruck auf seiner eigenen Realitätsebene, indem er etwas erschafft und wachsen lässt. Damit greift er verändernd in die Wirklichkeit ein.

Die Wirklichkeit bereichern

Mit genau denselben Worten lässt sich die Arbeit des Schamanen beschreiben. Der schöpferische Mensch, wie beispielsweise ein Künstler, ist daher immer auch ein Schamane. Aber nicht nur er, auch ein inspirierter Wissenschaftler, der beispielsweise in einer bestimmten Richtung forscht, weil er intuitiv bestimmte physikalische, chemische oder biologische Zusammenhänge ahnt, arbeitet schamanisch.

Im Grund ist jeder Mensch von seinen Anlagen her in der einen oder anderen Weise kreativ begabt. Denn gerade darin liegt schließlich der Sinn aller Geschöpfe. Allein dadurch, dass sie selbst »Kreaturen« sind, tragen sie den Funken des Schöpfungsprozesses, ihre göttliche Kreativität, in sich. Und ihr Lebensziel ist es, diesem Funken Ausdruck zu verleihen, indem sie sich selbst ausdrücken und damit ihren Anteil zum Schöpfungsganzen beitragen.

Warum jeder Mensch ein schöpferisches Wesen ist

Wir alle sind Bestandteile eines großen Kreises, zugleich aber auch unverwechselbare, einmalige Persönlichkeiten. Die Aufgabe eines jeden von uns ist es, durch unser Wirken, durch die Art, wie wir uns selbst in der Schöpfung ausdrücken, zur Harmonie dieses Kreises beizutragen. Dabei stehen wir immer in Wechselwirkung zu den anderen: Zum einen drückt sich jedes Glied des Kreises selbst aus, andererseits wirkt der Beitrag jedes Einzelnen auch auf alle anderen Glieder des Kreises ein. Das wiederum ist ein wichtiger Teil der Inspiration.

Der eigene innere göttliche Funke und die Inspiration durch die gesamte Schöpfung sind die beiden großen Quellen, aus denen ein kreativer Mensch schöpft und die ihn selbst zum unverwechselbaren Schöpfer machen.

Antikreative Zivilisation

Die bisherigen Ausführungen klingen so, als wäre das alles im Grund selbstverständlich. Leider verhält es sich in unserer Gesellschaft jedoch ganz und gar nicht so. Allenfalls Kinder und manche sozialen Außenseiter leben in dieser kreativen Weise. Doch wird es ihnen nicht leicht gemacht.

Schon in der Grundschule werden die kreativen Kräfte der Kinder vielfach unterdrückt. Zwar werden die modernen Pädagogen nicht müde zu betonen, sie wollten die Schöpferkraft der Schüler fördern, doch die Praxis sieht ganz anders aus: Statt Freude an der eigenen Entdeckung beispielsweise mathematischer oder physikalischer Zusammenhänge, zwingt man die Kinder, Formeln, Gleichungen und Lehrsätze auswendig zu lernen und sie nach starren und damit toten Schemata anzuwenden. Eigene Denkansätze und Lösungswege werden oft nachgerade diskriminiert. Selbst in geisteswissenschaftlichen Fächern werden in erster Linie vorgefasste Lehrmeinungen unterrichtet, statt die geistige Beweglichkeit zu fördern.

Picasso hat einmal gesagt, es gehe darum, zu malen wie ein Kind – inspiriert und ohne die Beurteilungen durch den Verstand.

Die Vermittlung einer kontrollierbaren Welt

So lernen Schulkinder beispielsweise Statistiken über das Vorkommen von Bodenschätzen oder den Umfang des Getreideanbaus in fernen Ländern der Welt auswendig, anstatt erzählt zu bekommen, wie die Natur ihre Bodenschätze hervorgebracht hat und noch heute vor unser aller Augen in reichem Maß erzeugt.

Wenn die bei uns gehandhabte Art der Wissensvermittlung an staatlichen Schulen ein Weg zur Volksbildung und zur Erziehung freier, selbstständiger Menschen sein soll, dann führt dieses magere Essen vom Baum der Erkenntnis unweigerlich zur Vertreibung aus dem Paradies. Für die Kinder sind die Folgen nicht unbeträchtlich. Da ihrer Seele weitgehend verboten wird, sich individuell auszudrücken, kommt es meist schon in jungen Jahren zu Seelenverlust. Die Seele wird auf Schienen gezwungen, die ihr Kreativität verwehren.

Montessori- und Waldorfschulen unterscheiden sich im Hinblick auf die Art der Wissensvermittlung deutlich von staatlichen Schulen. Hier wird auf die Entwicklung des kreativen Potenzials größeres Gewicht gelegt.

Der Weg in die Abhängigkeit ist vorgezeichnet

Die Welt der Erwachsenen in unserem Kulturkreis ist die Folge dieser Bevormundung und Prägung seit dem Kindesalter. Über 90 Prozent der arbeitenden Menschen hierzulande stehen in beruflichen Abhängigkeitsverhältnissen. Sie tun ein Leben lang, was andere ihnen vorschreiben. Auf ihren gesicherten Arbeitsplatz sind nicht wenige auch noch stolz.

Man spricht in diesem Zusammenhang auch vom Recht auf Arbeit, das im Grundgesetz verankert ist und meint stattdessen eigentlich die Verpflichtung von Arbeitgebern oder Staat, dem Einzelnen Arbeit zuzuteilen. Natürlich ist das Recht zu arbeiten unbestreitbar. Wer kann einem Menschen schon verbieten zu arbeiten – auch wenn der Gesetzgeber das durch ein Wirrwarr von Vorschriften erheblich erschwert? Ein seelisch gesunder Mensch wird aber nicht ernsthaft ein Recht einfordern, das ihm Beschäftigung durch andere zusichert. Damit begibt er sich freiwillig in die Abhängigkeit und verneint von Anfang an jede Form eigener beruflicher Kreativität; genauso, wie er das in der Schule gelernt hat. Ein seelisch freier Mensch handelt selbst.

Kreativität ist aktives Dasein

So ist denn Kreativität in unserem Kulturkreis größtenteils zur Freizeitgestaltung degradiert worden, anstatt Lebensinhalt zu sein. Und die wenigen Zeitgenossen, die von Berufs wegen schöpferisch tätig sind, wie Musiker, Maler, Bildhauer, Literaten oder Schauspieler gelten als Bohemiens, als bunte Vögel und gesellschaftliche Außenseiter. Ihre Arbeit wird nicht als konstruktiv im wirtschaftlichen Sinn aufgefasst, sondern nur als bloße Unterhaltung.

Kreativität und Leben sind jedoch von ihrer Grundbedeutung her Synonyme. Was ist das für ein Dasein, das der Schöpferkraft entbehrt? Wir haben uns – infolge von Seelenverlust – nicht selten an ein derart leeres Leben gewöhnt. Mitglieder anderer Kulturkreise, allen voran die Stammesvölker, haben das nie getan. Für sie waren Leben und schöpferisches Tun stets identisch und sind es heute noch.

In den meisten Sprachen der so genannten Naturvölker gibt es nicht einmal ein eigenes Wort für Kreativität. Es ist insofern überflüssig, als jede Lebensäußerung ganz selbstverständlich als schöpferisch empfunden wird. Im Grund darf sich daher jeder kreative Mensch in dem Bewusstsein wähnen, dass sein Handeln nichts anderes ist als ein Gestaltwerden spiritueller Kräfte auf der alltäglichen Realitätsebene. Kreativität und Leben sind für ihn identisch, denn Leben ist Ausdruck der Seele.

Schamanismus ist schöpferisches Leben

Schamanismus heißt nicht, wie Sie nach Ihrer bisherigen Lektüre sicher beurteilen können, nach bestimmten Gebrauchsanweisungen auf einem Gebiet Ihrer Wahl kreativ zu werden. Schamanismus heißt schöpferisch zu leben, schöpferisch zu sein. Schamanismus kann auch nicht nur bedeuten, ein Buch zum Thema zu lesen und einige darin empfohlene »Übungen« nachzuvollziehen oder an einem schamanischen Wochenendseminar teilzunehmen. Schamanismus ist eine Lebensweise.

In Harmonie mit sich und seiner Umwelt

Für jeden von uns ist es wichtig, diese Lebensweise, die man uns oft schon als Kind abgewöhnt hat, wiederzuerlangen; denn sie allein bedeutet Selbstverwirklichung, persönlichen Ausdruck und daraus folgend einen harmonisierenden Einfluss auf unser Umfeld. Ebenso wichtig ist es selbstverständlich auch, dass wir nicht zulassen, dass unsere Kinder aus diesem Paradies vertrieben werden.

Wer sich dafür entschieden hat, den schamanischen Weg zu gehen und dies ernsthaft und mit allen Konsequenzen zu tun, wird früher oder später zu der Einsicht kommen, dass dieser Weg ein alle Lebensbereiche umfassender ist.

Wie aber erreicht man das? Die Hauptvoraussetzungen dazu haben Sie bereits kennen gelernt: das schamanische Reisen, den persönlichen Kontakt zu Ihren spirituellen Helfern, den Krafttieren, Lehrern, Hilfsgeistern und anderen Helfern. Sie wissen, wie man den nicht alltäglichen Aspekt eines Kraftplatzes oder auch der eigenen Wohnung erleben kann, wie man mit Zyklen und Rhythmen der Natur arbeitet u. v. m. Das alles sind Grundbedingungen für ein kreatives Leben. Denn indem Sie schöpferisch sind, wirken Sie als Übersetzer dieser spirituellen Quellen in die materielle, sinnlich wahrnehmbare Welt. Mit dieser Arbeit bewegen Sie etwas, verändern Sie die Wirklichkeit.

Die Mitglieder von Stammesvölkern unterscheiden nicht zwischen Beruf und Freizeit. Sie leben.

Sich selbst erkennen

Schamanische Kreativität beschränkt sich nicht nur auf das Schaffen von Kunstwerken. Menschen lehren ist kreativ. Heilen ist kreativ. Erfinderisch technische Problemlösungen erkennen und verwirklichen ist kreativ. Wissenschaftliches Neuland erforschen ist kreativ. Harmonie herstellen ist kreativ.

Finden Sie heraus, wo Ihre schöpferischen Schwerpunkte liegen, und Sie werden erkennen, wer Sie selbst sind. Seien Sie dabei ehrlich mit sich. Wenn es Ihnen lieber ist, den Berufswünschen Ihrer Eltern gerecht werden zu wollen oder Sie einen Job zu Ihrem Lebensinhalt machen möchten, der Ihnen ein geregeltes Einkommen und einen frühen Ruhestand sichert, dann werden Sie nie erfahren, wer Sie wirklich sind. Und wenn Sie das nicht wissen, können Sie nicht kreativ sein, weil Sie sich dann nicht selbst ausdrücken können.

Wege zur Kreativität

Ich will versuchen, ein Gerüst aufzuzeigen, das Ihnen den Weg zum schöpferischen Leben erleichtern kann. Selbstverständlich kann es sich dabei nicht um eine genaue Gebrauchsanweisung handeln. Das Fleisch zum Skelett müssen Sie schon selbst beisteuern. Klären Sie in diesem Rahmen vier Fragenkreise auf schamanischen Reisen ab. Sprechen Sie dabei Ihre Krafttiere oder Lehrer an. Seien Sie sicher, dass Sie diese ersten Gehversuche in Richtung Kreativität in einem harmonischen, ausgeglichenen Umfeld unternehmen und dass Sie dabei weder unter Zeitdruck noch unter Stress stehen.

Vorbereitungen

Schaffen Sie eine angenehme, entspannende aber nicht einschläfernde Atmosphäre. Sinnvoll sind zu diesem Zweck beispielsweise Räucherwerk, Kerzenbeleuchtung, Ruhe (Telefon und Haustürklingel abschalten) oder die Abgeschiedenheit in der Natur. Als Begleitung für Ihre Reisen eignen sich die Schamanentrommel, eine Rassel, Didgeridoo-Musik oder auch monotone Naturgeräusche wie ein Wasserfall, die Meeresbrandung, das Plätschern einer Quelle oder das Rauschen des Windes, letztere aber nicht von technischen Tonträgern.

Die erste und zweite Reise

Ziel Ihrer ersten Reise ist die Bitte um Motivation, Inspiration, Energie und Durchhaltevermögen. Damit schaffen Sie die Voraussetzungen für Ihr kreatives Leben.

Die zweite Reise sollte sich nicht unmittelbar an die erste anschließen, sondern einige Tage oder Wochen später erfolgen. Fragen Sie jetzt nach Werkzeugen der Kreativität: »Welche persönlichen Ressourcen habe ich?«, »Bin ich ein begabter bildender Künstler?«, »Habe ich das Zeug zum Musiker?«, »Verfüge ich über einen beweglichen Geist und kann leicht wissenschaftliche Aufgaben lösen?«, »Besitze ich Talent im Umgang mit Sprache?«, »Arbeite ich gerne mit Holz, Ton, Textil, Metall oder anderen Materialien?«, »Liegt einer meiner Schwerpunkte im Umgang mit Menschen oder im Umgang mit Tieren?«, »Möchte ich andere Menschen heilen?«

Die Gestaltung der Zwischenzeit

Die dritte Reise sollten Sie erheblich später datieren. Wichtig ist, dass Sie erste Schritte unternehmen, die Ihnen beweisen, wie ernst Ihnen Ihr Ziel ist. Sonst bleiben Sie in Theorie und Wunschdenken stecken. Wenn Sie also beispielsweise erkannt haben, dass Sie über Geschick im handwerklichen Umgang mit Holz verfügen, dann lassen Sie sich von einem Fachmann zeigen, welche Möglichkeiten Ihnen dabei offen stehen. Belegen Sie beispielsweise einführende Drechsel- oder Holzschnitzerseminare an der Volkshochschule, oder entscheiden Sie sich gleich für eine Berufsausbildung zum Tischler. Das hängt natürlich von Ihrer jeweiligen Lebenssituation ab. Doch suchen Sie nicht nur nach einer neuen Freizeitbeschäftigung, sondern nach einem Lebensinhalt.

Bitte verwenden Sie keine »Esomusik«. Sie wirkt durch Subliminals oft indoktrinierend und erreicht geradezu das Gegenteil einer kreativen Gestimmtheit, weil sie fremdbeeinflussend wirkt.

Die dritte und vierte Reise

Haben Sie erkannt, dass Ihnen das Lernen auf dem von Ihnen gewählten Kreativitätsgebiet Freude macht, dann ist es Zeit für die dritte Reise. Werden Sie sich bewusst, was Ihr persönlicher Ausdruck ist: »Was habe ich als Individuum zu sagen?«, »Wie drücke ich mich selbst aus?«

Denken Sie dabei daran, dass Sie ein gleichberechtigtes und einzigartiges Mitglied im großen Rund der Schöpfung sind. Ohne Sie ist der Kreis nicht geschlossen. Fragen Sie nach Ihrer persönlichen kreativen Aufgabe, die daraus erwächst, diesen Kreis zu harmonisieren.

Die vierte Frage braucht nicht unbedingt die letzte zu sein. Stellen Sie sie, wann immer Sie sich reif dafür fühlen, aber stellen Sie sie auf jeden Fall: »Wie übertrage ich die Kreativität auf meinen Alltag?«, »Wie lebe ich kreativ?«

Disziplin, Fleiß und Arbeit

Kreativ zu leben bedeutet allerdings nicht allein, um Kraft zu bitten, sich inspirieren zu lassen und dem spirituell Erfahrenen Ausdruck zu verleihen. Schöpferisch zu leben heißt nicht, herumzusitzen und zu warten, bis die Inspiration über einen kommt. Es bedeutet Fleiß, Ausdauer und eisernen Willen.

Schöpferkraft ist Ringen um Ausdruck. Auch Genialität besteht zum weitaus geringsten Teil aus Inspiration. Der überwiegende Teil ist Selbstdisziplin und harte Arbeit. Aber bitte erschrecken Sie nicht. Diese Arbeit bedeutet letztlich Leben, Selbstverwirklichung, Erfüllung und damit Glück und Freude.

Picasso beispielsweise empfing zwar inspirativ seine Ideen, aber um sie genial auf die Leinwand zu bringen, hat er nach jahrelanger Ausbildung oft ein Motiv dutzende Male gezeichnet, gemalt, verworfen und wieder neu gestaltet.

Harmonie schaffen

Neben der Kreativität, die den Alltag und die Wahl des Berufs bestimmt, lässt sich auch im schamanischen Sinn noch anderweitig schöpferisch arbeiten. Nicht jeder Mensch kann schließlich aus seinem bisherigen Berufsalltag ausbrechen und etwas völlig Neues beginnen. Es gibt aber auch hier Wege, seinen Lebenskreis kreativ umzugestalten.

Beginnen Sie beispielsweise damit, unter Ihren Kollegen harmonisierend und heilend zu wirken. Bauen Sie Brücken zwischen Menschen, die selbst nicht dazu in der Lage sind. So können Sie während eines Wochenendes einen hilfreichen Fetisch für einen kranken oder depressiven Mitarbeiter anfertigen und ihm schenken (siehe auch Seite 219f.). Sie brauchen nichts von Ihrer schamanischen Arbeit zu erzählen, wenn Sie nicht möchten. Sagen Sie ihm nur, dass Sie das Bedürfnis hatten, den Fetisch für ihn zu basteln, um ihm eine kleine Freude zu machen.

Ausbildung und technisches Können

Wenn Sie sich so verhalten, wird sich Ihr persönliches Umfeld rasch erheblich verändern. Und wenn Sie das bewirken, sind Sie im schamanischen Sinn kreativ.
Denken Sie immer daran, dass Kreativität ohne die entsprechenden Fähigkeiten unmöglich ist. Ohne diese können Sie schließlich Ihre Inspiration nicht umsetzen. Ein Kunsttischler beispielsweise muss ebenso über solide Fachkenntnisse im Umgang mit Werkzeugen und Maschinen wie über die besonderen Eigenschaften verschiedener Holzarten verfügen.

Kreativität bedeutet das Übersetzen von Spirituellem in Materielles, und deshalb müssen Sie beide Seiten beherrschen: Kommunikation mit Ihren spirituellen Quellen und auch die »technische« Umsetzung.

Lernen, lernen, lernen

Ein Schamane ist ein Praktiker und schwebt nicht im luftleeren Raum. Deshalb bilden beispielsweise die Stammesvölker das am vielseitigsten begabte unter ihren Kinder aus und lehren es zugleich spirituelle Arbeit, Alltagswissen und Alltagsfähigkeiten. »Lebe deinen Traum« ist deshalb viel zu wenig. Richtig ist allein: »Lebe dein Leben«, und das besteht nicht nur aus Träumen. Denn was nützt es beispielsweise, um die Genesung kranker Wälder zu beten, aber eine Eiche nicht von einer Buche und eine Fichte nicht von einer Tanne unterscheiden zu können? Zur Kreativität gehören Aktivität, Fachkenntnisse und Arbeit.

Ganzheitlich leben

Schamanische Kreativität ist ein Bindeglied für die verschiedenen Aspekte unseres Lebens. Was immer Sie bewegt, sei es Ihre aktuelle Situation, seien es Probleme, zu bewältigende Aufgaben oder ungewisse Zukunftspläne: Besprechen Sie alles mit Ihren Krafttieren oder Ihrem Lehrer, und geben Sie der Reise anschließend Gestalt in Form von Poesie, eines Bildes oder einer Skulptur. Tanzen oder singen Sie sie. Durch diese Art der kreativen Auseinandersetzung mit den wichtigsten Fragen Ihres Alltags und Ihres Lebens lernen Sie im Lauf der Zeit ganz von selbst, kreativ zu leben. So werden Sie geistig, körperlich und seelisch gesund und leben selbst statt von anderen »gelebt zu werden«.

Es spielt keine große Rolle, wie geschickt Sie es anstellen, Ihre Bilder kreativ umzusetzen. Beschreiten Sie ruhig einmal Wege, die Ihnen weniger liegen. Das rundet Sie ab. Wenn Sie gut zeichnen können, versuchen Sie es einmal mit einem Gedicht.

Fetische und Urvertrauen

Um das Gleichgewicht mit der Schöpfung herzustellen, stehen dem Schamanen bedeutende Kräfte zur Verfügung: Fetische sind vom Menschen erzeugte Kunstwerke mit großen Kräften. Diese Produkte menschlichen und spirituellen Schöpfergeists helfen dabei, Leib und Seele zu heilen. Hierin liegt auch der Urgrund verborgen, warum ein Fetisch niemals nur Zeichen oder Ausdruck einer bestimmten Kraft ist. Ein Fetisch ist überall und zu allen Zeiten die Kraft schlechthin, die harmonisierend wirkt.

Kunstwerk oder Magie?

Nicht selten arbeiten Schamanen mit Fetischen. Sucht man in einem Lexikon nach der Bedeutung dieses Worts, dann findet man Erklärungen wie »mit magischer Kraft erfülltes Götzenbild, das von Anhängern animistischer Religionen verehrt wird«. Nichts ist unzutreffender als diese Definition.

Den Begriff »Fetisch« führten portugiesische Missionare ein. Sie bezeichneten mit »feitiço« etwas »künstlich Gemachtes«, in der Natur so nicht Vorkommendes. Damit ist der Fetisch in seiner eigentlichen Bedeutung des Worts nichts anderes als ein Artefakt, ein künstliches Werk, also ein Kunstwerk.

Im vorhergehenden Kapitel wurde gezeigt, dass es für Schamanen keinen Unterschied zwischen Kreativität und Leben gibt und damit natürlich auch keinen Unterschied zwischen dem schöpferischen Produkt und lebendiger Kraft.

Ein Kunstwerk im Sinn schamanischer Kreativität ist immer zugleich magisch. Das bedeutet aber nicht, dass ihm ein eigenständiger numinoser Charakter zukommt, der es zum anbetungswürdigen Gegenstand macht.

Im Gegensatz zum magischen Amulett, das aus sich heraus schützend und helfend wirken soll, wird die Kraft eines schamanischen Fetischs erst durch eine mit ihm verbundene Mission aktiv.

Vorurteile über Fetische

Diese Unterstellung geht auf Missionare zurück, die den Umgang der Stammesvölker mit Fetischen Götzendiensten gleichstellten. Auch manche Ethnologen schlossen sich diesem Urteil an, weil ihnen die Vorstellung suspekt war, ein künstlicher Gegenstand könne Sitz magischer Kräfte sein. Sie beobachteten die rituellen Praktiken von Stammesschamanen im Umgang mit Fetischen und sahen beinahe zwangsläufig Parallelen zu den eigenwilligen Gepflogenheiten im christlichen Ritual, die Gebeine oder andere Reliquien ihrer Heiligen anzubeten. Diese Schlussfolgerung ist jedoch keinesfalls zulässig.

Träger heilender Kräfte

Fragt man einen Stammesschamanen, ob ein Fetisch heilig und anbetungswürdig sei, dann wird er das verneinen. Fragt man ihn dagegen, ob ein Fetisch spirituelle Kräfte besitzt, dann wird er dies bejahen und zudem bestätigen, dass er ihn nur aus diesem Grund geschaffen hat.

Fetische sind Träger von heilender und harmonisierender Kraft. Damit kommt ihnen eine ähnliche Funktion wie etwa dem Weihwasser oder dem Palmwedel zu, mit dem ein Priester an Fronleichnam in ländlichen Gegenden Felder und Vieh segnet. Kein gläubiger Katholik käme auf den Gedanken, Weihwasser oder Palmzweig anzubeten.

Im schamanischen System sind Fetische nicht nur Träger einer Kraft, sondern auch sicht- und berührbares Kommunikationsmittel für die Seele, nicht für den Verstand. Somit werden sie zu wichtigen Bindegliedern zwischen der spirituellen und der materiellen Welt.

Schamanische Fetische besitzen nicht nur heilsame Eigenschaften. Einst fertigte ein Tuaregschamane in der Südsahara einen Fetisch für mich an. Dieser sollte mir dabei helfen, mich bei einer 1600 Kilometer langen Wüstendurchquerung nicht zu verirren.

Wie man einen Fetisch herstellt

1 Wenn Sie mit Fetischen arbeiten wollen – und das ist durchaus empfehlenswert – sollten Sie sich vor seiner Herstellung fragen, welchem Zweck er künftig dienen soll.

2 Sie können sich beispielsweise vornehmen, einen Fetisch zu bauen, der einem rheumakranken Klienten Linderung oder sogar Heilung verschafft. Oder Sie schicken die Idee voraus, dass Sie einen Fetisch herstellen, der es Ihnen ermöglicht, abends leichter einzuschlafen.

3 Danach unternehmen Sie eine Reise zu Ihrem Krafttier oder Ihrem besonderen Heilhelfer und fragen: »Wie soll ich diesen Fetisch anfertigen und was muss ich dabei beachten?« Sie erhalten dann meist eine komplette Vorstellung des fertigen Objekts, von den zu verwendenden Materialien bis hin zu den Montagetechniken (Kleben, Nageln, Nähen oder Löten).

4 Als nächstes suchen Sie das benötigte Zubehör zusammen. Fast immer können Sie dafür auf gezielte Einkäufe verzichten; es genügt, mit einer Rassel hinaus in die Natur zu gehen. Dies sollte im schamanischen Bewusstseinszustand erfolgen, ähnlich wie bei der Suche Ihrer Heilpflanze (siehe Seite 108f.). Fragen Sie in Trance die gefundenen Steine, Federn, Rinden oder rostigen Nägel, Limodosen und Schuhsohlen, ob Sie sie mitnehmen und für den Bau Ihres Fetischs verwenden dürfen. Es kann sein, dass Sie dabei nützliche Zusatzinformationen erhalten.

5 Alle Teile sollten Sie später zu Hause im schamanischen Bewusstseinszustand zusammenfügen. Rufen Sie Ihr Krafttier oder Ihren Heilhelfer dazu. Sollten Sie bemerken, dass Sie anfangen, logisch und mit dem reinen Verstand über den Fetisch nachzudenken und zu überlegen, beispielsweise welche Bestandteile in besonderem Zusammenhang mit Ihrem Klienten stehen könnten, dann unterbrechen Sie Ihre Arbeit. Rasseln Sie sich wieder in Trance und machen erst dann weiter, wenn Sie sicher sind, nicht mehr allein zu sein.

Auch ästhetische Erwägungen sollten bei der Herstellung eines Fetischs nicht im Vordergrund stehen. Es geht nicht darum, etwas im herkömmlichen Sinn »Schönes« zu schaffen.

6 Es gibt auch einige wenige praktische Gesichtspunkte beim Fetischbau. Wollen Sie ein Objekt herstellen, das eine kurzfristig anstehende bestimmte Aufgabe erfüllt (beispielsweise Hilfe bei einer Schulprüfung, Heilung bei einer akuten Krankheit oder Unterstützung bei einer anderen schwierigen Situation, die es zu bewältigen gilt), dann darf der Fetisch selbst auch kurzlebig sein. Es macht aber wenig Sinn, den voraussichtlich langfristigen Begleiter beispielsweise eines Epileptikers aus rasch welkenden Blütenblättern anzufertigen. Steine eignen sich in einem solchen Fall wohl besser. Gehen Sie davon aus, dass Ihr Klient den Fetisch immer bei sich tragen möchte, dann fertigen Sie nichts Riesiges oder Schweres und ebenso nichts Zerbrechliches an. Liegt Ihr Klient vielleicht in einem Krankenhaus, dann sollten Sie beispielsweise auf stark duftende Bestandteile verzichten.

7 Ansonsten gibt es kaum Einschränkungen. Wichtig ist, dass der Fetisch kein reines Naturobjekt ist, sondern etwas künstlich Gemachtes. Reine Naturobjekte, etwa ein Kiefernzapfen oder ein schöner Halbedelstein sind keine Fetische. Ihre Gebilde können aus zwei oder mehr Komponenten zusammengesetzt sein, oder Sie bearbeiten nur einen Teil, schnitzen also z. B. einen Fetisch aus Holz.

Reise zum Fetisch

Ist der Fetisch fertiggestellt, dann brauchen Sie ihn in der Regel nicht spirituell aufzuladen, denn das ist bereits während Ihrer Vorbereitung dazu und Ihrer intensiven Arbeit daran geschehen. Aber Sie sollten ihn spirituell kennen lernen bzw. auf seine

Eigenheiten hin überprüfen. Unternehmen Sie dazu gemeinsam mit Ihrem Krafttier oder Heilhelfer eine Reise zu dem Geist des Fetischs, und lassen Sie sich dessen nicht alltäglichen Aspekt zeigen.

Wie Sie den Fetisch spirituell kennen lernen können

Nehmen Sie den Fetisch während dieser Reise in die Hand, oder berühren Sie ihn zumindest. Sie werden die von ihm ausgehende Energie körperlich empfinden können. Wundern Sie sich aber nicht, falls sie Ihnen nicht behagen sollte. Es ist schließlich keine hilfreiche Energie für Sie, sondern für Ihren Klienten.

Mitteilungen für Ihren Klienten

Fragen Sie auf der Reise, ob es etwas Bestimmtes gibt, das Sie Ihrem Klienten mitteilen sollten. Das kann besondere Erlebnisse beim Suchen der Einzelteile oder beim Zusammenbauen betreffen. Es kann sich dabei auch um einen Hinweis zur Anwendung des Fetischs handeln, beispielsweise ihn sich auf die Stirn zu legen, neben das Bett oder auf den Schreibtisch zu stellen. Sie können aber vielleicht auch nur einen einfachen Satz erfahren, der selbst heilend wirkt. Der Inhalt einer solchen Formulierung kann unmittelbar verständlich sein (»Ich soll dir sagen: Treibe Ausdauersport.«). Er kann aber auch orakelhaft erscheinen: (»Hunde laufen über Land, aber wenn sie ins Wasser gehen, dann schwimmen sie.«). Im letzteren Fall kann Ihr Klient mit der Botschaft oftmals mehr anfangen als Sie selbst.

Bei der schamanischen Arbeit werden wir immer wieder mit bildhaften Botschaften konfrontiert, deren Bedeutung sich dem Verstand nicht unmittelbar erschließt.

Geisterfigurine nennt die spirituelle Künstlerin Sibylle Andohr diesen schamanisch erarbeiteten ausdrucksstarken Fetisch.

Nur selten wird Ihnen während der Reise zum Fetisch der Auftrag gegeben, mit diesem noch ein bestimmtes Ritual auszuführen, bevor Sie den Fetisch weiterreichen. Es kann vorkommen, dass Sie ihn vorher noch unter fließendem Wasser reinigen, über ihm rasseln oder ihn eine Nacht lang ins Freie legen sollen. Fragen Sie nicht weiter nach der Bedeutung eines solchen Vorgehens, wenn Sie diese nicht ohnehin schon kennen. Tun Sie es einfach, und erzählen Sie später Ihrem Klienten, was Sie gemacht haben. Vielleicht wird auch er Ihnen sagen können, warum das erforderlich war.

Die Seele kennt keine Symbole

Mancher Anfänger, der einen Fetisch gebaut hat, macht beim Umgang mit ihm nicht selten einen großen Fehler. Er sieht den Fetisch als Symbolobjekt an und versucht, ihn als solches seinem Klienten zu erklären: »Dieser durchlöcherte Stein symbolisiert eine Türe, die sich für dich öffnen wird«, oder: »Diese roten Beeren symbolisieren die Kräfte der Liebe.« Bevor Sie Derartiges über Ihre Lippen bringen, denken Sie daran, dass Sie nicht zu dem Verstand Ihres Gegenübers sprechen, sondern dass Sie sich direkt an seine Seele wenden. Die Seele denkt aber nicht abstrakt. Sie kann mit dem Begriff »Symbol« nicht das Geringste anfangen. Und damit erreicht Ihre Botschaft sie nicht. »Diese roten Beeren sind Liebe«, muss es richtig heißen.

Die Wandlung alltäglicher Objekte

Es ist das Geheimnis der Magie, scheinbar alltägliche Objekte spirituell zu verwandeln. Kein Heilpraktiker wird beispielsweise seinem Patienten sagen, dass eine bestimmte Milchzuckertablette die Heilkraft von Belladonna oder von Ferrum phosphoricum verkörpere, wenn es sich um ein hoch potenziertes Homöopathikum handelt. Das wäre falsch. Denn die Tablette, die der Patient einnimmt, beinhaltet die Heilkraft der reinen Wirksubstanz und ist kein Symbol dafür.

Im gleichen Sinn verfährt die katholische Kirche beim Ritual des Heiligen Abendmahls. Die Oblate ist der Leib Christi, der Wein das Blut des Herrn. Hier geht es nicht um Symbole und Entsprechungen, sondern um spirituelle Tatsachen. Nur mit solchen kann die Seele umgehen.

Im Gegensatz zu dem Schweizer Reformator Zwingli, der das Brot und den Wein des Abendmahls symbolisch deutete – das Brot steht für den Leib, der Wein für das Blut Christi –, war für Luther Christus im Brot und im Wein anwesend.

Symbole, Quellen von Fehldeutungen

Gleiches gilt für den schamanischen Umgang mit allen Trägern der Kraft.

In diesem Feld haben jedoch die prähistorischen Wissenschaften für weit verbreitete Fehlinterpretationen gesorgt. So unterstellen sie beispielsweise abstrakten Felsbildern unserer Vorfahren grundsätzlich symbolischen Charakter, obwohl es sich dabei um den direkten Ausdruck von spirituellen Kräften handelt.

Wie kommt es zu einer solchen Fehlbeurteilung? Der moderne Mensch kennt vielerlei echte Symbole mit ein für allemal festgelegter Bedeutung. Verkehrszeichen gehören ebenso dazu wie etwa die Symbole für Schaltungselemente in elektronischen Wirkplänen.

Wenn sich nun überall auf der Welt an Felswänden übereinstimmende Zeichen finden lassen, wie Spiralen, konzentrische Kreise, vier- oder achtspeichige Räder, Wellenlinien u. a., so lag es für die Wissenschaft nahe, diese als Symbole, also als Zeichen, aufzufassen. Darin liegt ein großer Irrtum. Denn allein für die so genannten Wellenkreise, Ringe mit einem Punkt im Zentrum, gibt es über 70 – widersprüchliche – wissenschaftliche Deutungsversuche.

Reine Wirkkräfte

Ein Stammesschamane, der ebenfalls Wellenkreise im Rahmen seiner Arbeit benutzt, fasste hierzu befragt deren Bedeutung zusammen: »Wann immer jemand diese Figur zeichnet, ist und bewirkt sie etwas anderes, denn jedes Mal wird sie neu geschaffen. Und auch jedes Mal, wenn ich selbst sie benutze, ist sie eine andere.« Deutlicher kann man es nicht sagen. Die Wellenkreise, die Spiralen und die zahlreichen anderen Figuren, mit denen Schamanen umgehen, sind keine Symbole, es sind zu gegenständlichem Ausdruck gelangte Kräfte. Sie stehen nicht für etwas, sie sind es selbst.

Wenn Ihnen bei Ihrer schamanischen Arbeit derartige »Symbole« erscheinen sollten, so schlagen Sie also auf keinen Fall in einem der üblichen Fachlexika nach, sondern fragen Sie Ihr Krafttier oder Ihren Lehrer, was dieses besondere Zeichen jetzt und in einem ganz konkreten Zusammenhang für Sie – und nur für Sie – bedeutet und wie Sie damit arbeiten können. Symbole, die für bestimmte Energien stehen sollen, heilen weder Seele noch Körper. Das können nur die Kräfte selbst bewirken.

> *Der Weg zur Seele ist ein sehr direkter. Zu ihr führen keine wie auch immer gearteten Umwege. Das gilt auch für den Umgang mit einem Fetisch.*

Die innerliche Sicherheit

Mehrfach war bisher davon die Rede, dass Schamanismus seinem Wesen nach nicht mit dem Streben nach Sicherheit vereinbar ist, obwohl er tiefe Sicherheit schenken kann. Diese Sicherheit aber heißt Vertauen. Denn wer in seinem Leben ausschließlich nach äußerer Sicherheit sucht, wird Angst finden. Der Reisebericht in ein Land der Seele (siehe Seite 56ff.) machte das besonders deutlich.

Auf einer weitaus tiefer gehenden als der oberflächlichen materiellen Ebene führt uns die schamanische Lebensweise zu einer Sicherheit, die weitaus tragfähiger ist als sie beispielsweise eine bestimmte Berufsausbildung und Versicherungen jemals bieten können. Sie ist nichts anderes als das reine, unerschütterliche Vertrauen in die Kräfte der Schöpfung, in Gott, in die Unsterblichkeit der eigenen Seele.

Viele Menschen finden Sicherheit und Geborgenheit im religiösen Glauben, dessen zentrales Element ja ebenfalls die Unsterblichkeit der Seele ist.

Vertrauensfähigkeit ist eine Gabe

Diese Sicherheit »ohne Netz und doppelten Boden« kann man nicht gezielt erwerben; auch nicht auf schamanischem Weg. Das wäre ein Widerspruch in sich. Das gegenteilige Verhalten führt zum Ziel: Es besteht im völligen Fallenlassen jedes Sicherheitsverlangens. Nur damit ist die Grundlage für absolutes Vertrauen möglich.

Wer wirkliche Sicherheit wünscht, sollte daher nicht nach ihr suchen. Man vergeudet sein Leben nutzlos damit. Bitten Sie vielmehr um das Geschenk, vertrauen zu können. Aber erwarten Sie keinerlei Reaktion auf diese Bitte. Wenn Sie das tun, sind Sie schon wieder im Begriff, kontrollieren zu wollen, also sicher zu sein, dass es Sie zum Ziel führt. Haben Sie Geduld.

Sie können in puncto Vertrauen auch eine Reise unternehmen. Das hat sich als gut und sinnvoll erwiesen. Aber machen Sie nicht jede zweite Woche eine Reise zum gleichen Thema, denn dann laufen Sie auch wieder in dieselbe Falle: Sie wollen sichtbare Belege. Erst wenn Sie frei von jeder Erwartung sind, werden sich ganz von selbst und meist überraschend auf schamanischen Reisen mit beliebiger Mission Lektionen für Sie ergeben, die unmittelbar Ihre Seele ansprechen und ihr Schritt für Schritt mehr Vertrauensfähigkeit schenken.

Der Weg hin zu Vertrauen und innerer Sicherheit

Statt an dieser Stelle zu beschreiben, auf welche Weise das geschehen kann, soll besser eines der unzähligen möglichen Beispiele folgen. Es handelt sich dabei um den Reisebericht einer parabelhaften Lehre, die unmittelbar die Seele lehrt und zu tiefem inneren Wissen führt. Je mehr solche Mosaiksteine seelischen Wissens sich im Lauf des Lebens zu einem Gesamtbild fügen, umso vertrauensvoller wird die Seele. Auf einmal wird dann nicht nur das Gefühl, sondern das Bewusstsein absoluter Sicherheit und Geborgenheit da sein.

Der Weg zu Vertrauen und innerer Sicherheit ist weit, und er lässt sich nicht abkürzen. Doch birgt er glücklicherweise eine lebensbereichernde stetige Entwicklung. Wer dazu neigt, ständig verbissen nach Abkürzungen zu suchen, der denke einmal über folgenden Satz nach: »Es gibt keine Abkürzung zwischen hier und Neapel.«

Auch Träume sind seelisches Wissen. Wer einen guten Zugang zu seinen Träumen hat, sich ihrer deutlich erinnert und sie aufschreibt, wird im Lauf der Zeit über eine Art Seelenlandkarte verfügen. Wichtig dabei ist allerdings, seine Traumarbeit ständig zu verbessern.

Awalets Reise

»Hätte jemand Herrn Awalet gefragt, warum er in einem Kanu den reißenden Fluss heruntertreibe, er hätte schwerlich eine befriedigende Antwort erhalten. Herr Awalet wusste wohl selbst nicht recht, wie es zu dieser bemerkenswerten Reise gekommen war.

Eine Reise im Fluss

Abgesehen von der starken Strömung verhielt sich das Wasser zumindest in der Mitte des Flusses ruhig. Es wirbelte und strudelte nicht, und so glitt das kleine Boot schnell, aber doch sanft dahin. Das Paddel hatte Herr Awalet schon vor geraumer Zeit aus der Hand gelegt. Er saß einfach im Kanu und ließ sich treiben. Er dachte auch über nichts nach; er sah den dichten Tropenwald, der den Fluss auf beiden Seiten begleitete und dessen Bäume hier und da bis ins seichte Uferwasser vordrangen. Er hörte die schrillen Rufe von Urwaldvögeln, das Gekreisch einiger Affenbanden und – ganz nahe – das leise Glucksen des schnell fließenden Wassers.

Ein leichter Windhauch machte die schwülwarme Luft für Herrn Awalet angenehmer. Seine Nase atmete das schwere Aroma feuchten Laubes, dem sich ein feiner Modergeruch und das

Die Geschichte von Herrn Awalet ist dem Buch »Der Zeitvogel und andere schamanische Erzählungen« entnommen, das im Selbstverlag des Autors erschienen ist. Die Bezugsquelle finden Sie auf Seite 269.

bitterliche Herb des Flusses zugesellten. Wenn Herr Awalet seine Lippen leicht öffnete, vermeinte er fast, diese einprägsame Duftmischung schmecken zu können. Das Licht der Flusswelt wirkte einschläfernd monochrom: In 1000 dunklen Grüntönen spielten die Kronen der Urwaldriesen, die den Strom begleiteten. Etwas heller grün hingen die langen Strähnen der Lianen aus ihnen herab. Die Wasser des Flusses spiegelten das Urwaldgrün wider, gebrochen nur durch erdige Ockertöne mitgeführter Schwebstoffe. Selbst der an sich klare Himmel schien durch einen blassen Grünschleier gedämpft.

Wahrnehmung mit der Seele

Herr Awalet verfiel in einen eigentümlichen Bewusstseinszustand, den er als schläfriges Dämmern, zugleich aber als helles Wachsein empfand. Seine Sinne nahmen jedes Bild, jede Regung, jeden noch so geringen Laut viel deutlicher wahr als normalerweise; und dennoch schien Herrn Awalet alles, was ihn umgab, eigentümlich fern. Mit seinem Kanu gehörte er zum Fluss, wie dieser zum Urwald gehörte. Herr Awalet war gleichsam ein Teil von allem, und doch schien seine Umgebung ihn in keiner Weise zu berühren.

In diesem wachen Halbdämmer wunderte sich Herr Awalet nicht, als er bemerkte, wie sich sein Kanu aufzulösen begann. Der Vorgang erschien ihm völlig natürlich. Das Boot löste sich aber nicht im Wasser wie sich etwa Zucker im Tee löst, es zerfloss regelrecht. Es wurde selbst zu Wasser.

Auf schamanischen Reisen ist die Seele oft innig mit der erlebten Natur verbunden. Sie wird selbst ein Teil der Schöpfung.

Herr Awalet löst sich auf

Herr Awalet trieb jetzt unmittelbar im Fluss. Er fühlte sich durch den Verlust des Kanus keineswegs schutzlos. Er empfand es als angenehm, sich den körperwarmen Fluten anzuvertrauen.

Doch auch Herr Awalet begann, sich aufzulösen. Sein Körper hatte keine festen Konturen mehr. Er verschwamm. Herr Awalet konnte nicht mehr sagen, wo er aufhörte und wo das Wasser anfing; aber doch fühlte er genau, welche Teilchen zu ihm gehörten und welche zum Fluss. Dabei änderte er ständig seine Form, oder – genauer gesagt – seine Ausdehnung, denn eine Form hatte er nicht mehr.

So wurde er beispielsweise fortwährend länger. Das lag daran, dass die Strömung des Flusses in diesem Bereich an Geschwindigkeit stetig zunahm und sich deshalb der vordere Teil von Herrn Awalet stets ein klein wenig rascher voran bewegte als sein hinterer.

Ein Mensch verliert seinen Körper

Ein fernes, dumpfes Rumoren ließ sich vernehmen, das bald zu tosendem Donner anschwoll. Zugleich streckte die Strömung das Wasser in lange, glatte Fäden, und Herr Awalet dehnte sich geschmeidig mit. Er selbst war jetzt vollkommen zu Wasser geworden: Wasser im Wasser. Sekunden später verriet das Tosen seinen Ursprung. Der mächtige Fluss stürzte über eine Felsbarriere in einen Abgrund.

Für einen Augenblick ergriff Herrn Awalet panische Angst. Doch sofort wurde ihm bewusst, dass er keinen Körper mehr besaß, der in der Tiefe aufschlagen und zu Tode kommen würde. Neugier bemächtigte sich seiner. Wie erlebt Wasser einen Wasserfall? Beim Hinabströmen fühlte sich Herr Awalet angenehm weiter in die Länge gestreckt. Dann war es ihm plötzlich, als geriete er völlig durcheinander. Einen Moment lang verlor er sogar sein Bewusstsein.

Der Aufstieg in die Luft

Als er wieder zu sich kam, fühlte er sich unendlich leicht. Er schwebte irgendwie in hellem, warmem Licht. Beim Aufprall auf grobe Felsbrocken war er am Fuß des Wasserfalls zerstoben, und als unglaublich feiner Dunst bewegte er sich jetzt, sonnenbeschienen, vor der senkrechten Wand des Wassersturzes langsam hinauf in die Höhe.

Wasser ist das Element der Transformation. Hier erscheint es beschützend und warm, ruhig und ohne Strudel, als machtvoller Wasserfall, als feinste Tröpfchen und von Wasserwesen beseelt.

Natürlich war er nicht allein. Mit ihm waren unzählige andere Wasserwesen zerstoben und stiegen nun in die Luft empor. Es war das erste Mal, dass Herr Awalet das ihn umgebende Wasser nicht einfach als einheitliche Flüssigkeit oder jetzt als nebelige Masse, sondern als eine unüberschaubare Fülle individueller Wesen empfand.

Die Luftreise ging fort. Erst stieg Herr Awalet über die Oberkante des Wasserfalls auf, dann, durch die Sonne erwärmt und durch die Wärme leichter werdend, über die Wipfel der Urwaldriesen. Zugleich weitete er sich mehr und mehr aus. Wie ein hauchdünner Schleier schwebte er hoch über dem Tropenwald. Noch etwas weiter oben erfassten Winde diesen Schleier und streckten ihn.

Von der klaren Sprache und der großen Selbstverständlichkeit, mit der Herrn Awalets Geschichte erzählt wird, geht eine Faszination aus. Unsere Seele will berührt werden. Der Text wurde im schamanischen Bewusstseinszustand geschrieben.

Ausdehnung

Herr Awalet stieg so weit auf, dass er tief unter sich deutlich die Rundung der Erdkugel erkennen konnte. Auch der Schleier, der er war, rundete sich. Zugleich wurde er feiner und feiner und dabei dehnte er sich immer weiter aus.

Schließlich umgab Herr Awalet wie eine wabernde hauchdünne Hülle in großem Abstand die ganze Erde. Erstaunlicherweise war er sich dabei noch immer seiner Individualität bewusst. Herr Awalet war auch hier nicht allein. Über ihm gab es unzählige weitere feine Hüllen, und von unten her stiegen fortwährend neue auf.

Als Herr Awalet in noch größere Höhen gelangte, bemerkte er, wie die einzelnen Hüllen einander immer näher kamen, ganz ähnlich wie die zahllosen Lagen eines fein ausgewalzten Blätterteiges. Er verschmolz mit den anderen Hüllen und dachte unwillkürlich an die meisterlich geschmiedeten Damaszenerklingen, bei denen unter den Hammerschlägen des Schmieds gleichfalls Hunderte feinster Flächen miteinander zu einer Einheit verschweißen.

Die Vereinigung von allem, was lebt

Lange, sehr lange dauerte es, bis Herr Awalet wusste, dass jetzt alle Menschen, alle Tiere und Pflanzen in einer einzigen Hülle vereint waren, die wie eine inzwischen fester gewordene Folie in großer Höhe den Erdball umspannte.

Im Augenblick dieser vollständigen Vereinigung allen irdischen Lebens begann die Hülle, sich langsam zu senken; und während

Nichts ist mehr wie es war

Im Gegensatz zum Erleben bei Reisen in die untere Welt sind die Bilder, die der Schamane in der oberen Welt sieht, oft diffuser. Manchmal betritt der Reisende lichterfüllte Räume.

sie sich der Erdoberfläche näherte, schrumpfte sie und wurde dadurch stärker. Hier und da bildete sie aber auch feine Runzeln, wie die Haut eines zuvor prall gefüllten Luftballons, der sich langsam entleert.

Der Abstieg zur Erde

Als die Hülle der Erdoberfläche schon recht nahe gekommen war, schrumpfte sie nicht weiter; aber die Runzeln dehnten sich zu einer Vielzahl kleiner tiefer Ausstülpungen. Sie sahen zunächst wie innen hohle längliche Noppen aus. Beim weiteren Absinken der Hülle wuchsen diese Noppen und nahmen recht individuelle Formen an: Menschen bildeten sich, Tiere und Pflanzen. Und weil all diese Lebewesen aus derselben großen Hülle hervorgingen, enthielten sie auch alle winzige Teilchen jeder einzelnen Lage dieser Hülle.

Das Erlebnis von absoluter Harmonie

Herr Awalet wusste jetzt um seine Herkunft, um seine tiefe Verwandtschaft mit allem Leben. Er war nicht mehr derselbe. Wenn er sich hinfort über andere ärgerte, ärgerte er sich zugleich über sich selbst. Wenn er sich über andere freute, freute er sich über sich selbst. Wenn er andere beleidigte oder verletzte, beleidigte oder verletzte er sich stets auch selbst. Und wenn andere ihm grob oder liebevoll begegneten, war er auch das nicht im Grunde selbst?«

Nunmehr ist die Einsicht, dass alles mit allem verbunden ist, durch nichts mehr zu erschüttern.

Schamanische Ethik

Wer schamanisch arbeitet, trägt eine große Verantwortung für sich und andere. Diese ist nicht nur im konkreten Fall des Heilens von Bedeutung, sondern auch im alltäglichen Leben. Denn Schamanismus ist ein Lebensprinzip, das jede unserer Handlungen, unser Denken, unsere seelische Haltung durchdringt. Die wichtigsten ethischen Grundlagen für den Schamanen sind in diesem Kapitel ausgeführt, ebenso die Risiken, denen er ausgesetzt ist und die Wege, sie zu umgehen. Denn der Weg des Schamanen sollte immer zu Mitmenschlichkeit, Toleranz, Bescheidenheit und gottgegebener Weisheit führen.

Mögliche Gefahren

Manchmal steht die Frage im Raum, ob schamanische Arbeit auch gefährlich sein kann. Grundsätzlich lässt sich die Frage bejahen. Die Absicht, mit der die Frage gestellt wurde, zielt allerdings meistens in die Richtung, ob es möglich ist, einmal von einer schamanischen Reise nicht zurückkommen zu können, oder ob einem währenddessen Schreckliches geschehen kann, gegen das man machtlos ist. Beides ist äußerst selten, und beides lässt sich bei gewissenhaftem Vorgehen und Führung durch die Krafttiere sicher vermeiden.

Schamanisches Arbeiten setzt ein hohes Maß an Verantwortungsbewusstsein voraus. Wenn man dieses hat, sind die Risiken gut einschätzbar.

Selten auftretende Risiken

Trotzdem will ich kurz auf derartige Möglichkeiten zu sprechen kommen, bevor ich mich häufiger auftretenden Gefahren zuwende. Nicht von einer schamanischen Reise zurückzukommen bedeutet, dauerhaft im schamanischen Bewusstseinszustand zu bleiben, also seelisch ständig in einer anderen Realitätsebene zu leben. Es gibt Menschen, bei denen das bereits ohne bewusste schamanische Arbeit mehr oder weniger stark der Fall ist.
Zum einen sind das manche Geisteskranke. Bei ihnen sind die Selbstkontrolle und die Überwachung ihrer Beziehung zum eigenen materiellen Lebensraum durch den Geist in den Hintergrund getreten. Ihre spirituelle Komponente hat die Führung übernommen. Zum anderen können das seelisch gestörte Menschen sein, wie etwa Schizophrene, Paranoiker oder Autisten. Ihre Ausflüge in andere Realitätsebenen sind nicht willkürlich steuerbar und manchmal sogar dauerhaft.

Wem schamanische Arbeit nicht zu empfehlen ist

Es gibt bisher noch keine Erfahrungen über schamanische Arbeit mit geistig gestörten Menschen, die sich verallgemeinern ließen. Auf jeden Fall würde ich es ablehnen, Menschen dieser Gruppe schamanisch reisen zu lehren.
Noch ein anderer Personenkreis sollte sich von aktiver schamanischer Arbeit fern halten: Drogenabhängige. Es ist gewiss sinnvoll, Süchtige schamanisch zu behandeln, doch wenn sie selbst reisen lernen, kann das zu Problemen führen. Sehr wahrscheinlich gilt Gleiches auch für andere Süchtige.

Drogenabhängige und schamanische Arbeit

Ein konkretes Beispiel mag das verdeutlichen: Eine etwa 15-jährige Jugendliche, die in erheblichem Maß von Haschisch und Designerdrogen abhängig war, lernte in einem schamanischen Basisseminar, Kontakt zu ihren Krafttieren und ihrem spirituellen Lehrer zu finden. Zwei Wochen später rief sie begeistert den Seminarleiter an und erklärte ihm, dass sie den spirituellen Lehrer nicht besuche, denn der sei immer so streng mit ihr. Hingegen sei das Krafttier überaus nützlich. Erst zwei Abende zuvor habe sie im Kreis von Freunden auf einer Party eine Überdosis eingenommen. Sie wurde daraufhin blass und fast ohnmächtig. Ihr Kreislauf versagte, und sie fiel zu Boden. Die beunruhigten Freunde wagten nicht, zu handeln, weil der Ruf nach einem Arzt oder Krankenwagen unweigerlich zur Meldung bei der Polizei geführt hätte. Also unternahmen sie gar nichts, gerieten aber offenbar in Panik. Sie selbst habe in dieser Situation ihr Krafttier gerufen und das habe ihr sofort beigestanden. Farbe kehrte in ihr Gesicht zurück, sie stand auf und war weitestgehend wieder hergestellt. Damit wurde sie zum Star des Abends und ließ sich ob ihrer »magischen Fähigkeiten« bestaunen. Man kann ermessen, welchen Gefahren dieses junge Mädchen sich hingibt, das sich nunmehr als allmächtig wähnt.

Die Gefahr der Selbstüberschätzung

Genau gleiche Erfahrungen machte das Hanauer Zentrum für Drogenberatung. Hier versuchte man vor einigen Jahren in Therapiegruppen, Entwöhnungsprogramme durch die so genannte katathyme Bilderschau zu unterstützen. Das ist ein neueres Verfahren der Psychotherapie, das sich grob als eine Art Vorstufe schamanischen Reisens erklären lässt.

Zunächst zeigte die Methode recht gute Erfolge, führte nach einigen Wochen sogar zu einer bemerkenswerten Persönlichkeitsstärkung, die allerdings bei den labilen Drogenabhängigen zu Überheblichkeits- und Unbesiegbarkeitsgefühlen führte. Die Überzeugung griff Raum: Auch Drogen können mir nichts mehr anhaben. Damit bekam der Rückfall in die Sucht eine dramatische Komponente.

Nach solchen bestätigenden Erfahrungen widerspräche es jeglicher schamanischer Ethik, in dieser Richtung im wissenschaftlichen Sinn zu experimentieren. Es wäre ein kaum zu unterschätzendes Spiel mit dem Feuer.

Die Ausführungen zur Drogenabhängigkeit gelten im Prinzip auch für andere Formen der Sucht.

Schamanische Ethik

Verantwortungsvoller Kräfteeinsatz

Schamanismus bedeutet den Umgang mit spirituellen Kräften. Wie jeder Umgang mit Energien setzt das deren verantwortungsbewussten Einsatz voraus, wenn sie keinen Schaden anrichten sollen. Der Drogenabhängige kann offenbar nicht verantwortungsbewusst mit Kräften umgehen, die ihm durch das Erlernen schamanischen Reisens zugänglich werden.

Jeder Schamane sollte es sich zur Maxime machen, vor jeder schamanischen Mission gründlich darüber nachzudenken, was schlimmstenfalls geschehen kann, wenn er Erfolg hat.

Sich seiner Pflichten bewusst sein

Schamanismus ist keine Freizeitspielerei. Er kann Schaden anrichten, wenn man unbedingt Schaden haben will. Wasserkraft beispielsweise ist sehr nützlich, aber kein Müller wird den Mühlbach durch seine eigene Wohnung leiten, statt auf die Schaufeln des Wasserrades. Fließendes Wasser verfügt über eine gewaltige Naturkraft. Auch schamanisches Arbeiten ist Wirken mit Naturkräften, und damit ergibt sich ein hohes Maß an Verantwortungspflicht sich selbst und anderen gegenüber.

Der in Kopenhagen arbeitende schamanische Lehrer Jonathan Horwitz formuliert das so: »Wenn du dir irgendetwas wirklich ernsthaft wünschst, riskierst du, dass du es bekommst. Wenn du irgendeine Frage ernsthaft stellst, riskierst du eine Antwort. Überlege dir vorher genau, ob du das wirklich willst.«

Davon, dass man nicht ohne langes Nachdenken versuchen sollte, jeden Kranken schamanisch zu heilen, war bereits die Rede (siehe Seite 98). Manche Menschen brauchen ihre Krankheit. Würde man sie ihnen nehmen, wäre Schlimmeres die Folge.

Auch wird ein verantwortungsbewusster Schamane niemanden zu behandeln versuchen, der ihn nicht darum gebeten hat. Man greift nicht ungebeten in das Leben eines anderen Menschen ein, auch nicht in der guten Absicht, ihm zu helfen. Vielleicht will er gar keine Hilfe und hat dafür seine Gründe.

Schwarze Magie

Dass man anderen Menschen nicht vorsätzlich schadet, sollte eigentlich selbstverständlich sein. In einer Welt, in der Aggressivität, Mobbing, Diebstahl, Einbruch, Vergewaltigung und Krieg an der Tagesordnung sind, verhält sich dies leider nicht so. Kommen Sie bitte niemals auch nur in die Versuchung, schamanische Kräfte zum Nachteil anderer zu mobilisieren, auch nicht im Spiel. Sie würden sehr schnell in den Bereich der schwarzen

Magie abdriften. Und die Rückwirkung auf Sie selbst ist vorprogrammiert. Nicht von ungefähr sagen die alten Märchen, dass der Schwarzmagier dem Teufel seine Seele verkauft hat. Spielen Sie nicht mit Ihrer Seele.

Altruismus statt Egozentrik

In den Bereich der schwarzen Magie, nicht des Schamanismus, gehört es auch, wenn man versucht, mit schamanischen Techniken die eigene Macht, den eigenen Einfluss und das eigene Ansehen aus egoistischen Gründen zu vermehren. Das führt dazu, dass die spirituellen Naturkräfte nicht mehr fließen können, sondern sich ansammeln. Die vergleichsweise harmlosen Folgen sind körperliche Blockaden und Krankheit. Im sozialen Bereich führt dieses Verhalten langfristig zu Isolation und Einsamkeit, auch wenn man sich lange Zeit vormachen kann, unangenehme Mitmenschen seien Freunde. Zu Seelenverlust führt Macht- und Raffgier auf jeden Fall.

Keinen Missionseifer an den Tag legen

Hüten Sie sich auch davor, im Sinn des Schamanismus zu missionieren. Schamanismus ist ein spiritueller Weg und nicht der allein seelig machende spirituelle Weg. Auch wenn schamanische Arbeit Ihr eigenes Leben rundum positiv verändert hat, versuchen Sie nicht wohlmeinend, andere Menschen auf Ihren Weg zu zwingen. Auch die christlichen Missionare haben in den Kolonialreichen mehr Leichen zurückgelassen als Menschen zum Glauben geführt.

Haben wir den Schamanismus als unseren Weg erkannt, heißt dies noch lange nicht, dass wir eine Gefolgschaft brauchen. Manipulation ist immer von Übel.

Rituelle Plagiate

Ziel ist es, frei und selbstbestimmt schamanisch zu arbeiten. Wer allerdings ängstlich und sklavisch obskure Stammesrituale nachzuvollziehen versucht, in der Annahme, dies sei Schamanismus, setzt sich Gefahren aus, vor denen bereits gewarnt wurde. Schamanismus soll Ihre Seele frei machen und nicht in neue, noch dazu fremdartige Dogmen einzwängen, die ihr nur vermeintliche Sicherheit geben.
Seien Sie daher skeptisch, wenn Ihnen ein Seminarleiter eine »besondere Art« von Schamanismus anbietet. Dazu gehören beispielsweise der hawaiianische (Ka)huna-Schamanismus sowie

der keltische und schwarzafrikanische Schamanismus. Alles, was eine spezielle kulturelle Färbung zeigt, ist Dogmatik; die wirklichen schamanischen Wurzeln sind von Raum und Zeit unabhängig, auch im geografischen Sinn.

Doch gibt es hier einige wenige Ausnahmen. Manche Lehrer machen ihre Schüler in Fortgeschrittenenseminaren beispielsweise mit keltogermanischem, sibirischem oder mongolischem Schamanismus vertraut. Das tun sie jedoch keinesfalls aus Selbstzweck, sondern nach einer sorgfältigen Grundausbildung. Die besonderen, lokal entwickelten Techniken werden in diesem Zusammenhang lediglich zur Abrundung des Gesamtbilds vorgestellt. Das ist in Ordnung.

Nicht jeden Lehrer annehmen

In Zweifelsfällen nehmen Sie den Seminarleiter kritisch unter die Lupe. Wirkt er unsicher, dann ist er auf dem falschen Weg und kann Sie nichts Sinnvolles lehren. Unsicherheit kann sich nicht nur in Ängstlichkeit, sondern auch in betontem Autoritätsstreben oder gar Persönlichkeitskult äußern. Hat er eine negative Ausstrahlung und lebt gleichsam in einem irdischen Jammertal, dann hat er den Sinn des Schamanismus nicht begriffen, oder dieser ist für ihn nicht der richtige Weg. Wie also könnte er ihn vermitteln? Hier gilt uneingeschränkt die Maxime: Wenn dich deine Philosophie nicht glücklich macht, sei sicher, sie ist falsch.

Nehmen Sie auch Ihre Zweifel ernst, und geben Sie sich genug Zeit für Ihre innere Entwicklung. Lassen Sie sich nichts überstülpen.

Kritiklosigkeit und Aberglaube

Eine weitere Gefahr des Schamanismus liegt im oft völligen Wandel des eigenen Weltbilds innerhalb des Rahmens der persönlichen spirituellen Entwicklung. In einem solchen Wandlungsprozess, in dem man zahlreiche alte Wertvorstellungen aufgibt und sich Neuem zuwendet, ist es anfangs oft schwer, sicher zu werten. Viel für den Verstand Unfassbares ereignet sich, vieles, das sich logisch nicht erklären lässt.

Manche Menschen, die der Esoterik zugeneigt sind, geben in einer solchen Situation nur allzu leicht jede intellektuelle Kontrolle auf und verfallen bereitwillig dem Glauben an die selbst gestrickten Theorien von Seminarleitern wie von Autoren esoterischer Literatur.

Profilierungswahn und Gewinnsucht

Hinter derartigen Theorien steckt bisweilen auch der autosuggestiv verstärkte Aberglaube von selbst ernannten Gurus, die dann zwar grundsätzlich integer, aber schlichtweg naiv und fehlgeleitet sind. In anderen Fällen handelt es sich dagegen um Profilierungssucht oder ganz einfach um Gewinnstreben. Allein der deutsche Esoterikmarkt hat derzeit ein größeres Finanzpotenzial als alle Universitäten zusammen. Das Geschäft mit der Angst und Orientierungslosigkeit vieler Menschen boomt.

Gleiches gilt leider zum Teil auch für den Schamanismusmarkt. Seien Sie daher sicher: Um schamanisch zu arbeiten, benötigen Sie weder authentische schwarzafrikanische oder Eskimorasseln noch teure indianische Traumfänger mit echten Seeadlerfedern oder original australische Didgeridoos. Und auch die neuerdings häufig offerierten »Schamanensteine« sind nur reine Geldschneiderei.

Spirituelle Altlasten

Gehen Sie allen Lehren aus dem Weg, die mit erblicher persönlicher Schuld oder mit spirituellen »Altlasten« zu tun haben. Die christliche Lehre von der Erbsünde gehört ebenso hierher, wie die buddhistische Auffassung einer karmischen Belastung, die es in diesem Leben abzuarbeiten gilt. Derartige Überzeugungen sind stets nur in einem bestimmten kulturellen Rahmen entstandene – wenngleich manchmal später weltweit verbreitete – Einzelmeinungen. Das schamanische ethische System steht auf einem weitaus breiteren Fundament: Es enthält die spirituellen Erkenntnisse von Tausenden von Völkern über Zehntausende von Jahren hinweg.

Resignation, Selbstzweifel und Selbstentschuldigung

Der Glaube an Erbsünde, karmische Belastung haben im Schamanismus schon deshalb keinen Platz, weil sie entweder zu Resignation führen oder nagende Selbstzweifel mit sich bringen, die der freien seelischen Entfaltung im Weg stehen. Bisweilen verleiten sie auch schlicht zu platter Selbstentschuldigung oder dem Entzug aus der Verantwortung, weil man sich auf höhere Bindungen, wie beispielsweise Erbsünde oder Karma, berufen kann.

Wenn Sie beispielsweise einen Stein als Kraftobjekt möchten, dann gehen Sie ins Gebirge oder an einen kiesigen Strand, und suchen Sie sich einen. Er wird für Sie »maßgeschneidert« sein. Wenn Sie eine Rassel benötigen, bauen Sie sie sich selbst (siehe Seite 102). Lediglich um den Erwerb einer guten Trommel werden Sie nicht herumkommen.

Der Glaube an die Vorbelastung

Und schließlich ist der Glaube an die schicksalhafte Vorbelastung bereits eines Neugeborenen in diesem Sinn ganz einfach blasphemisch. Gott bestraft niemanden schon vor dessen Geburt. Er gibt jedem verschiedene Fähigkeiten, Anlagen und Lebensumstände mit, die ihn zu einer unverwechselbaren Person mit einer einzigartigen Aufgabe machen. Genau darin liegen seine individuellen Chancen. Mit Schuld und Sühne oder Karma hat das nichts zu tun.

Gotteslästerliche Askese

Schuldlastige oder karmische religiöse Vorstellungen führen ihre Anhänger überdies meist zu asketischen Praktiken. Doch auch Askese ist gotteslästerlich.

Gott hat uns eine wundervolle Schöpfung geschenkt. Er hat uns mit einem bewundernswerten Organismus, einem faszinierenden Geist und einer unfassbar großen Seele begabt. Soll ich diesen Leib, diesen Geist, diese Seele asketisch quälen, statt sie zu hegen und zu pflegen, wie man das üblicherweise mit wertvollen Geschenken tut? Soll ich die göttlichen Geschenke der Schöpfung zurückweisen und mich lebenslänglich in einer Klosterzelle einkerkern?

Der Schamane lebt bescheiden, aber nicht asketisch. Er verhält sich allen anderen Geschöpfen gegenüber mit Achtung und Liebe. Und er tut das aus freier Entscheidung und innerem Antrieb und nicht, um eine Schuld oder Altlast abzuarbeiten.

Schamanismus und die Vorstellung von einer karmischen Belastung aus einem früheren Leben schließen einander aus. Jeder Mensch ist in seiner Individualität einmalig.

Übersetzungsfehler und Teilwahrheiten

Fast immer führt schamanische Arbeit, wenn sie zum Lebensprinzip wird, zu tiefen religiösen Einsichten. Vergessen Sie nicht: Diese Erkenntnisse erfolgen direkt auf seelischer Ebene. Sobald Sie sich ihrer verstandesmäßig bewusst werden, haben Sie sie in sprachlich umsetzbare Bilder übersetzt. Diese Übersetzung ist jedoch meist nicht inspiriert, sondern von Ihrem Gehirn so formuliert, dass sie für Sie persönlich annehmbar ist. Gehen Sie mit diesem Wissen nicht missionieren, selbst wenn Sie – zu Recht – davon überzeugt sind, die Wahrheit gefunden zu haben. Berichten Sie, wenn Sie gefragt werden. Doch müssen andere Menschen ihren Weg zum Schamanismus selbst finden.

Die Suche nach der individuellen Philosophie

Haben Sie Ihre persönlichen schamanischen Erfahrungen gemacht, leben Sie sie für sich, zwingen Sie Ihr Wissen keinem auf; denn jeder muss für sich selbst den richtigen Weg finden.

Fragwürdige Schamanenlehrer

Es gibt sehr lästige Schamanen, die für sich selbst beispielsweise eine Mutter-Erde-Religion formuliert haben, die als solche bewundernswert und in sich durchaus stimmig ist. Nichts wäre daran zu kritisieren, würden sie diese Schamanen nicht augenblicklich zur allgemeingültigen Lehre erheben und darüber Streitgespräche mit überzeugten Christen, Moslems und anderen Gottgläubigen heraufbeschwören. Eine solche Haltung führt zwangsläufig zu Intoleranz.

Die Gefahr der religiösen Intoleranz

Intoleranz ist mit dem schamanischem Weltbild nicht vereinbar, denn dieses geht von der Gleichberechtigung aller Individuen aus. Ein Schamane ist glücklich darüber, dass es in der Welt unterschiedliche, eigenständige Persönlichkeiten mit verschiedenen Meinungen und Ansichten gibt. Auch zeigt sich immer wieder, dass schamanische Arbeit den einen innerlich zum Pantheisten, den anderen aber zum strengen Monotheisten macht. Gott ist nun einmal unfassbar groß.

Das Gleichnis von den drei Blinden, die Gott begegnen, mag an dieser Stelle passend sein. Hierin hat Gott die Gestalt eines Elefanten. Der eine Blinde ertastet den Rüssel und lehrt darauf hin: »Freunde, ich habe Gott gefunden. Er hat die Gestalt eines riesigen Wurmes.« Der andere Blinde bekommt ein Bein des Elefanten zu greifen und erklärt: »Gott ist eine gewaltige Säule, deren

Gott ist in allen Dingen, Gott und Kosmos sind identisch, so die philosophisch-religiöse Position des Pantheismus.

239

Basis auf der Erde steht, deren oberes Ende aber wahrscheinlich bis in den Himmel reicht.« Der dritte greift den Elefantenschwanz und vergleicht Gott mit einem dürren Pinsel. Gottes wahre Formen entziehen sich eben unseren Sinnen.

Überheblichkeit ist nicht angebracht

So viele und tiefe spirituelle Erfahrungen Sie bei Ihrer schamanischen Arbeit auch gewinnen mögen, werden Sie durch sie nicht überheblich. Denken Sie daran: Sie haben immer nur den für Sie persönlich bestimmten Teil des Elefanten erkannt. Im Übrigen ist jeder von uns angesichts des Numinosen ebenso blind wie die beschriebenen Gottessucher.

In Stammesgesellschaften ist der Schamane ein Diener der Gemeinschaft. Er sieht es als eine seiner Aufgaben an, für das Seelenheil der Gemeinschaft zu sorgen.

Die Indianer erkennen das richtig, wenn sie vom Großen Geist sprechen, dem sie respektvoll keinerlei konkrete Attribute zuschreiben. Und der Islam sagt: »Gott hat 100 Namen.«

Grenzen und Verantwortung

Schamanische Ethik bedeutet, die zahlreichen bisher in diesem Kapitel aufgezeigten Grenzen zu respektieren. Sie umfasst aber nicht nur Einschränkungen, sondern auch bestimmte Forderungen nach aktiver Übernahme von Verantwortung.

Indianische Stammesschamanen bezeichnen sich selbst meist nicht als Schamanen, sondern als faith keeper, also als Glaubensbewahrer. Ähnliche Begriffe gibt es in anderen schamanisierenden Ethnien in aller Welt. Der Glaube bezieht sich hierbei aber nicht allein auf religiöse Inhalte, sondern allgemein auf Stammes- und Volkstraditionen und auch auf Stammesrecht, d.h. auf ethische Werte.

Rechte und Regeln bewahren

Ein Schamane in einem Stammesvolk wird sich immer gegen Ungerechtigkeit und kriminelle Handlungen wenden, er wird unhöfliche Kinder und taktlose Erwachsene sofort zur Rede stellen, gleich wo er ihnen begegnet und gleich, ob er in den Zusammenhang der entsprechenden Handlungen mit einbezogen ist oder nicht. Und er wird streng gegen jede Form der Gotteslästerung einschreiten, egal ob diese eigene religiöse Überzeugungen angreift oder den davon abweichenden Glauben eines anderen Menschen.

Erhaltung der natürlichen und gesellschaftlichen Harmonie

Er wird das alles weder tun, um sich selbst als Richter oder auch nur als Autorität aufzuspielen (er handelt schließlich nicht für sich, sondern im Auftrag seiner Geister), noch um zu bestrafen oder bloßzustellen. Seine einzige Zielsetzung ist die Erhaltung oder Wiederherstellung von Harmonien und zwar sowohl in der Natur wie in der menschlichen Gesellschaft.

Ein Schamane wird deshalb beispielsweise jedes Kind erziehen, das ihm begegnet, nicht nur seinen eigenen Nachwuchs. Er will auch dem fremden Kind helfen, ein guter und würdiger Mensch zu werden, denn das sieht er als seine Verantwortung. Alles ist mit allem verbunden.

Mangel an Menschlichkeit und doppelte Moral

Wir haben uns in unserem Kulturkreis extrem weit von solchem Denken und Handeln entfernt. Haben wir jegliche Ehrfurcht vor dem Göttlichen verloren? Ist uns jede Achtung vor unseren Mitmenschen abhanden gekommen?

Sehen wir uns nur einmal die rechtlich gebilligte doppelte Moral in diesem Lande an. Wir empören uns zwar, wenn ein Bankräuber wegen 50000 DM oder weniger einen Menschen umbringt. Aber wir erlauben es einer werdenden Mutter, ihr ungeborenes Kind ermorden zu lassen, weil ihr eben diese Summe zum Leben fehlt.

Verzweifelten Frauen, die in unserer Gesellschaft weder spirituelle Werte noch Nachbarschaftshilfe kennen gelernt haben, soll hier kein Vorwurf gemacht werden, denn beides ist in unserem Kulturkreis kaum noch vorhanden. Es ist das Fehlen solcher Werte, die zu feigem Mord führen. Feige deshalb, weil man ein Kind umbringt, das man selbst noch niemals gesehen hat. Würde das Kind kurz nach seiner Geburt getötet werden, so wäre jedermann entsetzt.

Seine Entscheidung ehrlich hinterfragen

Wenn Sie ernsthaft vorhaben sollten, einen schamanischen Lebensweg zu beschreiten, so rate ich Ihnen entschieden von diesem Plan ab, wenn Sie die ethische und moralische Dekadenz unseres Kulturkreises akzeptieren oder gar im einen oder anderen Punkt befürworten und selbst mittragen. Sie werden in eine ernste Krise steuern. Schamanische Ethik verträgt sich mit einer solchen Haltung nicht.

Um schamanisch zu leben, bedarf es der grundsätzlichen inneren Übereinstimmung mit den ethischen Werten, die der Autor hier versucht hat, darzulegen und zu begründen.

Schamanenalltag

Der Alltag des Schamanen besteht in Arbeit, Arbeit für andere. Das bedeutet Vermittlung von Visionen und Zeichen, die dem Schamanen auf seinen Reisen zukommen. Dabei stehen ihm Helfer zur Seite, deren spirituelles Agieren er in die Alltagsrealität herüberbringt. Fünf Fallbeispiele in diesem Kapitel zeigen sehr anschaulich, wie das der Schamane selbst erlebt, womit er sich während seines Tuns auseinander setzen muss und wie seine eigenen Fähigkeiten und sein Vertrauen dabei immer wieder auf die Probe gestellt werden.

Ein Erlebnisbericht

In den bisherigen Kapiteln dieses Buchs wurde versucht, Sie in die schamanische Denkweise, Kosmologie und den Umgang mit den grundlegenden schamanischen Techniken einzuführen. Dieses Pensum umfasste Theorie und schamanische Lebenssicht ebenso wie praktische Übungen und Anregungen zu eigener gezielter schamanischer Arbeit. Das Gesamtbild des Buchs soll nunmehr durch ein Kapitel aus dem schamanischen Alltag abgerundet werden.

Die folgende Erzählung ist nicht fiktiv. Sie beschreibt, wie ein Schamane selbst seine Arbeit erlebt, wie sich aus Aufgaben auf schamanischem Weg Lösungen entwickeln, wie er diese in die Tat umsetzt und was solches Tun bewirken kann. Auch zeigt die Erzählung verschiedene schamanische Techniken im Kontext miteinander, also im Fluss. Sie kann deshalb sowohl Anregung wie Bestätigung für Ihre eigene schamanische Arbeit sein.

Einen erfahrenen Schamanen auf den verschiedenen Stationen seiner Reise von Anfang bis Ende begleiten zu können und auch zu erfahren, was dabei mit ihm geschieht, bietet die Möglichkeit, seine eigene schamanische Arbeit besser einzuschätzen.

Die Arbeit des Schamanen

Wenn sich der alte Schamane um einen Patienten kümmert, beginnt er seine Arbeit stets mit einem vorbereitenden Ritual, das – rein äußerlich betrachtet – fast immer sehr ähnlich verläuft. Aber was er dabei sieht und erlebt, ist jedesmal anders.

Zuerst steht der alte Mann neben dem am Boden liegenden Patienten und schließt seine Augen zu einem schmalen Spalt, oder er streift ein Lederband um seine Stirn, dessen lange Fransen seine Augen bedecken. Dann beginnt er, leise in einem verschliffenen Rhythmus zu rasseln. Er stößt einige lang gezogene Pfiffe aus, ähnlich dem Pfeifen eines Gebirgshirten, der über ein breites Tal hinweg seinen Hund zurückruft.

Der Weg in den schamanischen Bewusstseinszustand

Die monotone Rassel versetzt ihn in eine andere, eine innere Realität, in der er mit den Augen der Seele sieht und nicht mehr mit den Augen des Verstands. Sein Pfeifen gilt unsichtbaren Helfern: Krafttieren, die sich nur ihm zeigen, heilenden Geistern, Kräften der Natur.

Er singt. Aber eigentlich ist nicht er es, der da singt. Seine Augen sind jetzt völlig geschlossen, seinen Kopf hat er zurückgelegt, so als wollte er durch die gestreckte Kehle einen möglichst geraden Weg für die Luft schaffen, die aus seiner Lunge herausdrängt und das mächtige Lied aus seinem weit geöffneten Mund trägt. Nein, er singt nicht selbst. Irgend etwas tief verborgen in seinem Inneren singt, und er spürt, wie es kraftvoll aus ihm drängt und herausströmt.

Er wird eins mit seinen unsichtbaren Helfern, er wird eins mit der Natur, mit Gottes ganzer Schöpfung. Sein Ich existiert nicht mehr.

Hier ist wunderbar beschrieben, welche innere Kraft sich als Gesang über die Stimme des Schamanen artikuliert. Der Schamane ist dabei nur das Instrument.

Der Eingang in die andere Welt

Vier kräftige Rasselschläge gen Osten unterbrechen den bisher monotonen Rhythmus. Wieder pfeift der Schamane zwei-, dreimal. Da steht er vor einer schweren, rohen Brettertür, die eine Art riesigen, oben kuppelig überhöhten, graswachsenen Maulwürfshügel verschließt. Er weiß: In dieser Erdhöhle wohnt das alte Weib des Ostens.

Er sucht ihre Behausung immer als erstes auf, wenn er mit einem Patienten arbeitet. Aber er sieht die Alte nur selten. Sie hat ein mürrisches, nicht gerade freundliches Wesen. Doch stets erfährt er durch sie, wie die Arbeit für den Kranken verlaufen wird. Ist es ein leichter Fall, dann regt sie sich hinter der geschlossenen Brettertüre zuerst meist gar nicht.

Das alte Weib des Ostens

Er muss sie rufen: »Heeee-á, Heeee-á, heeeee!« Manchmal beantwortet sie das mit einem tiefen Knurren und Grunzen, so als wollte sie sagen: »Was belästigst du mich mit solchen Bagatellen, lass' mich in Ruhe, geh' und tu' deine Arbeit.« Dann weiß er, dass alles gut und ohne Komplikationen verlaufen wird. Manchmal öffnet die Alte die schwere Brettertüre ein wenig, und der Schamane sieht in ihr düsteres Erdloch, vor dem sie sich selbst mit ihrer dunklen Kleidung nur schemenhaft abhebt. »Wird zäh«, murmelt sie dann trocken, »kannst es auch gleich bleiben lassen«, »dein Patient will doch gar keine Hilfe« oder vielleicht Ähnliches. Dann schlägt sie unwirsch die Türe zu, und der Schamane hört sie noch eine Weile im Inneren ihrer armseligen Behausung rumoren und herumnörgeln. »Trotzdem, vielen Dank«, ruft er gegen die Brettertüre.

Ein problematischer Krankheitsfall

Er weiß, sie wird seine weitere Arbeit aufmerksam verfolgen. Er weiß aber auch, dass mit keinem großen Erfolg zu rechnen ist. Vielleicht kann er eine Heilung in die Wege leiten, aber der Patient wird viel Geduld mitbringen müssen, weil sich das Leiden nur langsam bessern wird. Vielleicht wird er von ihm auch verlangen müssen, dass er seinen ganzen Lebensstil umstellt, bevor überhaupt eine dauerhafte Genesung möglich ist, und möglicherweise ist der Patient dazu gar nicht bereit. Für nicht wenige Kranke ist ihr Leiden zum alleinigen Lebensinhalt geworden, den man ihnen nicht einfach nehmen darf, ohne sie in noch größere Probleme zu stürzen.

Das alles wusste er, und er liebte die Arbeit mit solchen Menschen im Grunde nicht mehr, als es ihm auch das alte Weib des Ostens zu verstehen gab: »Mach weiter, wenn du willst; viel Zweck wird es nicht haben.«

Nicht immer, das wird in dieser Erzählung klar, tut ein Schamane seine Arbeit gern. Auch er kennt innere Sperren und den Wunsch, eine Reise vorzeitig zu beenden. Sein Verantwortungsbewusstsein wird ihn jedoch davon abhalten.

Wenn es sich um einen sehr kritischen Fall handelt

Es konnte aber auch vorkommen, dass die Alte die Brettertür weit öffnete und sogar aus ihrer Behausung heraustrat. Dann war fast immer ernsthafte Arbeit zu erwarten, und sie gab sich auch weniger mürrisch. Wirklich freundlich war sie freilich niemals. In manchmal todernstem, manchmal schnoddrigem, dann wieder in schroffem oder fast bedrohlichem Ton gab sie ihm genaue Hinweise, worauf er sich einlassen würde, ob die Arbeit seinem Patienten Heilung bringe oder ob dieser vielleicht sogar ein Todeskandidat war. Letzteres unterstrich sie nicht selten mit reichlich makaberen Utensilien, die sie aus dem Dunkel ihrer Erdhöhle mit herausschleppte: Schädel und andere Skelettteile, Särge oder Grabsteine.

Die Zeichen richtig deuten

Aber selbst diese Gegenstände, mit denen die Alte meist ziemlich respektlos verfuhr, mussten nicht unbedingt das Schlimmste befürchten lassen. Stieß das Weib beispielsweise, begleitet von mockierenden Geräuschen, einen Schädel einfach mit einem Fuß fort, dann war mit einer überraschenden Besserung zu rechnen; schleppte sie einen Grabstein mit Mühe von der offenen Grube zu einer Müllkippe und beschwerte sich dabei lauthals über diese kraftraubende Arbeit, dann stand eher ein langer aber letztlich erfolgreicher Kampf mit dem Tod bevor.

Nüchtern und erschreckend sachlich konnte die Alte dem Schamanen aber auch etwa zurufen: »Nun begrab' ihn schon endlich!«, bevor sie sich unvermittelt wieder in ihren Bau zurückzog.

Der Hirsch des Südens

Der Schamane, noch immer neben seinem am Boden liegenden Patienten stehend, rasselt monoton weiter. Dann führt er vier Rasselschläge in südliche Richtung. Meist ohne jeden Lockpfiff bricht darauf hin ein Hirsch aus dichtem Wald und bleibt in einiger Entfernung vor dem Alten auf einer Lichtung stehen. Das ist der Hirsch des Südens, der Hirsch des Lebens. Er spricht nie. Aber seine Statur und sein Verhalten geben dem Schamanen klare Auskunft über den körperlichen und seelischen Zustand des Patienten.

Bilder des Istzustands

Ist der Hirsch groß und kräftig und tritt erhobenen Hauptes selbstsicher aus dem Dickicht, dann verfügt der Kranke über gute körperliche und psychische Reserven und meist auch über entsprechende Abwehrkräfte. Nur kann es in solchen Fällen gelegentlich vorkommen, dass hier ein Hüne an Kraft selbstzerstörerisch handelt. Der Schamane hat dergleichen bei Karrieremenschen mit eisernem Erfolgs- und Machtwillen erlebt, die leichtfertig mit ihrer an sich beneidenswerten Gesundheit umgehen oder – ohne es selbst zu ahnen – für spätere Jahre massive Gewissenskonflikte vorbereiten. Wenn sie es zulassen, kann der Schamane ihnen meist leicht helfen. Er muss ihnen nur die Augen öffnen.

Ist der Hirsch zwar selbstbewusst, aber klein und körperlich schwächlich, dann ist meist lohnende Arbeit zu erwarten: Körperliche Leiden lassen sich fast immer gut beheben, wenn die Seele stark und intakt ist.

Ein zwar stattliches, aber unsicheres Tier, das nur zögernd aus dem Wald tritt, nervös und ängstlich wirkt oder gar zum Torkeln und Stolpern neigt, kann signalisieren, dass sich hier jemand nach Strich und Faden ausnutzen lässt, dass er sich in seinem Lebensraum nicht durchsetzen kann und darunter seelisch und schließlich auch körperlich leidet. Hier muss der Schamane unbedingt dafür sorgen, dass seinem Patienten neue Lebenskraft zufließt.

Der Schamane verfügt über so viel Erfahrung, dass er genau weiß, was ihm das Erscheinungsbild und die Ausstrahlung des Hirsches über die Befindlichkeit eines Patienten sagen wollen.

Die Stationen der Reise stehen jeweils für etwas anderes: Über die Möglichkeiten, überhaupt etwas für den Patienten zu erreichen, informiert das alte Weib des Ostens, während es anschließend darum geht, wie es derzeit um diesen bestellt ist.

Erscheint der Hirsch als ebenso mickrige wie unsichere Kreatur oder traut er sich erst gar nicht aus dem schützenden Dickicht heraus, dann ist mit einigen wenigen Behandlungen kaum etwas zu bewirken. Solche Patienten brauchen ein regelrechtes Aufbauprogramm.

Manchmal zeigt der Hirsch alle Symptome des nahen Lebensendes, beispielsweise, wenn er sich mit einer lebensgefährlichen Verletzung aus dem Wald schleppt, als Skelett erscheint oder der Alte ihn überhaupt nicht findet.

Der Baum des Winds

Nach der Begegnung mit dem Hirsch des Südens, dem Hirsch des Lebens, wendet sich der Schamane mit vier Rasselschlägen gen Westen. Dort sieht er den Baum des Winds, einen mächtigen alten Baum, dessen Krone hoch in den Himmel ragt, dessen sturmgezauste Äste weit ausladen und dessen Stamm und Wurzelwerk allen Unbillen trotzen. Von ihm geht Wind aus. Manchmal scheint es dem Alten, dass der Wind direkt aus der Baumkrone kommt, manchmal scheint seine Quelle irgendwo weit hinter dem Baum zu liegen, denn der Sturm rüttelt und schüttelt die Äste und Zweige und wirbelt Laub durch die Luft.

Hat die Alte des Ostens dem Schamanen zu erkennen gegeben, was seine Arbeit für den Patienten bewirken kann und hat ihm der Hirsch des Südens den Istzustand des Kranken verdeutlicht, so zeigt ihm der Baum des Winds Ausmaß und Erfolg der bevorstehenden Arbeit.

So oder ähnlich kann für den alten Schamanen der Baum des Winds aussehen. Der Baum steht im Westen und weist ihm den richtigen Weg.

Welcher Erfolg der Arbeit beschieden ist

Vielleicht bläst ein trockener, gleichmäßiger Wind Jahre alten, dicken Staub davon und legt so einen zuvor kaum erkennbaren Weg frei. Vielleicht trägt ein kräftiger Sturm einen Haufen alten Gerümpels ab. Vielleicht beseitigt ein tosender Orkan eine komplette Fabrikanlage oder reißt sogar Menschen mit sich fort. Vielleicht löst ein Gewitter mit windgepeitschten Regengüssen einen heftigen Erdrutsch aus. Oder aber der Patient steht Hand in Hand mit seiner Krankheit im Sturm und lässt sie sich nicht von ihm entreißen.

Die Zeit

Schließlich rasselt der Schamane viermal in nördliche Richtung. Dort liegt die für ihn geheimnisvollste seiner Informationsquellen. Aus dem Norden, gleichsam vom Drehpol aller Bewegungen, kommt die Zeit. Sie hat viele Gesichter. Doch sieht er keines davon. Die Zeit heilt. Die Zeit bringt und nimmt fort. Die Zeit schenkt Vergessen ebenso wie neue Erkenntnisse. Die Zeit verändert alles, aber sie ist es auch, die das ewig Beständige im ewigen Wandel erkennbar werden lässt.

Informationen, die die Zeit dem Alten über seinen Patienten und über mögliche Hilfe für ihn liefert, lassen sich nicht in Worte fassen. Der Schamane hat gelernt, sie zu empfinden. Sie bestimmen nicht die Art und Weise seines weiteren Vorgehens, unter Umständen aber den Grad der Sicherheit und die Energie, mit der er sich an die Arbeit machen wird.

Nachdem er in die vier Himmelsrichtungen gerasselt hat, rasselt der Schamane noch viermal nach oben und viermal nach unten: Er bittet um weise Führung und um Kraft.

Das alte Weib, der Hirsch, der Baum des Winds und die Zeit bilden Konstanten bei der Arbeit dieses Schamanen. Er trifft sie in den vier Himmelsrichtungen.

Möglichkeiten des weiteren Verfahrens

Was nach dieser Vorbereitung geschieht, ist jedes Mal anders, ist jedes Mal neu. Gewiss, auch hierbei gibt es Grundmuster, die sich von Fall zu Fall ähneln, doch welche es jeweils sein werden, ist nicht vorherzusehen. Ob der Alte zunächst über dem Patienten rasselt, um auf diese Weise den Sitz der Krankheit zu lokalisieren, ob er danach heilend seine Hände über ihn hält oder ob er sich neben ihn legt und in tiefer Trance zusammen mit seinen Hilfsgeistern gestörte Strukturen im Leben seines Klienten repariert, ob er die Ursache einer Krankheit gleichsam als ihren Geist vor sich erkennt und diesen laut schreiend vertreibt oder ob er sogar ein Seelenteil seines Patienten zurückholt, das sich bei einem viele Jahre zurückliegenden Trauma davongeschlichen hat – wer könnte das vor der Arbeit sagen?

Die Seele arbeitet

Sicher, die Begegnungen mit dem alten Weib des Ostens, mit dem Hirsch des Lebens, dem Baum des Winds und mit der Zeit geben dem Schamanen wichtige Hinweise, auf welchem Feld er sich bewegen soll. Aber was dann wirklich geschieht, entzieht sich Willen und Verstand. Die Seele des Alten arbeitet, und auch sie ist nichts als ein Handlanger jener geheimnisvollen heilenden Kräfte, die nur sie personifiziert wahrnimmt und empfindet, um sich mit ihnen auf ihre Weise austauschen zu können.

Das Ergebnis seiner Arbeit kann der Schamane freilich beschreiben. Er gibt dann einfach einen Bericht dessen, was er erlebt hat, ganz gleich, ob sein Verstand das begriffen hat oder nicht. Manchmal versteht sein Patient den Bericht besser als er selbst, denn er ist schließlich der Betroffene.

Bisher wurde noch etwas allgemeiner über spirituelle Hilfsmittel, die dem Schamanen zur Verfügung stehen, berichtet. Nun geht es um ganz konkrete Fälle, die immer wieder auch durch Unwägbarkeiten gekennzeichnet sind.

Eine junge Frau

Da war beispielsweise die junge Frau, die den Schamanen bat, ihr zu helfen. Über bestimmte Krankheitssymptome klagte sie nicht, aber es ging ihr alles andere als gut. Sie war zerstreut und unkonzentriert, sehr empfänglich für allerlei Infektionskrankheiten, litt unter allgemeiner Daseinsangst, fasste ständig neue Entschlüsse, ohne jemals einen einzigen konsequent auszuführen. Tagsüber war sie müde, nachts lag sie schlaflos in ihrem Bett. Oft schmerzte ihr Rücken, dann wieder machten sich Verdauungsbeschwerden bemerkbar.

Was die alte Frau des Ostens mitteilte

Der alte Schamane richtete sich auf eine längere Arbeitssitzung ein. Erst würde er in die vier Himmelsrichtungen rasseln, dann wollte er eine Rasseldiagnose vornehmen und ausschließend zusammen mit seinen Helfern entscheiden, was weiter zu tun wäre. Aber es ging alles unerwartet schnell. Als er vor der Brettertür des alten Weibes des Ostens stand, erwartete er nicht, dass die Alte sich diesmal zeigen würde. Doch er brauchte sie nicht einmal zu rufen. Überraschend riss sie die Türe sperrangelweit auf und stand hoch aufgerichtet vor ihm. Unmittelbar darauf warf sie sich bäuchlings zu Boden und verwandelte sich in eine riesige Schildkröte. »Schau gut zu, was geschieht«, nuschelte das düstere Tier, »und erzähle es dann deiner Patientin ganz genau. Das ist alles. Mehr brauchst du nicht zu tun. Sie wird es verstehen. Ob sie die Lehre annehmen wird oder nicht, ist ihre Sache.«

Der Schamane wunderte sich, dass die Alte sich nach dieser Bekanntgabe nicht sogleich in ihre Erdhöhle zurückzog, sondern in Gestalt des Tiers auf dem Bauch liegen blieb und das folgende Spektakel nachgerade schadenfroh beobachtete.

Auch diese Schilderung der Schamanenarbeit hat der Autor in dem Band »Der Zeitvogel und andere schamanische Erzählungen« veröffentlicht (Bezugsquelle auf Seite 269).

Drei Riesen erschienen

Durch seine fast geschlossenen Augen sah der Schamane die junge Frau vor sich auf dem Boden liegen. Aber der Boden war nicht mehr der des Raumes, in dem sich die beiden zusammen mit anderen Personen befanden. Irgendjemand schlug rhythmisch und kraftvoll eine Trommel. Die Frau lag ruhig im Dämmerlicht auf einer Wiese mit hartem, niedrigem Gras; nur wenige Meter von der alten Schildkröte entfernt.

Der Schamane gewahrte, wie aus drei unterschiedlichen Richtungen riesenhafte Gestalten auf die liegende Frau zuschritten. Als sie etwa den gleichen Abstand erreicht hatten wie die Schildkröte, fielen sie plötzlich rücklings zu Boden: einer in Richtung der rechten Schulter der Frau, einer auf der Höhe ihrer linken Hüfte und der dritte in Verlängerung ihres rechten Beines. Einen von ihnen konnte der Schamane nicht sehen, er befand sich etwas rechts hinter dem Alten. Aber er empfand seine Gegenwart, und er hörte ihn atmen.

Die Verwandlung der Riesen

Die Schildkröte lag noch immer in Richtung des Kopfs der Frau vor der offenen Türe ihrer Hütte. Kaum waren die drei Riesen zu Boden gefallen, als sie zu schrumpfen begannen. Doch nicht alles an ihnen zog sich zusammen. Nur ihre Leiber und Gliedmaßen verschwanden. Ihre Köpfe dagegen veränderten sich auf eine äußerst skurrile Art und Weise: Während die Nasen immer größer wurden, lösten sich Mund, Kinn, Backen, Augen, Stirn, Ohren usw. rasch vollkommen auf. Bald waren nur noch die Nasen da, und die gewaltigen Nüstern öffneten sich als riesige dunkle Löcher in Richtung der jungen Frau.

Mit heftigen rhythmischen Bewegungen pumpten die Nasenflügel gleich mächtigen Blasebälgen große Luftströme durch die Löcher: aus und ein, jedoch vorwiegend ein. Die junge Frau sah das und erstarrte fast vor Angst.

Skurrile Ereignisse häufen sich

Der Schamane hörte, wie es in größerem Umkreis im Gras raschelte. Die Geräusche kamen von allen Seiten aus dem Dämmer. Als er sich in der Runde umblickte, sah er, wie sich unzählige kleine Wesen langsam aber sicher einen Weg durch das Gras bahnten.

Bald erkannte er, dass auch diese Wesen Nasen waren; kleine, dunkle Nasen, die sich mit den Nüstern voran unaufhaltsam näher und näher schoben, bis sie den kleinen Wiesenplatz, auf dem die Frau lag, von allen Seiten dicht an dicht umgaben. Von hinten drängten unaufhörlich immer neue Nasen nach. Sie alle atmeten fortwährend. Sie atmeten gierig.

Die Botschaft, die die Schildkröte für den Schamanen bereithält, ist klar und unmissverständlich. Ebenso klar teilt sie mit, wodurch der Patientin geholfen werden kann.

Die Angst vor dem Ersticken

Der Schamane empfand das Ereignis als ebenso skurril wie lächerlich, jedenfalls aber als ekelhaft. Bedrohlich war es für ihn keineswegs. Die junge Frau aber versetzte es sichtlich in Panik. Sie schien zu befürchten, dass sie ersticken müsse, weil ihr kein eigener Luftzug mehr zum Atmen bliebe. Sie schien entsetzliche Angst davor zu haben, ihr werde von den drei großen und den unzähligen kleinen Nasen alle Luft regelrecht weggeschnappt, die sie zum Leben brauchte.

Statt ihrerseits ruhig und kräftig durchzuatmen, atmete sie nur noch unrhythmisch und stoßweise. Sie rang um Luft, obwohl mehr als genügend da war, sog hektisch einen hastigen aber oberflächlichen Atemzug ein und hörte dann jeweils für viele Sekunden völlig zu atmen auf, bevor sie den nächsten abrupten Anlauf wagte.

Der Grund des Leidens

»Sie bringt sich um«, kommentierte die Schildkröte das groteske Schauspiel. »Sie hat Angst vor Nasen, vor Gespenstern, vor gar nichts und bringt sich deshalb um. Sie begreift nicht, dass nichts und niemand sie bedroht, weder einzelne Riesen noch irgendwelche anonymen Massen. Nasen an sich sind nicht bedrohlich, und sogar wenn sie es sein wollten, sie wären machtlos.

Alleinstehende Nasen können niemandem irgendetwas wegnehmen, geschweige denn ernstlich etwas anhaben. Trotzdem hat diese Frau Angst. Beschreib' ihr, was du gesehen hast, und sag' ihr, sie soll atmen lernen. Dann verschwinden die Nasen von selbst. Dann wird sie ihre Lebensangst los. Die Frau hat verlernt zu atmen, das ist alles. Aber sie kann es wieder lernen. Doch das ist nicht deine und nicht meine Sache. Sie soll sich gefälligst einen guten Atemtherapeuten suchen. So, und damit ist die Arbeit auch schon zu Ende.«

Die Bestätigung des Gesehenen

Der Schamane kehrte in seinen normalen Bewusstseinszustand zurück und erzählte seiner Patientin, was er gesehen hatte. Sie lächelte verstört. »Das hatte ich nicht erwähnt«, sagte sie, »aber ich habe seit langem das Gefühl, irgend etwas schnürt mir die Luft ab. Ich kann überhaupt nur noch bis hier atmen.« Mit der Handkante bezeichnete sie eine Stelle etwa auf halber Höhe ihres Brustbeins. »Mit dem Bauch, also mit dem Zwerchfell, kann ich schon lange nicht mehr atmen.« »Dann solltest du es wieder lernen«, sagte der Schamane. »Es wird dir helfen.«

Ein Mann

Jeder Fall ist anders. Da war der Angestellte mittleren Alters, ein intelligenter, gesunder und sympathisch wirkender Mann, der auf den ersten Blick keinerlei Grund gehabt hätte, mit sich oder der Welt unzufrieden zu sein. Nun, er war beides.
Er stammte, wie er erzählte, aus einem äußerst zerrütteten Elternhaus. Er fürchtete sich davor, sein Leben ebenso zu zerstören, wie seine Eltern das ihre kaputt gemacht hatten. Vermutlich deshalb hatte er Angst vor jeder tieferen menschlichen Bindung, Angst vor eigentlich allem, was in seinem Leben stabil und dauerhaft sein konnte. Schon Psychotherapeuten hätten seinen Fall beurteilt. Er sei in der so genannten analen Phase stecken geblieben. Das drückte sich darin aus, dass er von einem ungeheuren Reinlichkeitsdrang und einem beinahe zwanghaften Ordnungstrieb erfüllt war. Alles in seiner Umgebung musste stets sorgfältig aufgeräumt sein. Nirgendwo durfte etwas herumliegen. Am liebsten hätte er wohl in einer völlig leeren, kalkweißen Wohnung gelebt.

Psychotherapeutische Maßnahmen bleiben nicht selten in der Analyse eines Problems stecken. Um eine wirkliche Veränderung in Gang zu setzen, bedarf es einer Initialzündung.

Er ließ nicht zu, dass irgendetwas Wichtiges in sein Leben eintrat und es ohne sein Zutun veränderte. Auch fürchtete er sich vor Lebensfreude, vor Glück und Zufriedenheit; denn er glaubte, solche positiven Gefühle oder gar Zustände würden ihn selbstgefällig machen, würden ihn träge machen und jede weitere seelische Entwicklung verhindern.

Der äußere Rahmen

Es konnte nicht ausbleiben, dass er den Boden unter den Füßen verlor. Seine Ehe war längst geschieden, neue Frauenbekanntschaften folgten einander mehr oder weniger rasch, aber keine war von Dauer. Seinen ersten Beruf hatte er schon früh an den Nagel gehängt, seinen zweiten unlängst aufgegeben, obwohl er in beiden recht erfolgreich gewesen war.

An geldlichen Einnahmen mangelte es ihm dennoch nicht. Er verfügte über Mietshäuser. Oft befasste er sich mit Neuem, immer wieder anderem, aber kaum jemals kam er über die bloße Theorie, über Gedankenspiele hinaus. Lediglich sein Interesse für halluzinogene Drogen hatte ihn – unerfreulich weit – in den Missbrauch und später vorübergehend sogar in psychiatrische Anstalten geführt.

Bei dem Patienten scheint es sich um einen orientierungslosen Menschen zu handeln, der um sich herum eine starre Ordnung benötigt, damit seine große innere Unordnung überhaupt erträglich ist.

Die Empfehlungen der Helfer

Der alte Schamane wusste nicht viel von dieser Vorgeschichte seines Patienten, als er sich um ihn zu schaffen machte. Das alles sollte er erst später erfahren. Also ging er ohne sachlich beeinflusste Vorurteile an die Arbeit. Bei der Vorbereitung murmelte das alte Weib des Ostens, das er wie immer aufsuchte, hinter ihrer halb geschlossenen Brettertür: »Der Kerl ist leer, du musst ihn voll machen – ganz gleich womit; aber das wird schwer sein. Viel Spaß dabei.« Mehr sagte sie nicht. Dann verschwand sie unwirsch.

Der Hirsch des Südens kam. Was ihn aus dem Wald trieb, schien pure Neugier zu sein. Er war groß und kräftig, aber seine Bewegungen und sein ganzes Gebaren standen in keinerlei Einklang mit seiner Statur: Er tänzelte albern und Aufmerksamkeit heischend wie ein koketter Teenager, verschwand dann kurz wieder im Gehölz und kam sofort danach mit einem großen Satz erneut hervor, der in einer Art Hofknicks endete. Dergleichen Ungereimtheiten vonseiten seiner spirituellen Helfer hatte der alte Schamane noch nie erlebt.

Die Bitte um Rat

Auch der Wind vom Baum des Westens war – ohne nähere Personenkenntnis – schwer verständlich. Er blies über eine freie, kahle Ebene. Und er schien schon lange so zu blasen, denn die Ebene wirkte blank poliert wie eine völlig staubfreie Felsplatte. Sie lag in spätherbstlichem Halbdunkel. Der Baum selbst trug nur noch wenige Blätter. Wehte eines davon herab, dann fegte es über die Ebene und fand nirgends Halt.
»Was geschieht hier?«, fragte der Schamane, um sich sofort selbst zu korrigieren: »Was kann hier überhaupt geschehen?«
Daraufhin änderte sich das Bild: Von irgendwo her trug der Wind altes Gerümpel herbei. Kleinere Teile, wie etwa Blechdosen, fanden auf der Ebene keinen Halt. Größere oder so komplexe Gebilde wie verworrene Drahtschlingen aber blieben hier und da liegen oder an kleinen Unebenheiten hängen. Langsam gewann die Ebene Struktur, wenngleich zunächst eine recht eigenwillige.

Das Krafttier lässt auf sich warten

Als sich der Schamane schließlich nach Norden wendete, vermittelte ihm die Zeit nur ein einziges, aber starkes Gefühl: »Habe Geduld. Schnell geht das nicht. Aber es geht.«
Nachdem der Alte auch nach oben und unten gerasselt hatte, legte er sich neben seinen Klienten. Auf sein Handzeichen begannen mehrere anwesende Personen monoton zu trommeln. Der Schamane wollte sich mit seinem Krafttier beraten, was zu tun sei; aber für ein oder zwei Minuten geschah gar nichts. Ihm kam diese kurze Zeitspanne wie eine Ewigkeit vor. Er war es gewohnt, dass etwas geschieht.
Doch dann wurde ihm bewusst, dass sich längst irgendetwas abspielte: Er wurde nervös. Ein ähnliches Gefühl bemächtigte sich seiner, wie es ein Vollblutpferd kurz vor einem Rennstart empfinden musste. Jeder Muskel spannte sich in ihm. Seine Atmung ging rasch, und sein Puls jagte. Er fühlte, wie sich eine ungeheure Energie in ihm aufbaute; aber er wusste nicht, wofür. Dann endlich kam die Erlösung. Plötzlich erschien sein Krafttier dicht vor ihm und schrie ihn an: »Los, spring auf! – Renne im Raum herum und greife alles, was du findest. Bring es zu dem Patienten und wirf es auf ihn. – Aber mach schnell. – Du musst ihn regelrecht begraben. Du musst ihn überhäufen mit jeder Art von Müll, Abfall und Unrat. – Mach schnell! Los!«

Der Verlauf der Reise offenbart eine starke Dynamik. Zunächst passiert wenig, was den Schamanen irritiert, dann mündet das Geschehen in das machtvolle Auftreten seines Krafttiers.

Das Krafttier gibt Anweisungen

Der Raum, in dem sich das Ritual abspielte, war ein größerer Saal. Während der vergangenen drei Tage hatte hier ein Seminar über kreatives Basteln stattgefunden, und auf mehreren Tischen und Stühlen lagen noch massenweise Materialreste herum: Lederstreifen, bunte Stofffetzen, Drahtrollen und Schnüre, Hanfknäule, Blechstücke, Steine, Muschelschalen und Knochen, Tüten voll alter Nägel und Schrauben, halbleere Farbtuben, Äste, Zweige, Rindenstücke, trockene Früchte… Außerdem gab es eine Vielzahl meist älterer Werkzeuge: Scheren und Zangen, Pinsel, Locheisen und Ahlen, Hämmer, Lötkolben, Schwämmchen und sogar eine Klebepistole.

In großer Hast fegte der Schamane mit halb geschlossenen Augen kreuz und quer durch den Raum und griff scheinbar willkürlich alles, was ihm in die Finger kam. In Wirklichkeit aber war ständig sein Krafttier neben ihm und gab exakte Anweisungen: »Nimm dies und das – nein, die Schere nicht – aber den Beutel mit den Gänsefedern…«

In dem Augenblick, in dem der Patient dazu gebracht wird, das, was passiert, mit der Seele wahrzunehmen, reagiert er mit Zittern und Schreien.

Wie der Schamane mit dem Klienten verfährt

Hatte er die Hände voll, dann rannte der alte Mann jedes Mal zu seinem am Boden liegenden Klienten und warf das Gerümpel schwungvoll auf dessen Körper. Nach der dritten oder vierten Ladung machte ihn das Krafttier darauf aufmerksam, dass der Patient den Vorgang gerade rein verstandesmäßig verfolge und zu analysieren versuche. Das dürfe nicht sein, er müsse das Geschehen emotional erleben. Um den Kopf gleichsam vom Körper zu entkoppeln, sollte der Alte dem Patienten ein kleines schweres Metallscheibchen auf den Halsansatz legen, dort, wo die Schlüsselbeine sich einander nähern und eine Art Näpfchen zwischen sich frei lassen.

Die Anspannung löst sich

Kaum war das geschehen, als der Patient begann, am ganzen Körper heftigst zu zittern. Es schüttelte ihn durch und durch, und kurz darauf fing er an, laut und unartikuliert zu schreien. Sowohl die Schüttelkrämpfe als auch dieses kehlige Schreien hörten bis zum Ende des Rituals nicht mehr auf.

Das Krafttier drängte den Schamanen zu noch größerer Eile. Diesmal schleppte er einen sparrig verzweigten Kiefernast heran und warf ihn auf den Patienten. Die nachfolgenden bunten

Stofffetzen blieben malerisch verstreut in den Zweigen hängen. Eine rostige Zange und ein alter Hammer schlossen sich zusammen mit anderem Werkzeug an. Und zu guter Letzt leerte der Alte einen großen Plastikbeutel voller Kronkorken laut scheppernd über sein Opfer.

Wie sich der Klient befreit

»Jetzt musst du ihn anschreien«, forderte das Krafttier. »Schrei: Steh auf! Steh auf und schüttle alles von dir ab!« Der Schamane befolgte den Rat nur zu gern; denn er hatte sich bereits gefragt, wie das alles überhaupt weitergehen konnte.
Der Klient sprang auf die Beine und schüttelte sich heftig, wobei er noch einmal lauthals schrie. Es klang nach Befreiung. Der Mann war jetzt plötzlich ganz ruhig und lächelte. Der Anfang war gemacht, und es war ein guter Anfang. Aber es war nur der erste von vielen Schritten, die noch folgen mussten.
Oft ist es der Anfang, der zählt. Ein Tor muss aufgestoßen werden, durch das der Klient gehen kann, um sich neu orientieren zu können. Alles Weitere ist vielfach nur eine Zeit- und Geduldsfrage. Aber wenn das falsche Tor geöffnet wird, dann wird alles nur noch schlimmer. Die meisten Patienten haben schon alles Mögliche probiert, und ein weiterer Misserfolg kann sie gänzlich entmutigen.

Es bewahrheitet sich, was die Zeit, die Helferin des Nordens, dem Schamanen mit auf den Weg gegeben hatte: »Habe Geduld – es wird nicht schnell gehen.«

Eine Mutter

Ein neuer Anfang, das war es auch für die etwa 30-jährige Mutter, die den Schamanen um Hilfe im Umgang mit ihren beiden kleinen Kindern gebeten hatte. Sollte sie sich ihnen noch intensiver widmen als bisher, oder sollte sie sich gänzlich von ihnen lösen, wollte sie wissen.
Diese Frage stand im offenen Widerspruch zu ihrem freundlichen, ja herzlichen Wesen und ihren liebevollen Augen. Den Schamanen irritierte es auch, dass die Mutter nicht einmal genau wusste, wie alt ihre Kinder waren. »Das Ältere muss jetzt ungefähr viereinhalb sein«, überlegte sie, »das Kleinere ist anderthalb Jahre jünger.« Ob ihre Kinder nicht bei ihr leben würden, wollte der Schamane wissen. Darauf hatte die junge Frau sehr leise geantwortet: »Sie wurden niemals lebendig geboren.« Und dann fügte sie, noch leiser fast, hinzu: »Aber sie sind täglich bei

mir. Ich sehe sie. Ich weiß, wie sie heute ausschauen. Und ich kann sie berühren.« Stumme Tränen hinderten sie daran, weiterzusprechen.

Die Botschaften der Alten und des Hirschs

Der alte Schamane drang nicht in sie. Er machte es ihr auf einer Decke bequem und begann mit seiner Arbeit. Dieses Mal fiel es ihm besonders leicht, seinen Verstand auszuschalten, denn der konnte die mit wenigen Worten vorgetragenen Umstände ohnehin nicht fassen und war froh, sich nicht damit auseinander setzen zu müssen.

Die Geschichte der jungen Frau lässt ermessen, welch große seelische Nöte viele Menschen mit sich herumtragen.

Die Alte des Ostens gab sich auffallend still. Ohne gerufen zu werden, kam sie leise von selbst aus ihrer Behausung und erinnerte den Schamanen nur daran, dass er am Vortage auf den kleinen, ihm unbekannten Landfriedhof in der Nachbarschaft gegangen war, ohne zu wissen, warum. »Du wirst wieder dorthin gehen«, sagte sie, »und zwar aus gutem Grund. Aber es ist ein völlig anderer Grund als du vielleicht denkst. Es hat nichts mit Sterben und Tod zu tun.« Dann verschwand sie.

Der Hirsch des Südens erschien sehr klein, schwächlich und reichlich scheu. Das war verständlich. Der Schamane hatte nichts anderes erwartet.

Der Wind vom Baum des Westens wehte warm, mild und gleichmäßig. Er reinigte langsam, aber durchaus wirkungsvoll ein offenbar seit langem nicht mehr bewohntes Zimmer von altem Gerümpel und dem Staub, der sich hier im Lauf der Zeit abgelagert hatte. Das Ergebnis war eine einfach möblierte, etwas antiquiert wirkende, aber durchaus gemütliche Wohnstätte.

Und die Zeit nahm zwei kleine Kinder mit. Sie ließ sie regelrecht verschwinden.

Das Bild des Steins

Der Schamane legte sich neben die schmächtige, dunkel gekleidete Frau und sah visionäre Bilder. Da war zuerst ein gut faustgroßer, fast kugelrunder Granitstein, wie man ihn etwa im groben, von der Brandung abgeschliffenen Geröll an einer Meeresküste findet. Dieser Stein war zertrümmert. Er musste mit einem schweren Schlag in verschiedene Teile zerspalten worden sein. Der größte Brocken machte etwa zwei Drittel des gesamten Steins aus. Das restliche Drittel war in zwei ungefähr gleich große Teile und einen ganz schmalen Splitter zerfallen.

Empfehlung für einen Fetisch

Ein alter Wolf mit sehr dunklem Gesicht, einer langen schmalen Schnauze und dichtem Fell tauchte auf. »Du brauchst dieses Mal deine Krafttiere nicht«, sprach er den Schamanen an. »Ich werde mich um die Sache kümmern, das ist meine Aufgabe.« Danach begann der Wolf, dem Schamanen eine Handlungsanweisung zu geben: »Suche diesen Stein«, sagte er »und male auf das größte Bruchstück mein Gesicht und eine kleine Sonne. Auf die beiden anderen Teile male je eine kleine Schildkröte und außerdem auf den einen eine Mondsichel, auf den anderen einen Stern. Der Splitter braucht dich nicht zu kümmern.

Der richtige Umgang mit dem Fetisch

Dann gib unserer Klientin die Steine und sage ihr, sie könne sie behalten so lange sie wolle, aber keineswegs länger als eine Woche. Innerhalb dieser Zeit solle sie die beiden kleineren Teile und das schmale Bruchstück an einen Ort in die Natur schaffen, von wo sie sie nicht mehr wieder zurückholen kann. Sie könnte die Steine beispielsweise in einen See oder in einen Fluss werfen, in undurchdringliches Dickicht oder von einem Berg hinab. Dieser Ort müsse aber noch andere Voraussetzungen erfüllen: Die dort hinterlassenen Steine dürften niemanden stören können, keinen Menschen, der sie vielleicht zufällig findet, kein Tier, das dort eventuell urinieren könnte. Es müsse ein schöner Platz sein, wo die beiden Schildkrötensteinchen in der sicheren Obhut Gottes seien.«

Der Wolf übernimmt die Funktion des Krafttiers. Er erscheint einmalig als Hilfsgeist, um zur Lösung einer ganz bestimmten Aufgabe beizutragen. Vielleicht ist er das Krafttier der Klientin.

Eine Friedhofsvision

Nach dieser konkreten Anweisung zeigte der Wolf dem Schamanen den ländlichen Friedhof, auf dem er am Vortage gewesen war, aus der Vogelperspektive. Die Anlage hatte die Form eines länglichen Rechtecks und war von einer hohen Mauer umgeben. Im Inneren standen eine kleine uralte Kirche und – in einiger Entfernung davon – eine Grabkapelle neueren Datums. Die Gräber waren nicht gleichmäßig verteilt. Es gab kleinere und größere Gruppen, die jeweils etwas gemeinsam hatten. Unter einigen alten Bäumen befanden sich uralte Bestattungsplätze, wie die grauen steinernen Grabkreuze unschwer erkennen ließen. An anderer Stelle richteten sich gepflegte moderne Marmor- und Granitgräber auf, an wieder anderen Kinder- oder Familiengräber. Dazwischen gab es mehrere freie Rasenflecken.

Der Wolf zeigt einen Weg

Der Wolf bezeichnete dem Schamanen die vom schmiedeeisernen Eingangstor aus hintere rechte Ecke des Friedhofs als den Ort, den er anschließend aufsuchen sollte. Dort würde er den erforderlichen Stein finden.

Unvermittelt hatte der Alte dann ein Bild vor Augen, das schwerlich zu einem Friedhof passte: ein kleines, kaum 40 Zentimeter hohes und kreisförmig in sich geschlossenes Steinmäuerchen, sorgsam ohne jeglichen Mörtel aus rohen Feldsteinen aufgeschichtet. Der Mittelpunkt dieses Steinkreises war dunkel, und der Schamane dachte einen Augenblick lang daran, er solle versuchen, in dieses schwarze Loch hineinzuschlüpfen. Aber sofort zeigte sich, dass das Dunkle gar kein Loch war, sondern eine schwärzliche Substanz, die den Steinkreis bis zu dessen Oberkante erfüllte. Damit war die Vision zu Ende.

»Jetzt geh an die Arbeit«, sagte der Wolf noch aufmunternd, bevor auch er wieder verschwand und den Schamanen allein zurückließ.

Der Schamane geht zu einem Ort zurück, den er am Tag zuvor bereits augesucht hatte, noch ohne zu wissen, warum.

Wie der Schamane den Anweisungen folgt

Der Schamane erhob sich, verließ seine Klientin und das allein stehende alte Haus, das er erst vor wenigen Tagen kennen gelernt hatte und folgte ungefähr 100 Meter weit der einsamen Landstraße bis zu der Friedhofsanlage, die isoliert auf freiem Felde lag und mehreren benachbarten Weilern gemeinsam dienen musste.

Im Gegensatz zum Vortag stand das schwere Eisentor weit offen. Bereits nach wenigen Metern schien dem Schamanen klar: Hier konnte es keinen solchen Stein geben wie jenen, den er in seiner Vision gesehen hatte. Die Gräber waren alle säuberlich gepflegt, die breiten Wege sorgfältig mit feinem Schotter bestreut, und alle freien Stellen deckte pedantisch geschorener englischer Rasen.

Er ging an der alten Kirche vorbei, deren Fundament in der Tat ein Streifen rundlicher Granitsteinen säumte; aber sie lagen fest in einem Kalk- oder Mörtelbett, und sofort erschien auch der Wolf vor dem geistigen Auge des Schamanen und sagte ihm: »Lass die Finger weg von der Kirche. Diese Steine taugen für deine Arbeit nicht.« Und etwas vorwurfsvoller fügte er hinzu: »Ich habe dir doch gesagt, du sollst in die hintere rechte Ecke des Friedhofs gehen.«

Der Fetischstein auf der Rundmauer

Das hatte der Schamane vergessen. Jetzt wandte er sich natürlich zielsicher diesem Bereich der Anlage zu. Vorbei an der Grabkapelle erreichte er zwischen niedrigem Buschwerk einen grasigen Freiraum, in dessen Zentrum er sofort das kleine, kreisrunde Steingemäuer erblickte. Er schritt über den Rasen und erkannte, dass das Schwarze, was die Rundmauer ausfüllte, frische dunkle Humuserde war, aus der erst unlängst gesetzte Pflänzchen sprießten.

Am oberen Rand des Steinkreises fiel ihm ein runder, mehr als faustgroßer Granitbrocken in die Augen. Form und Farbe stimmten genau mit dem überein, was er in seiner Vision gesehen hatte. Aber der Stein war kompakt, war ganz und nicht zerborsten.

»Nimm den Stein mit«, meldete sich der Wolf wieder zu Wort, und fuhrt fort: »In Stücke schlagen musst du ihn allerdings selbst.«

Der Wolf erteilt weitere Ratschläge

Der Schamane gehorchte. Eine gute Viertelstunde später suchte er in dem alten Haus nach geeignetem schwerem Werkzeug, um den Granitbrocken zu zertrümmern. Er hatte es schon zuvor mit anderen Steinen als Schlagwerkzeugen versucht, aber das hatte nichts bewirkt.

Weil er keine Werkzeuge fand und weil er auch den Hausbesitzer nicht ausfindig machen konnte, ging er wieder in den Raum, in dem er zuvor mit seiner Klientin gearbeitet hatte. Sie war nicht mehr da, und er suchte jetzt auch keinen Kontakt mit ihr. Er legte sich auf den Boden und begann zu rasseln. Wieder erschien der Wolf.

»Wie bekomme ich den Stein klein?« fragte der Schamane. Die Antwort ließ keine Sekunde auf sich warten: »Geh' vor das Haus. Dort liegt auf einem niedrigen Fenstersims das geeignete Werkzeug. Lege deinen Stein dann auf die Asphaltstraße, damit er eine feste Unterlage hat und schlage mit dem Werkzeug kräftig darauf.«

Der Schamane ging hinaus, wie der Wolf es ihm gesagt hatte. Es regnete leicht. Auf dem Fenstersims, den er zuvor nicht einmal zur Kenntnis genommen hatte, lag ein riesiger, vielleicht 20 Kilogramm schwerer Feldstein. Er war um ein Vielfaches größer als sein Granitrundling.

Es ist durchaus nichts Außergewöhnliches, dass ein Patient während eines Heilungsrituals seinen Platz verlässt, um sich irgendwoanders hinzubegeben.

Alles geschieht wie vorausgesagt

Auf der Straße überlegte der Schamane, wie er es anstellen sollte, aus dem Granitbrocken genau vier Teile zu machen: einen großen, zwei etwa gleich große kleinere und einen Splitter. »Schlag endlich drauf«, hörte er eine Stimme. Also schlug er. Auf dem Asphalt lagen vier Teile: ein großer, der etwa zwei Drittel des bisherigen Steins ausmachte, zwei ziemlich genau gleich große kleinere und ein schlanker, schmaler Splitter.

Der Rest der Arbeit ging angesichts der Tatsache, dass der Stein feucht war, erstaunlich einfach. Die Akrylfarbe für die kleinen Gemälde vom Wolfsgesicht, den Schildkröten, von Sonne, Mondsichel und Stern haftete überraschend gut. Etwa eine Stunde später gab der alte Mann den Stein der jungen Frau und erklärte ihr alle Begleitumstände, die er erlebt hatte.

Der Fetisch beginnt zu heilen

Sie nahm den Stein behutsam in ihre Hände und arrangierte die Einzelteile liebevoll so, dass sie wieder ein Ganzes bildeten. Dann versuchte sie, den Stein vor sich auf den Boden zu legen. Aber es gelang nicht. Sobald sie ihre Hände löste, fiel er wieder auseinander. Also behielt sie ihn in ihren Händen wie etwas unendlich Kostbares. Sie weinte still vor sich hin. Nach einer weiteren Stunde, in der beide nichts mehr gesprochen hatten, verließ sie der Alte.

Als er sie am nächsten Tag wiedersah, hatte sie den Stein vor sich gelegt, so dass sich alle Teile am Boden berührten, aber oben auseinander klafften wie eine offene Blume. »Er sieht schön aus so«, sagte sie.

Ein weiterer Tag verging. Die junge Frau hatte die Teile des Steins etwas auseinander gelegt. »Es ist jetzt kein Stein mehr«, erklärte sie. »Es sind drei einzelne Steine und ein unbedeutender Splitter. Alle drei Steine sind für sich schön. Die eine Seite des großen Steins ist besonders markant«, fügte sie hinzu und deutete auf die kantige Bruchfläche. Sie war still, wirkte aber ruhig und tief entspannt.

Eine Woche später rief die junge Frau den Schamanen an. Ich habe die beiden kleinen Steine von einem Fährschiff aus nachts ins Meer geworfen, dort, wo der Mond eine breite silberne Straße auf das Wasser zeichnete. Niemand hat es gesehen. Alles war unendlich friedvoll. Den großen Stein habe ich mit nach Hause genommen. Der alte Mann war tief bewegt.

Mit einem aus mehreren Teilen bestehenden Fetisch wird es der Frau möglich, sich ganz allmählich von ihren nie geborenen Kindern zu verabschieden und sie endgültig loszulassen.

Ein Gezeichneter

Einmal hatte sich der Schamane um einen jungen Mann gekümmert. Er hatte die Mitte der Zwanziger überschritten, aber die Dreißiger noch nicht erreicht.

Ungewöhnlich an ihm war, dass er den Schamanen nicht um Hilfe bat. Ihn plagte weder ein körperliches Leiden noch belastete seine Seele irgendetwas. Er hatte nur eine Frage. Aber was für eine! »Ich möchte wissen, warum ich so aussehe, wie ich aussehe«, formulierte er sachlich.

Dass sein Aussehen den jungen Mann sehr belasten musste, ließ sich wirklich nicht übersehen. Sein Gesicht war von Geburt an so verunstaltet, dass man sich scheute, ihn anzuschauen. Die Menschen fühlten sich unsicher in seiner Gegenwart. Und das musste ihn belasten.

Körperlich bereitete ihm sein Geburtsfehler keinerlei Beschwerden, und er behinderte ihn auch nicht. Der Mann war gezeichnet, und damit war er anders als alle anderen Menschen. So etwas ist schwer zu ertragen. Dennoch wirkte der junge Mann selbstsicher, und er konnte sich auch früher nicht von der Gesellschaft isoliert haben, denn ganz offensichtlich hatte er eine gute Schul-, wenn nicht sogar Universitätsbildung erfahren.

Zwar scheint dieser Patient mit seiner Gesichtsverunstaltung recht gut leben zu können, es macht sich jedoch alsbald die Ahnung breit, dass es für seinen Wunsch einen bedeutsamen Grund gibt.

Ein außergewöhnliches Anliegen

Der Schamane sah ihm – nicht ganz ohne Überwindung – in die Augen. Der Blick seines Gegenübers war frei und ausgesprochen freundlich. »Es liegt mir sehr daran, zu wissen, warum ich aussehe, wie ich aussehe«, bekräftigte er seine Frage. »Aber bitte, bring mir nicht die biologische Ursache. Die kenne ich selbst. Die Ärzte haben herausgefunden, dass und warum ich im Mutterleib nur unzureichend mit Sauerstoff versorgt wurde. Das hat in meinem Gesicht die Zellgewebeentwicklung großflächig gestört. Ich möchte den spirituellen Grund wissen. Ich weiß, es gibt einen.«

Die Reise beginnt

Der Alte machte sich auf den Weg. Er stieg eine Steintreppe hinab und gelangte in einen runden, überkuppelten, unterirdischen Raum, in dessen Zentrum das klare Wasser eines flachen Brunnens glänzte. Aus einer kleinen Öffnung im Zenit der Kuppel fiel ein Lichtstrahl auf die spiegelglatte Oberfläche. Hier, in diesem Raum, traf er sein Krafttier, eine Art Fabelwesen mit dem Kopf eines schwarzen Pumas, den allerdings eine lange Wolfsschnauze verfremdete.

»Komm«, sagte das Tier. Im selben Augenblick änderte sich das Szenario vollständig. Aber der Schamane fühlte mehr, wo er war, als dass er die neue Umgebung wirklich sah. Er hatte einen nur verschwommenen Eindruck von einer größeren Halle mit einem flachen Dach. Es mochte eine Schulturnhalle sein. Nachdem er die Wände nicht sah, musste er sich mehr oder weniger im Mittelpunkt des Raums befinden.

Um ihn herum liefen zahlreiche Gestalten durcheinander, die er alle nur schemenhaft wahrnahm. Weil sie deutlich kleiner waren als er selbst, mussten es Kinder sein. Eines davon war der junge Mann, der neben ihm lag. Das wusste er. Und er wusste auch, dass der Junge 13 Jahre alt war. Aber er hätte nicht sagen können, woher er das wusste. Auch dieser Junge war für ihn nichts als eine schemenhafte Erscheinung. Der Schamane blickte sich um und gewahrte zwei größere Gestalten: Erwachsene.

Die Vision eines Unfalls

Dann geschah in Sekundenbruchteilen etwas völlig Unerwartetes. Der 13-Jährige stand gerade rechts neben dem Schamanen, als plötzlich ein großer dunkler und offenbar weicher Gegenstand von irgendwo her auf ihn zuflog und ihn genau auf die Brust traf. Der Schamane vermochte nicht zu sagen, was für ein Objekt das war. Er konnte keine irgendwie charakteristische Form erkennen. Er sah nur, dass es wohl kugelig war und wenigstens 50 bis 60 Zentimeter Durchmesser hatte.

Obwohl der Aufprall keineswegs mit großer Wucht geschah, ging der Junge zu Boden und blieb ohnmächtig liegen. Die beiden Erwachsenen und einige Kinder beugten sich über ihn, aber offenbar konnte ihm niemand helfen.

Jetzt erst bemerkte der Schamane, dass sein Krafttier die ganze Zeit bei ihm gewesen war. »Erzähle das deinem Klienten«, bemerkte es sachlich, »es wird seine Frage beantworten.«

Der Schamane wurde unsicher: »Aber was soll ich ihm erzählen?« »Alles, was du gesehen hast.«

»Ich habe kaum überhaupt etwas gesehen, und verstanden habe ich es schon gar nicht«, wandte der Schamane ein. »Erkläre mir wenigstens, was dieses äußerst nebulöse Bild mit der Frage meines Klienten zu tun hat.«

Der Nachdruck, mit dem sich das Krafttier weigert, dem Schamanen den Zusammenhang zwischen seiner Vision und dem Anliegen des Patienten zu erklären, betont die Rolle des Schamanen als Vermittler, als Werkzeug.

»Nein, das erkläre ich dir nicht, denn es geht dich nicht das Geringste an. Wenn er will, mag es dir der junge Mann selbst erklären. Gehe jetzt und erzähle ihm, was du erfahren hast.« Die visionäre Reise war abrupt zu Ende.

Der Schamane ist von solch großen Zweifeln geplagt, dass er sogar kurz erwägt, dem Patienten eine Notlüge aufzutischen.

Skrupel vor der Antwort

Selten hatte sich der Schamane so unsicher gefühlt. Der junge Mann erwartete nichts sehnlicher als eine Antwort auf seine Frage. Der Schamane sah es ihm an. Würde er ihm das Wenige berichten, das er verschwommen erlebt hatte, er würde ihn zutiefst enttäuschen. Das schien ihm klar. Denn das konnte keine Antwort auf die Frage sein. Außerdem würde er sich bis auf die Knochen blamieren: Wie konnte er es wagen, so einen offensichtlichen Unsinn überhaupt ernsthaft wiederzugeben. Am besten würde er völlig schweigen und kurzerhand erklären, er habe gar nichts gesehen, das passiere nun einmal gelegentlich. Damit würde er den jungen Mann zwar auch enttäuschen, aber das würde dieser hinnehmen müssen.

Sofort aber plagten den Schamanen Gewissensbisse. »Schließlich habe ich etwas gesehen«, überlegte er, »und das darf ich dem jungen Mann nicht vorenthalten. Es wäre unfair. Ich würde ihn belügen, wenn ich ihm sagte, dass ich gar nichts erlebt habe. Ich muss es ihm sagen. Aber was eigentlich? Und wie? Am besten erkläre ich ihm zuvor, dass ich wahrscheinlich versagt habe und nur eine kurze, nebulöse Szene miterlebte, die außerdem wohl nichts mit seiner Frage zu tun hätte. Dann wird alles leichter werden.«

Die Reaktion auf die Vision des Schamanen

Endlich entschloss sich der Schamane dazu, nichts anderes zu tun, als was er gesehen hatte, nüchtern und sachlich zu erzählen: »Ich hatte den Eindruck, ich befand mich in einem großen Saal, vermutlich einer Turnhalle …«
Während seines Berichts starrte ihn der junge Mann ausdruckslos an. Dem Schamanen schien klar, was sich in seinem Klienten abspielte. »Was für einen Unsinn erzählt mir dieser Alte?« dachte er sicher, »Und was hat das alles mit meiner Frage zu tun?« Aber der junge Mann ließ den Schamanen ohne Unterbrechung ausreden. Das war höflich.
»Mehr habe ich nicht gesehen«, wollte der Alte nach einer kurzen und wie ihm schien peinlichen Pause hinzufügen, als der

Junge mit dem Ausdruck höchsten Erstaunens fragte: »Das hast du alles gesehen?« »Ja«, sagte der Schamane – seinerseits erstaunt –, »das habe ich gesehen.« »Und wie alt war der Junge genau?« »13 Jahre.« »Das weißt du ganz sicher?« Der Schamane wollte erneut kneifen. »Nun ja«, wollte er sagen, »ich glaube, er muss ungefähr 13 Jahre alt gewesen sein.« Aber das wäre nicht richtig gewesen. Er wusste das. Zwar meldete sich sein Verstand und warf ihm vor, er hätte das Alter weder sehen können noch hätte man es ihm genannt und auch sonst hätte er es auf keine nachvollziehbare Weise erfahren, aber doch war er sich sicher.

Der Patient hat großes Interesse daran, den verlorenen Seelenteil, den 13-jährigen Jungen, wieder bei sich zu haben und in seine Persönlichkeit zu integrieren.

Eine Seelenrückführung

»Du warst damals 13 Jahre«, sagte er, »und ich habe dir den kleinen Jungen, der du damals warst, mitgebracht.«

In der Tat hatte der Schamane den Jungen von seiner visionären Reise mit in den Raum genommen, in dem die beiden Männer nebeneinander lagen und ihn seinem Klienten mit einem tiefen Atemzug erst in der Gegend des Solarplexus und dann in der Mitte der Schädeldecke in den Körper geblasen.

Jetzt begann der junge Mann zu reden: »Ich habe vorhin ganz bewusst nicht mehr erzählt, denn ich wollte endlich objektive Gewissheit und nicht bloß gutmeinende Bestätigungen, dass das, was ich längst selbst zu wissen glaube, wirklich stimmt. Du hast mir jetzt diese Gewissheit gegeben. Dass du das alles in keiner Weise verstehen kannst, ist mir klar. Umso erstaunlicher ist es, dass du genau das wirklich Entscheidende gesehen und mir berichtet hast.«

Der Klient bestätigt den Bericht

»Ja, es war eine Turnhalle«, fuhr der junge Mann fort. »Ja, es waren zahlreiche Klassenkameraden und auch zwei Erwachsene in dem Raum, ein Lehrer und ein Elternteil. Ja, ich war damals 13 Jahre alt. Ja, ich wurde zu Boden geworfen. Was mich getroffen hatte, war ein Medizinball. Ich fiel ins Koma, und die Ärzte wunderten sich über die Ursache, denn irgendwelche ernsthaften Verletzungen hatte ich nicht. Da war nicht einmal eine Prellung auf meiner Brust. Drei Wochen lag ich im Koma, und während dieser drei Wochen veränderte sich mein Leben.

Wegen meines Aussehens war ich von meinen Eltern immer verwöhnt worden. Ich bekam mehr Taschengeld als meine Klassenkameraden, und jeder Wunsch wurde mir von den Augen abgelesen. Es war meine Absicht, trotz und gerade wegen meiner Zeichnung ein extrovertiertes Leben zu führen. Ich wollte nichts auslassen und immer der Mittelpunkt sein, was mir auch gelang, denn mein Geld sicherte mir Bekanntschaften.«

Eine Komaerfahrung wird klar

»Dann, im Koma, kamen sie.« Der junge Mann erklärte nicht, wenn er mit »sie« meinte. »Sie sagten mir, ich sei gezeichnet, weil sie mit mir etwas Besonderes vorhätten. Sie wollten mich zum Außenseiter stempeln, der eben nicht den oberflächlichen Lebensstil haben könne, den ich damals anstrebte. Ich solle für andere Menschen da sein, solle einen sozialen Beruf ergreifen, in dem ich – gerade wegen meines Aussehens – Herausragendes leisten könne.

Mit aller Kraft wehrte ich mich dagegen. Ich sagte ihnen, darauf würde ich mich nicht einlassen. Da antworteten sie mir, sie würden mich nicht aus dem Koma erwachen lassen, bevor ich ihren Plänen mit mir nicht ausdrücklich zustimmte. Noch tagelang widersetzte ich mich, und ich wurde nicht wach. Schließlich gab ich auf. ›Gut, ich werde tun, was ihr von mir erwartet.‹ Da erwachte ich. Die Ärzte standen erneut vor einem Rätsel, denn sowenig sie sich das Eintreten des Komas erklären konnten, sowenig verstanden sie den Grund für sein plötzliches Ende. Erstaunt stellten sie auch fest, dass ich sofort völlig gesund war.«

Die Bestätigung des Lebensprinzips

»Ich habe mich an die Abmachung von damals gehalten. Ich habe Psychologie studiert und leite heute eine Selbsthilfegruppe mit Patienten, die sich zu keinem anderen Therapeuten wagen, weil sie Außenseiter der Gesellschaft sind. Mir gegenüber öffnen sie sich. Ich führe ein wundervolles, erfülltes Leben und bin dankbar dafür. Aber stets war da diese Frage in meinem Hinterkopf: Was war damals während des Komas wirklich geschehen? Hatte ich mir das alles nur eingebildet? Für einen bloßen Traum schien es mir viel zu real. In der letzten Zeit verstärkte sich bei mir die Vorstellung, mein ganzes Leben beruhe auf einer einzigen Lüge, auf einer Art frommen Selbstbetrugs, der sich in mir im Lauf der Zeit zu einer fixen Idee verdichtet hatte. Du hast mir heute Gewissheit gebracht, dass meine Aufgabe, dass mein Leben real sind. Jetzt gibt es keine Zweifel mehr für mich.«

Nun hat der junge Mann die Gewissheit, dass er in seinem Leben am richtigen Ort das Richtige tut, und er kann sich seiner Aufgabe mit ganzem Herzen widmen.

Nachwort

Dieses Buch ist ein Leitfaden für einen Weg spiritueller Entwicklung. Während ich es zu Papier brachte, hatte ich nicht selten das Gefühl, mir selbst einen Spiegel vorzuhalten, der mir meine eigene Unzulänglichkeit zeigt. Jetzt, wo das Manuskript fertiggestellt ist, habe ich begriffen, dass über lange Passagen jemand meine Feder geführt hat. Dafür möchte ich danken.

Über das Schamanenforum können Sie die in diesem Band erwähnten Bücher zum Thema beziehen.

Adressen und Hinweise

Schamanismusseminare

Deutschland
Schamanenforum
Felix R. Mindt-Paturi
Auheimer Straße 16A
D-63517 Rodenbach
Tel.: 06184-52380

Österreich
FSS Österreich
Paul Uccusic
Neuwaldegger Straße 38/4/6
A-1170 Wien

Schweiz
FSS Schweiz
Dr. Carlo Zumstein
Kasernenstrasse 3
CH-8180 Bülach

Skandinavien
Scandinavian Center
for Shamanic Studies,
Jonathan Horwitz &
Annette Host
Artillerivej 63/140
DK-2300 Kobenhavn S

Hersteller geeigneter Flachtrommeln

Michael Vignoles
145 Corrib Park
Newcastle, Galway
Irland
Michael Vignoles produziert irische "Bodhrans", die sich für schamanische Arbeit hervorragend eignen. Entgegen den üblichen Schamanentrommeln haben sie den großen Vorzug, dass sie sich in wenigen Sekunden nachspannen lassen. Beziehen können Sie diese Trommel über das Schamanenforum.

Über den Autor

Felix R. Paturi arbeitet seit drei Jahrzehnten als freier Wissenschaftspublizist. Er verfügt über Ausbildungen als Diplom-Ingenieur, Psychologe und Heilpraktiker und lehrt seit vielen Jahren Schamanismus im Rahmen des von ihm gegründeten Schamanenforums. Seine zahlreichen Reisen führten ihn u. a. zu den Stammesvölkern der Tarahumara, Lakandonen, Tuareg und anderen Berber-Ethnien, Haussa, Woluf, Turkana, Massai, Ovahimba, Kaschkai, Toda und Maori.

Hinweis

Das vorliegende Buch ist sorgfältig erarbeitet worden. Dennoch erfolgen alle Angaben ohne Gewähr. Weder Autor noch Verlag können für eventuelle Nachteile oder Schäden, die aus den im Buch gemachten praktischen Hinweisen resultieren, eine Haftung übernehmen.

Bildnachweis

Alle Bilder stammen aus dem Bildarchiv Paturi, Rodenbach.

Quellenangaben

Die schamanischen Reiseberichte »Das Land der Seele«, »Awalets Reise« und »Schamanenarbeit« stammen aus dem Buch »Der Zeitvogel und andere schamanische Erzählungen«, das im Selbstverlag des Autors erscheint. Bezug über Schamanenforum, Adresse siehe Seite 268.

Impressum

© copyright 2005
G. Reichel Verlag
Reifenberg 85
91365 Weilersbach
Germany

fon: 0049 (0)9194 8900
fax: 0049 (0)9194 4262

email:
info@reichel-verlag.de

Internet:
www.reichel-verlag.de

Alle Rechte vorbehalten. Nachdruck, auch auszugsweise, nur mit Genehmigung des Verlags.

ISBN 978-3-926388-72-8

Anmerkungen zu der diesem Buch beigefügten CD "Reiserhythmen"

"Reiserhythmen" ist eine Zusammenstellung von drei verschiedenen Rhythmus-Einspielungen für die Begleitung schamanischer Reisen. Monotone Rhythmen dieser Art regen das Gehirn zur Erzeugung elektromagnetischer Theta-Wellen an. Damit wird ein Wachtrance-Zustand erreicht, den man auch als "Schamanischer Bewusstseinszustand" bezeichnet. CDs mit sogenannter Meditationsmusik sind dafür nicht zu empfehlen, weil sie Informationen (bestimmte Stimmungsbilder oder sogar Subliminals) enthalten, die den Inhalt der schamanischen Reise beeinflussen können.

Die "Reiserhythmen" sollen nicht leichtfertig als Hintergrundgeräusch abgespielt werden, besonders nicht beim Autofahren oder beim Bedienen von Maschinen.

Die dritte Spur, das betont rhythmisch gespielte Didgeridoo mit monotoner Rasselbegleitung, eignet sich aber außer zur schamanischen Reise auch zur Meditation und zur inneren Beruhigung bei Stress, Aufregung oder Angstzuständen.

Die CD hat folgende Spuren:
1. Solotrommel - 30'17   2. Doppeltrommel - 22'54   3. Didgeridoo und Rassel - 20'50

Register

Abhängigkeitsverhältnisse, berufliche 210
Affirmationen 40
Alkoholgenuss 42, 123
Alternativen, spirituelle 47
Altlasten, spirituelle 237f.
Amulett 218
Ängste 44, 133, 203
Animismus 14f.
Archetypen (Urbilder) 33
Arzneien, schamanische 90
Askese 238
Autobahnhypnose 20f., 26
Awalets Reise 225ff.
Ayers Rock 150

Begleiter, vertrauter 160f.
Behandlungsformen, schamanische 110ff.
Bell, John S. 142
Berufe, schöpferische 211
Beschwerden
 – bei Krafttierverlust 93
 – Umgang mit 98ff.
Bewegung 88, 178
Bewusstseinszustand, schamanischer 20f., 27, 44, 110, 113, 201, 228, 232, 244f.
Bilder, allegorische, verstehen 104
Boghdran 39
Bohm, David 143
Bohr, Niels 142

Carnac 148
Carroll, Lewis 44
Chaos, spirituelles 185
Core Shamanism (Kernschamanismus) 19

Defizite/Überschüsse 110f.
Depressionen 54, 62, 96, 176, 178

Diagnoseformen, schamanische 100ff.
Diagnosevorbereitungen 102
Didgeridoos 25, 213
DNA (Desoxyribonukleinazid) 136, 140
Drei- bis Sieben-Hertz-Rhythmus 26, 40
Drogen, halluzinogene 19
Drogenabhängige 233
Drogengenuss 42

Ebene, spirituelle 130
EEG (Elektroenzephalogramm) 21
Egozentrik 235
Eigenverantwortlichkeit 9, 97
Eingänge
 – in die obere Welt 74f.
 – in die untere Welt 41, 48f.
Einstein, Albert 141f.
Ekstase 23
Eliade, Mircea 128
Entladungen, elektromagnetische 151
Epilepsie 16
EPR-Experiment 141f.
Erdrhythmus 26
Erleben, spirituelles 165
Ernährung 88, 112
Esoterik 148f., 236
Ethik, schamanistische 230ff., 240f.
Euphorie 23
Externsteine (Teutoburger Wald) 156
Extraktionen 112f.

Falschinterpretationen 65
Felder, morphogenetische 138ff.
Ferndiagnose/-heilung 106, 114
Fetisch, Reise zum 220ff.
Fetische 218ff., 259ff.
Fetischherstellung 219f.
Foundation of Shamanic Studies 19, 33

Fremdbestimmung 97
Fruchtbarkeitszyklus 180, 184
Furcht 203

Ganzheitlichkeit 63, 215
Gedankenübertragung
 → Telepathie
Geduld lernen 125
Gefühle, Entstehung der 132
Geist und Materie 130f.
Geomantie 149f.
Gesprächspartner der Seele 66, 121
Gesundheitsbegriff, schamanischer 86ff.
Gewinnsucht 237

Harmonie schaffen 214f., 241
Hautwiderstand 21, 130
Heilen, schamanisches 86f.
Heilhelfer, spirituelle 111f.
Homöopathie 89f.
Hopi-Indianer 151

Iatra 54
Immunabwehr 88, 96, 110, 130, 132, 178
Indian Hot Springs 152
Informationsübertragung, unendlich schnelle 144
Intoleranz, religiöse 239f.
Inuit-Stämme 202

Jahres-/Tageslauf 183
Jordan, Pascal 144
Jung, Carl Gustav 33, 130

Kausallogik, physikalische 142ff.
Kinder und Krafttiere 67
Klanghölzer 25
Koinzidenzen, akausale 138
Koma 31, 62, 200, 267
Komapatienten, Begleitung von 200
Kommunikation im Körper 134ff.

Register

Kraftlieder 166ff.
– persönliche 168ff.
– Umgang 170f.
Kraftorte 148ff.
– allgemeine/individuelle 154ff.
– in der Nähe 161
– nachweisbare Merkmale 150ff.
– Umgang 161
Kraftortsuche 156ff.
Krafttiercharaktere 69
Krafttiere 66ff., 76, 82, 87, 114, 129, 158f.
– Umgang 73
Krafttiersuche 69f.
– für einen Partner 71f.
Krafttiertänze 73
Krafttierverlust als Krankheitsursache 92, 116
Krankheitsprojektionen 114
Kreativität
– schamanische 208ff.
– Wege zur 212ff.
Kreuzigungserfahrung Jesu Christi 30f.

Lebensprinzip 62, 267
Lehrer
– Fragen/Bitten an den 78f.
– Gestaltenvielfalt 77
– Zusammentreffen mit dem 76ff.
Lichttherapie 178
Liebe 52f., 116, 125, 171
Lourdes 155

Mantrameditation 27
Marco Polo 164
Meditation 21f., 26, 47
Medizinmann 88f.
Medizinpflanze, persönliche, finden 108f.
Menopause 187
Menstruation 179ff.

Midlifecrisis 187
Mitleid 116
Mittelweltreise 158f.
Mondkalender 175
Mondzyklen 184
Monotheismus 15
Moody, Raymond 190ff.
Musikrichtungen, moderne 23f.

Nahtodesberichte 190ff.
Nahtodeserfahrungen, eigene, sammeln 196f.
Nahtodeserlebnisse 31, 193
Neoschamanismus 18
Nimtz, Günter 143
Nirwana-Meditation 47
Numinoses 154, 165

Odysseus, Reise des 43
Operationen, unblutige 113
Owein, Ritter 28ff., 46

Pendel 149, 182f.
Penrose, Roger 144
Pflanzen 90f., 107ff.
Phantomschmerz 133f.
Photonen 141, 145
Phytotherapie 91, 107
Plagiate, rituelle 235f.
Platon 190
Plazeboeffekt 52
Psyche 25, 129
Psychoanalyse, moderne 51
Psychoneuroimmunologie 131
Purner, Dr. Jörg 153f.

Qualität, sinnliche 47
Quantenphysik 141ff.
Quelltopf 153

Radiästhesie 149, 154, 156
Radioaktivität 150f.
Raja-Yoga 9, 47
Rasmussen, Knud 202
Rassel 102f., 105, 107, 110f., 166, 213, 237

Räucherstäbchen 38, 40, 102, 213
Reisch, Max 163
Reise
– fehlgeschlagene (Ursachen) 43
– in die obere Welt 74ff.
– in die untere Welt 38ff.
Reiseablauf 48
Reisedauer 40
Reiseerfahrungen sammeln 42, 47
Reisen, schamanische 27, 30, 32f., 38ff., 201, 212
– ins Jenseits 196
Reisevorbereitungen 38ff.
Religion 14, 45
Rhythmus 22ff., 39, 166
– natürlicher 172ff.
Rhythmusinstrumente, schamanische 25
Rituale 10f.
Rückrufsignal 40
Rückwege 49

Saiteninstrument 25
San Francisco Peaks 151
Saugschamanismus 112
Schamanen
– »Tod« 204
– als Vermittler seiner Helfer 99
– Aufgabenfeld der 87f.
– Ausbildung/Lebensweg 84f.
– bei den Naturvölkern 83f.
– Berufung zum 83f.
– fragwürdige 239
– Kosmos der 28ff.
– Verantwortung 240f.
– zweite Geburt 203f.
Schamanenalltag 244ff.
Schamanengesänge 166ff.
Schamanentrommel (Vehikel) 22, 39, 42, 48, 130, 166, 213, 237

271

Schamanismus 9f., 85, 91, 161, 180, 211f., 224, 234ff.
- Begriffsdefinition 14ff.
- Begründungskette 145
- Entdeckung durch die Wissenschaft 18f.
- Grundzüge 17f.
- Medizin im 89
- mögliche Gefahren 232f.
- und Magie 145
- und Wissenschaft 128ff.
- Verbreitung 19

Schlüsselpunkte im Schwingkreis 185ff.
Schutzengel 67
Schwarze Magie 234f.
Schwingungspunkte 182
Seele
- freie 63
- Heilwirkung auf die 53
- individuelle 52f.
- Land der 55f.
- Sprache der 50ff., 64

Seelen, zwei 62ff.
Seelenarbeit, bewusste 17f.
Seelenbindungen lösen 199
Seelenreise
- Bericht einer 56ff.
- Einschränkungen 63f.

Seelenrückführungen 116ff., 201, 266
- praktische Vorgehen 120ff.
- Zeit nach 122f.

Seelenverlust 94ff., 116ff.
- Symptome 96

Seelenwohnung 55
Selbstbehandlung, schamanische 124f.
Selbstbewusstsein 45
Selbsterkenntnis 212
Selbstverwirklichung 214
Sheldrake, Rupert 138
Sicherheit, innere 224f.
Singen 105

Sitting Out 162
Sonnenwende 186
Spiritualität, subjektive 8
Spranger, Eduard 129
St. Patrick's Fegefeuer 28ff.
Sterbebegleitung 190ff.
Sterben, Umgang mit dem 194ff.
Stonehenge 152, 156
Stress 47, 49, 93, 98, 112, 123
Ströme, tellurische 150f.
Subliminals 40
Swan, Jim 159
Symbole 222f.

Tagundnachtgleiche 186
Tag-/Nachtrhythmus 177
TCM (traditionelle chinesische Medizin) 176
Telepathie 137ff.
Therapiereise 111f.
Tiefenpsychologie 15, 64
Tod, schamanischer 31f., 202ff.
Todesrituale 193
Trancezustände 16f., 19, 21ff., 26f.
Transformationen, spirituelle 113
Transzendentale Meditation 9
Traumata 54, 95, 117
Traumreisen 133
Trommel → Schamanentrommel
Tunnelerlebnisse 48

Übertragungsgeschwindigkeit 135
Uhreinstellung, individuelle 176ff.
Uhren, biologische 174ff.
Umfeld, soziales 45
Unbewusstes, transpersonales (nach C.G.Jung) 33

Verursacherprinzip bei Beschwerden 91f.

Visionssuche 162ff.
Visualisierung 41, 46
Volksmärchen 30
Vorbelastung 238
Vorkehrungsmaßnahmen, spirituelle 115
Vorstellungskraft 46

Wahrnehmung, persönliche 156
Waldorfschulen 210
Wellenkreise 223
Welt
- obere 74ff.
- untere 41f.
- viergeteilte 34f.

Weltesche Yggdrasil 34
Wesen
- Begegnungen mit 49
- schöpferisches 209

Westphal, Wilhelm H. 144
Wildnis aufsuchen 163f.
Wirklichkeit
- alltägliche/nicht alltägliche 35
- der Schamanen 51ff., 74
- erfassen 50f.
- messbare 141f.
- verstandene/gefühlte 54

Wunderheilungen 132
Wünschelrute 149

Zeitgeber, innerer biologischer 175ff.
Zeitwahrnehmung, veränderte 49
Zen-Buddhismus 9
Zen-Meditation 21f., 47
Zergliederungsreisen 204f.
Zivilisation, antikreative 209ff.
Zwischenzeit, Gestaltung der 213
Zyklen 173ff.
- verborgene 187